四本対照 法華経読誦音の手引

本田義純 編著

国書刊行会

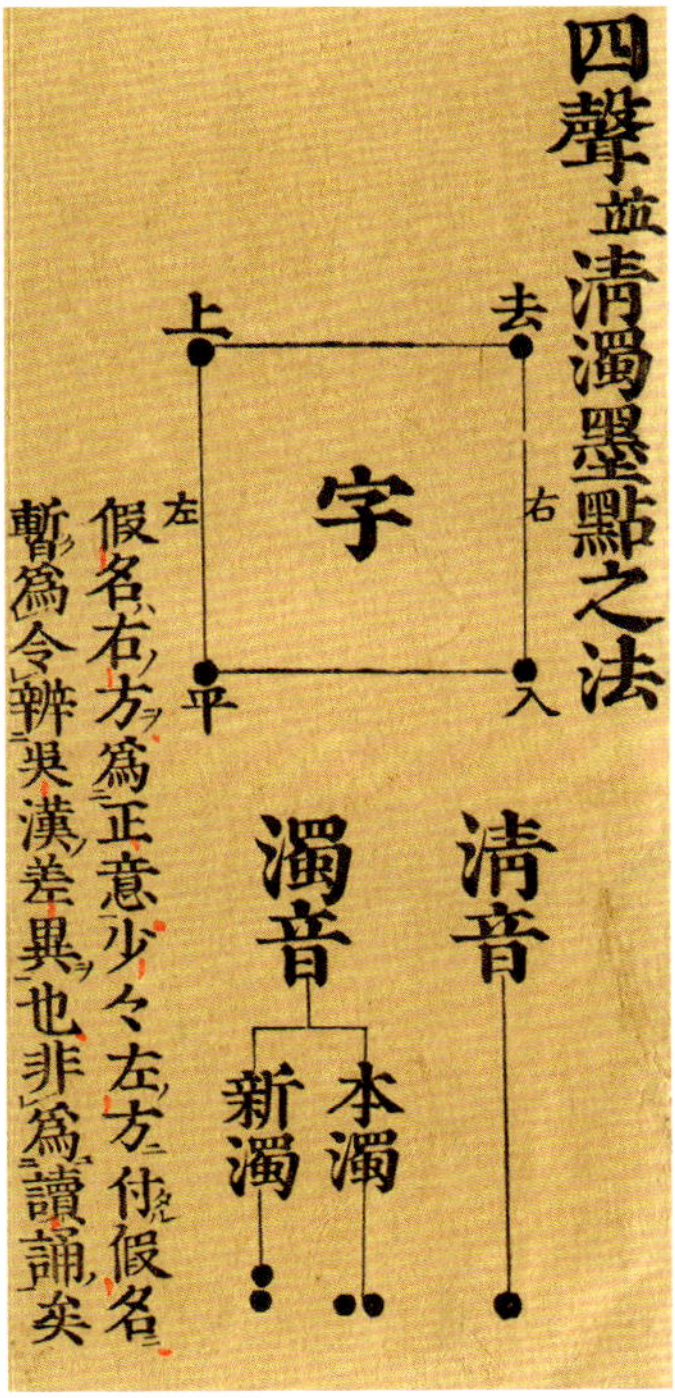

倭点《わてん》は経典読誦のために書き入れたカタカナや符合である。

七五四年（天平六）以来、僧侶・尼僧に『金光明経』と『法華経』の暗誦が義務付けられ、出家志願者には両経を正確に読誦する試定が課せられた。古代の僧尼、少なくとも平安時代前期までは、法華経の読誦音は統一され、異口同音であったと想像される。

その後、朝廷による年分度者の制度が失われ、統一されていた読誦音も徐々に損なわれたが、江戸時代、仏教教団は幕府の統制下に入り、再び宗派による法華経読誦音の統一が試みられた。

その代表的な成果が、四本の倭点本《わてんぽん》である。天台宗の『慈海本』、天台真盛宗の『山家本』、日蓮宗の『日相本』であり、諸本の基盤となったのが『嵯峨本』である。四本の倭点《わてん》を比べると、かなりの差異がある。本書は四本の対照を試み、相違点や注意点を抜粋した。

口絵に著者所蔵の『嵯峨本』と『日相本』の経首と経末を掲載する。

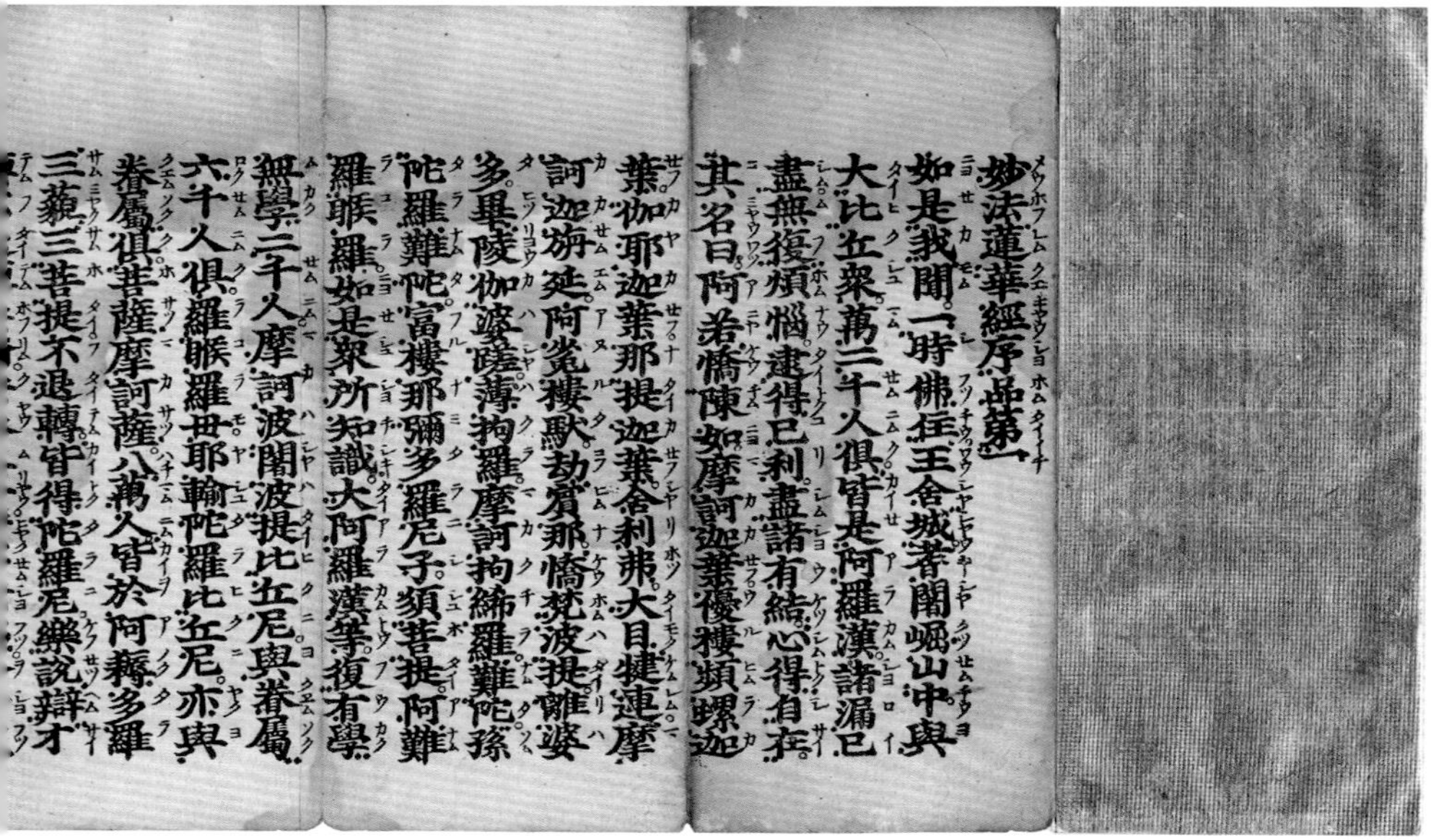

妙法蓮華經序品第一
如是我聞。一時佛住王舍城耆闍崛山中。與大比丘衆萬二千人倶。皆是阿羅漢。諸漏已盡。無復煩惱。逮得己利。盡諸有結。心得自在。其名曰。阿若憍陳如。摩訶迦葉。優樓頻螺迦葉。伽耶迦葉。那提迦葉。舍利弗。大目揵連。摩訶迦旃延。阿㝹樓駄。劫賓那。憍梵波提。離婆多。畢陵伽婆蹉。薄拘羅。摩訶拘絺羅。難陀。孫陀羅難陀。富樓那彌多羅尼子。須菩提。阿難。羅睺羅。如是衆所知識。大阿羅漢等。復有學無學二千人。摩訶波闍波提比丘尼。與眷屬六千人倶。羅睺羅母耶輸陀羅比丘尼。亦與眷屬倶。菩薩摩訶薩八萬人。皆於阿耨多羅三藐三菩提。不退轉。皆得陀羅尼。樂説辯才

▲嵯峨本（模刻本）『妙法蓮華経』序品　冒頭部分

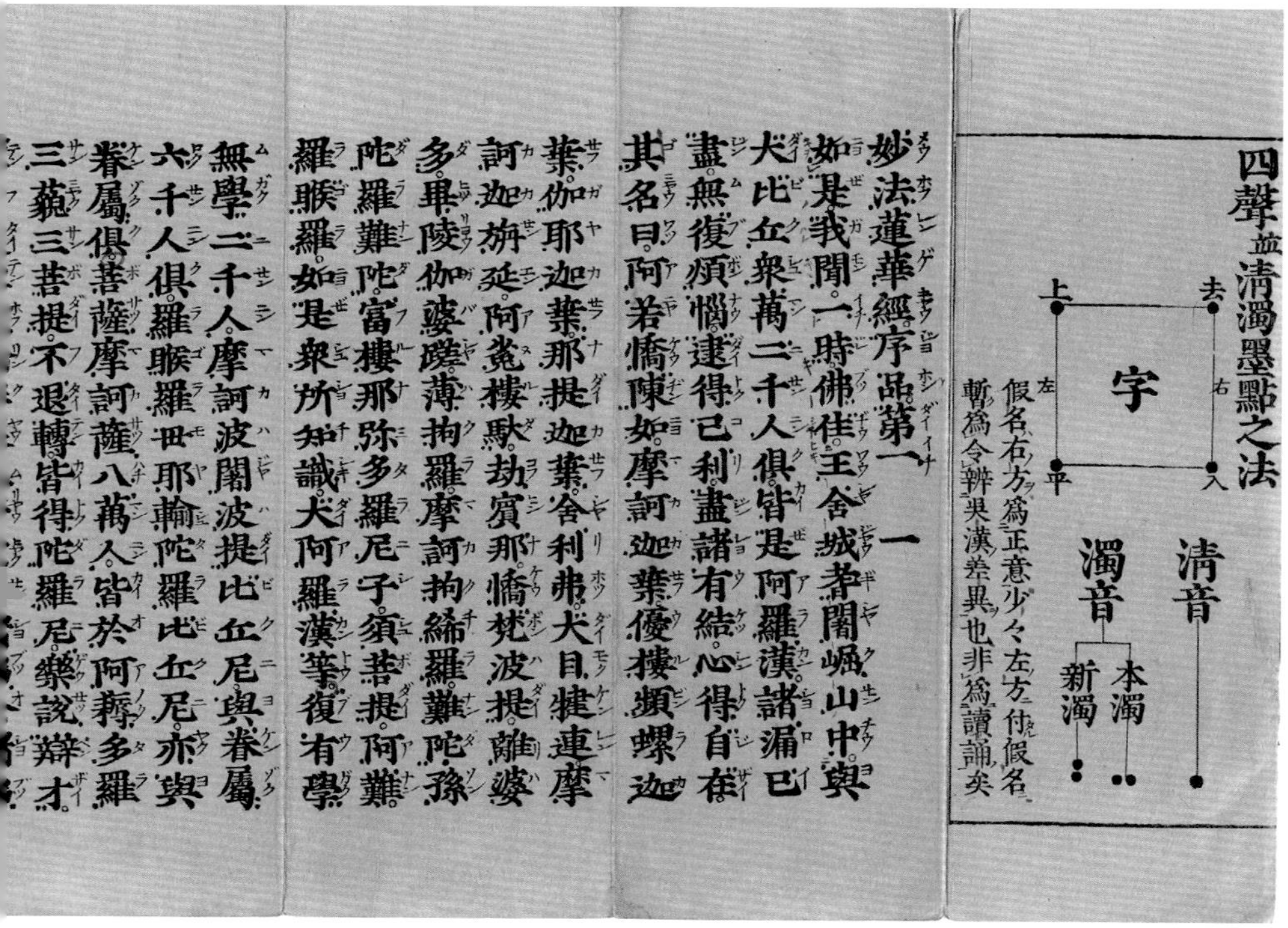

四聲並清濁墨點之法

假名右方爲正意少々左方ニ付ル假名ハ暫爲令辨呉漢差異也非爲讀誦矣

妙法蓮華經序品第一
如是我聞。一時佛住王舍城耆闍崛山中。與大比丘衆萬二千人倶。皆是阿羅漢。諸漏已盡。無復煩惱。逮得己利。盡諸有結。心得自在。其名曰。阿若憍陳如。摩訶迦葉。優樓頻螺迦葉。伽耶迦葉。那提迦葉。舍利弗。大目揵連。摩訶迦旃延。阿㝹樓駄。劫賓那。憍梵波提。離婆多。畢陵伽婆蹉。薄拘羅。摩訶拘絺羅。難陀。孫陀羅難陀。富樓那弥多羅尼子。須菩提。阿難。羅睺羅。如是衆所知識。大阿羅漢等。復有學無學二千人。摩訶波闍波提比丘尼。與眷屬六千人倶。羅睺羅母耶輸陀羅比丘尼。亦與眷屬倶。菩薩摩訶薩八萬人。皆於阿耨多羅三藐三菩提。不退轉。皆得陀羅尼。樂説辯才

▲日相本『妙法蓮華経』序品　冒頭部分

所稱歎以慈修身
善入佛慧通達大智到於彼岸名稱普聞無
量世界能度無數百千衆生其名曰文殊師
利菩薩觀世音菩薩得大勢菩薩常精進菩
薩不休息菩薩寶掌菩薩藥王菩薩勇施菩
薩寶月菩薩月光菩薩滿月菩薩大力菩薩
無量力菩薩越三界菩薩颰陀婆羅菩薩彌
勒菩薩寶積菩薩導師菩薩如是等菩薩摩
訶薩八萬人倶爾時釋提桓因與其眷屬二
萬天子倶復有名月天子普香天子寶光天
子四大天王與其眷屬萬天子倶自在天子
大自在天子與其眷屬三萬天子倶娑婆世
界主梵天王尸棄大梵光明大梵等與其眷
屬萬二千天子倶有八龍王難陀龍王跋難
陀龍王娑伽羅龍王和脩吉龍王德叉迦龍
王阿那婆達多龍王摩那斯龍王優鉢羅龍
王等各與若干百千眷屬倶有四緊那羅王
法緊那羅王妙法緊那羅王大法緊那羅王
持法緊那羅王各與若干百千眷屬倶有四
乾闥婆王樂乾闥婆王樂音乾闥婆王美乾

所稱歎以慈修身
善入佛慧通達大智到於彼岸名稱普聞無
量世界能度無數百千衆生其名曰文殊師
利菩薩觀世音菩薩得大勢菩薩常精進菩
薩不休息菩薩寶掌菩薩藥王菩薩勇施菩
薩寶月菩薩月光菩薩滿月菩薩大力菩薩
無量力菩薩越三界菩薩颰陀婆羅菩薩彌
勒菩薩寶積菩薩導師菩薩如是等菩薩摩
訶薩八萬人倶尒時釋提桓因與其眷屬二
萬天子倶復有名月天子普香天子寶光天
子四大天王與其眷屬萬天子倶自在天子
大自在天子與其眷屬三萬天子倶娑婆世
界主梵天王尸棄大梵光明大梵等與其眷
屬萬二千天子倶有八龍王難陀龍王跋難
陀龍王娑伽羅龍王和脩吉龍王德叉迦龍
王阿那婆達多龍王摩那斯龍王優鉢羅龍
王等各與若干百千眷屬倶有四緊那羅王
法緊那羅王妙法緊那羅王大法緊那羅王
持法緊那羅王各與若干百千眷屬倶有四
先韵
乾闥婆王樂乾闥婆王樂音乾闥婆王美乾

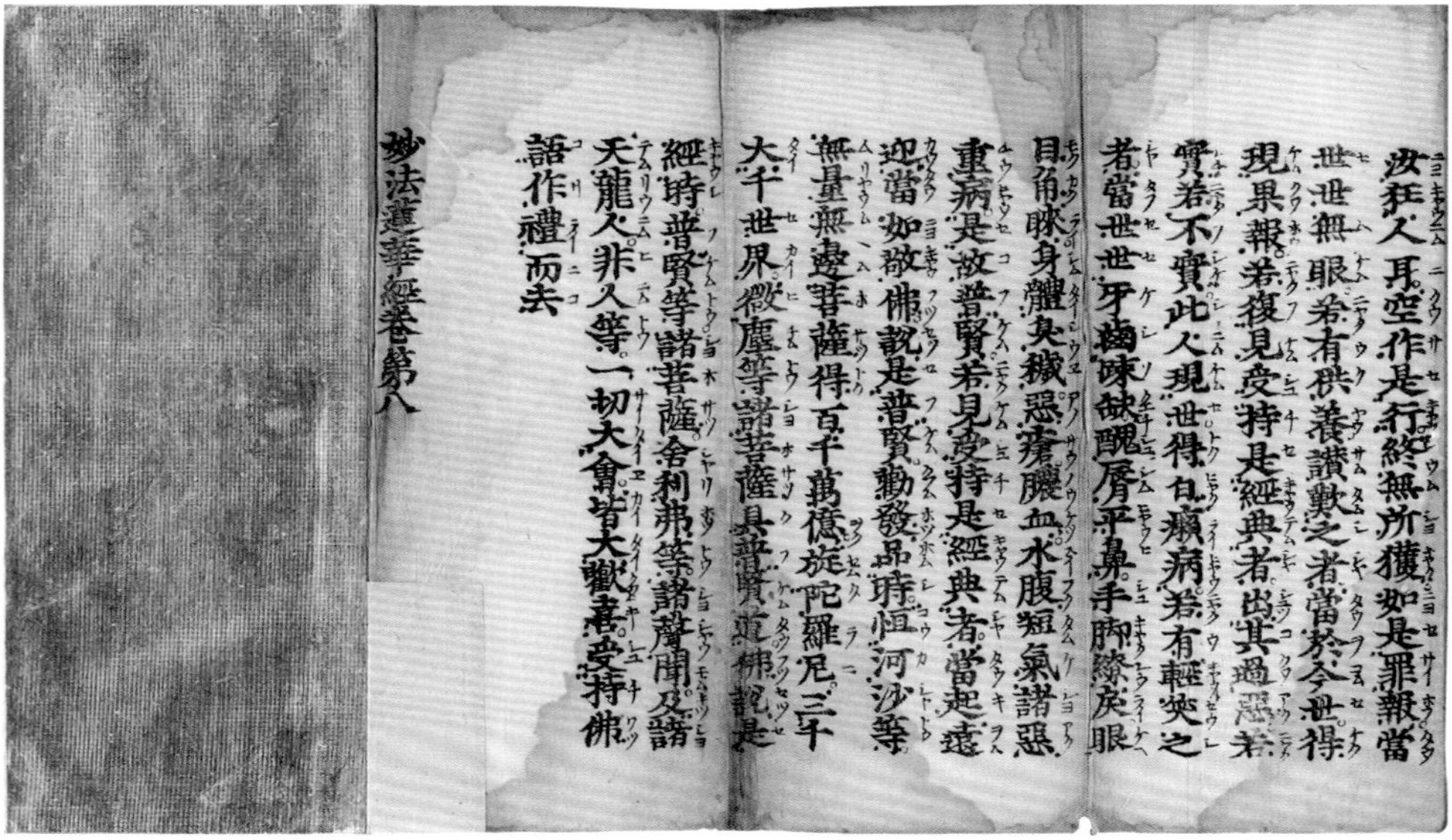
汝狂人耳空作是行終無所獲如是罪報當
世世無眼若有供養讃歎之者當於今世得
現果報若復見受持是經典者出其過惡若
實若不實此人現世得白癩病若有輕笑之
者當世世牙齒疎缺醜脣平鼻手脚繚戾眼
目角睞身體臭穢惡瘡膿血水腹短氣諸惡
重病是故普賢若見受持是經典者當起遠
迎當如敬佛說是普賢勸發品時恒河沙等
無量無邊菩薩得百千萬億旋陀羅尼三千
大千世界微塵等諸菩薩具普賢道佛說是
經時普賢等諸菩薩舍利弗等諸聲聞及諸
天龍人非人等一切大會皆大歡喜受持佛
語作禮而去
妙法蓮華經卷第八

▲嵯峨本（模刻本）『妙法蓮華経』巻第八　末尾部分

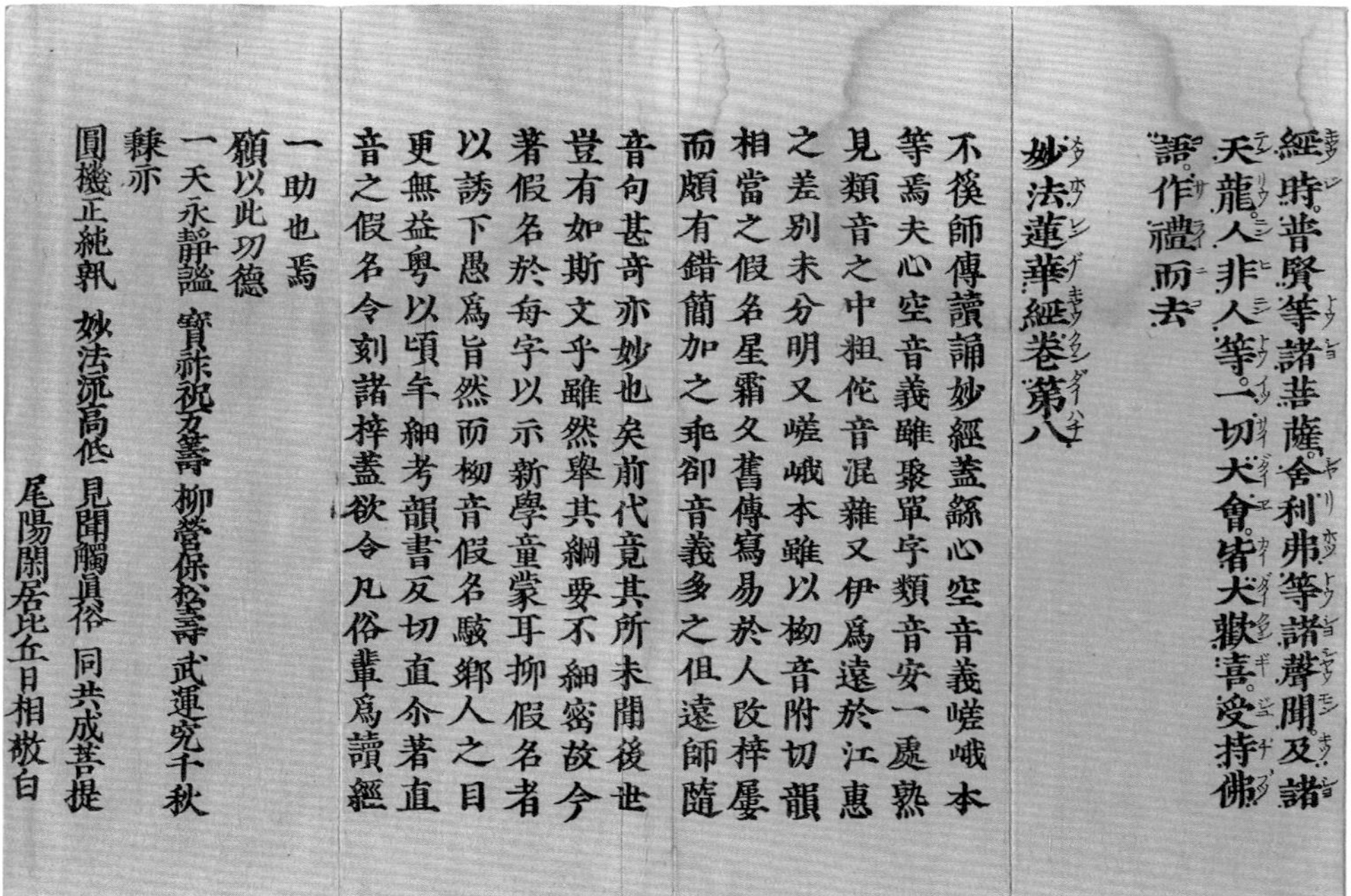
經時普賢等諸菩薩舍利弗等諸聲聞及諸
天龍人非人等一切大會皆大歡喜受持佛
語作禮而去
妙法蓮華經卷第八
不侫師傳讀誦妙經蓋繇心空音義嵯峨本
等爲夫心空音義雖聚畢字類音安一處熟
見類音之中粗侘音混雜又伊爲遠於江惠
之差別未分明又嵯峨本雖以梛音附切韻
相當之假名星霜久舊傳寫易於人改梓屢
而頗有錯簡加之乖御音義多之但遠師隨
音句甚奇亦妙也矣前代竟其所未聞後世
豈有如斯文乎雖然舉其綱要不細密故今
著假名於每字以示新學童蒙耳柳假名者
以誘下愚爲旨然而梛音假名驗鄉人之目
更無益粤以頃年細考韻書反切直介著直
音之假名令刻諸梓蓋欲令凡俗輩爲讀經
一助也焉
願以此功德
一天永靜謐　寶祚祝万壽　柳營保松壽　武運究千秋
隸亦
圓機正純軏　妙法流高低　見聞觸眞俗　同共成菩提
尾陽閑居比丘日相敬白

▲日相本『妙法蓮華経』巻第八　末尾部分

はじめに

僧侶、あるいは檀信徒が仏教経典を本尊の前で音読する、いわゆる読誦行の習慣は、日本に仏教が伝来したのとほぼ同時に行われ出したとみてよいであろう。そのことは、全国各地に寺院を建立し、そこに仏像を奉安し、その前で僧尼が終日、金光明経や仁王経、さらには法華経など護国経典を読誦ずることで、その功徳により国家が護られるという、護国仏教を主眼として仏教を導入した経緯からしても明らかである。したがって、上古において僧侶にもっぱら期待されたものは読経力にほかならず、天平六年以来、年分度者には主に金光明経と法華経の暗誦が義務付けられていて、年代によって異同はあるが、志願者には二経の真・訓両読を一句半偈たりとも誤ることなく読誦するという試定が課せられている（『續日本後記』巻十二）。一句半偈に至るまで細かく精査するというのであれば、当然、一句半偈に至るまで読誦音が厳密に定められていたということであり、その作業は音博士を招来し、中国の音韻書を参照するなどして、国家プロジェクトとしてなされたことであろう。それ以降、経典読誦に関する官符は主に太政官から発せられ、例えば、延暦年間にそれまでの和音読みから漢音読みへ転換した際も、勅令として全僧侶に命じられている。その結果として、少なくとも平安時代前期までは、すべての僧侶の法華経読誦音が統一され、文字通り、異口同音であったことは想像するに難くない。

しかし、朝廷による年分度者の制度が失われ時代も下ると、統一されていた読誦音も徐々に損なわれていき、やがて諸家がそれぞれ独自の音読法を相伝するようになり、鎌倉時代には無数の音読流儀があったという。これらの音読流儀の内容については知る由もないが、時代が下り、仏教教団が江戸幕府の統制下に入り、宗派としての組織が安定してくると、再び読誦法の統一という課題が持ち上がってきたのであろうか、法華経読誦音の再構築の試みが各宗の音義研究僧において相次ぐこととなった。そして、それぞれの動機が、読誦音の乱れを正し、音義の法則に適った正当な読誦法を確立させるためとする点において共通している。その代表的な成果が、第一部で対照する四本である。これを担った諸師がその結果を倭点本という形で残してくれたお蔭で、今日においてその概要を知ることができるのは幸いというほかない。また、これらの倭点本が現今の各宗の読誦法に、天台宗では『慈海本』が、天台真盛宗では『山家本』が、日蓮宗では『日相本』が、少なからぬ影響を与えていることは周知のとおりである。さらに、これら諸本の原点というか、基盤となっているのが『嵯峨本』である。

同時に、この四本の倭点を比べて見ると、相互にかなりの差異があり、全く同じというものは一つもないことに注目すべきである。それぞれの製作者は法華経音義史に名を残す偉大な学僧であるが、研究の方針や方法、資料が異なれば、結果もおのずと違うものになることは至極、当然のことであり、多くの点で見解の相違があって何ら不思議なことではない。ただ、四本の概要を知り得る今日の我々に課されている課題は、それぞれの見解の依って立つところの学理を究明することであり、すでに積極的に取り組んでいる宗派も実際にある。

編著者は日蓮宗に属しているため、普段から「日相本読み」をしているのだが、それを金科玉条の如くただ無批判に扱うのでは、本当の意味での「日相本読み」にはならないと常々、思っている。完全無欠なるものが有り得ない以上は、長所欠点までも弁えて受容するのが正しい伝承の在り方ではないだろうか。仮に、日相本読誦法を次の世代に正しく継承させていくというのであれば、それが日本法華経読誦音史においてどのような位置付けにあたるのか、古来の伝統的な読誦音を継承しているものなのか、あるいは、日相上人独自の見解による革新的な読み音なのか、そのあたりを的確に認識しておくべきと考える。そのためには、ただ日相本だけを研究しているのでは十分ではなく、他の本と対照比較し類似点や相違点を抽出することで、そこから普遍性なり、独自性なり、同一性なりが浮かび上がってくるのではないかという考えに行き着いた訳である。

こうした編著者なりの思い付きから、四本の対照を試みた次第である。本書第一部がまさにそれで、『日相本』・『慈海本』・『山家本』、さらに『嵯峨本』を加えた四本の倭点を対照し、相違点や注意点を抜粋してある。同じ内容のものは、法華版経並びに音義研究の権威である兜木正亨先生の著作集『法華版経の研究』の中ですでに発表されているのだが、八巻全文に亘っているようではないので、今回は相違する箇所をほぼすべて網羅して記載したつもりである。加えて、参考に資するため日遠上人の『法華経随音句』と日相上人の『音義補闕』の解説も付記しておいた。

右に挙げた諸本は現在ではもはや稀覯本であって、容易に閲覧できる類のものではなくなっている。特に『嵯峨本』については、その所在さえも明らかではないのだが、奇跡とでも言うべきか、編著者の手元にそれと思しき版経が存在していて、それを対照本として採用することができた。しかし、それが正真正銘の『嵯峨本』であるのかどうか、まずその点を立証することから始めるのが順序であるが、第三部にも記述しておいた通り、立証するにも何も、とにかく資料が少ない。かろうじて参照できるものとしては、先に挙げた兜木先生の著作集ぐらいしかないのが現状である。実は、このたび烏滸がましくも本書を上梓した理由の一つもここにあり、『嵯峨本』について造詣をお持ちの諸氏に広く閲覧いただき、検証を冀ってのためである。私蔵本の正体が明らかになれば、『嵯峨本』のさらなる解明につながるのではないかと期待している。

さらに第二部では、第一部で抜粋した経文の中で留意すべき漢字について、現在において最も権威ある漢和辞典と称される諸橋轍次編『大漢和辞典』から、その漢音・呉音・慣用音を引用して四本の読み音と対照させた。これは、日本漢字音研究で定説とされているように、日本の漢字音、特に呉音は時代による変遷が顕著で、四本における音の違いがそこに起因する可能性もあることを、分かり易く示そうとしたためである。四本それぞれの読誦音には、『大漢和辞典』の呉音と異なっていたり、漢音と同じであったりする場合が頻繁に見受けられるが、それでは四本が呉音読みしていないのか、漢音読みしていたのかというと、一概にそうとは断定できないということが理解できると思う。

第三部では、参照に用いた諸本・諸資料の解説と、法華経音義に関する基本的な知識、読誦における慣習、版経の伝統的な書式等について、あくまでも初学者の便にと、まったくの老婆心で記述したものであるから、読み飛ばしていただいても差し障りない。

本書の内容については、専門の学匠について学んだこともなければ、一説なりとも学会に論文として提出したわけでもなく、まったくの独学であって不備は免れまい。特に『慈海本』や『山家本』に関してはまったくの門外漢であり、多くの誤謬も含まれていることであろう。素直に叱正を願ってやまない。それでもなお、将来に法華経読誦が継承されていくことを望み、また、文献資料の一端を紹介することにより、法華経読誦音の研究、あるいは法華経版経の考察を志す後学の一助となればという思いもあって、無謀を顧みず出版に踏み切った次第である。

文末ながら、紹介もなしに、いきなり企画書を送り付けたにもかかわらず、深い理解の下で拙稿の出版をお引き受けいただいた国書刊行会代表取締役　佐藤丈夫氏、並びに編集部部長　永島成郎氏には甚深の謝意を申し上げる。また、これまで数多の仏教書編集に携わってこられた国書サービスの割田剛雄氏、吉原悠氏に編集の労をお取りいただくという光栄までも得た。出版に関わっていただいたすべての方々に対し、さらに、身勝手な夫を常に支えてくれる糟糠の妻　裕美に対し、心からの感謝の気持ちを表したい。

本田　義純

二〇二四年九月

目次

第一部　法華経読み音の四本対照

凡　例

第一部では、現存する法華版経のうち倭点が付された諸本、『日相本』・『慈海本』・『山家本』と『嵯峨本』（模刻本）の四本を対照比較し、それぞれ真読音の異なる箇所、あるいは注意すべき箇所を列挙、表記した。各本の解題については第三部に記載してある。

※行頭に法華経本文を記し、日相・慈海・山家・嵯峨の略称でそれぞれの読み音をカタカナで表記する。各本ともに倭点は旧仮名遣いで付してあるが、読誦の便宜上、現代仮名遣いに直して記載した。『山家本』や『嵯峨本』では、音末にムの仮名を用いることもあるが、それらもすべてンの仮名で表記する。

※経文は平楽寺書店発行『本山頂妙寺蔵版　妙法蓮華経』乾坤二巻（平成十九年改版第六版）に準拠し、経文の頭に記載する数字はその頁数である。

※読み音を示す中で（左　）とあるのは、文字の左側に付けられている倭点を表している。例えば、

「センエン（左ネン）」とあれば、右側にエンの仮名、左側にネンの仮名が付けられていることを意味する。また、読み音に―とあるのは、その部分に倭点が付けられていないことを示している。

※読み音の濁音に続いて（本）とあるのは、それが本濁であること、（新）は新濁であることを示している。

※【補闕】の略号は、その部分についての久成院日相上人撰『法華音義補闕』の解説を抜粋し、要約を記したものである。【随音句】は同じく、心性院日遠上人記『法華経随音句』の解説の要約である。

※【訓】の略号は、その部分を心空上人校定『倭點法華経』によって読み下したものである。場合によって、『頂妙寺蔵版法華経』の読み下しも併記してある。

※『慈海本』と『山家本』では、連声の規則により読み音が変化するものを、そのまま倭点に反映させている。それらを【連声】の略号で記載しておいた。

※【注】は編著者による注意書きである。

※右に挙げた資料や用語についての詳細は、第三部に概説してある。

序品　第一

1　耆闍崛山中

日相　ギシャクセンチュウ　慈海　ギシャクツセンチュウ

山家　ギシャクセンヂュウ（新）　嵯峨　ギシャクツセンヂュウ（新）

【補闕】「闍の字、濁音なれども古より清んで讀み来たれり。今更改め難し。崛の字も入聲のツメ假名、クツと讀むべきを、連聲してクと讀むこと、謂れあり。梵音についいて、南天・中天の異あり。南天の用音は、入聲のツメ假名を用いず、直ちに去聲とみてクツをクと呼ぶなり。中天には入聲は入聲とみて、フックチキを具に呼ぶなり。梵語は半音に呼ぶとばかり意得たるは詮無し。この義を以て、ギシャクセンと呼ぶなり。次に、中の字、清んで讀むべし」

【訓】「耆闍崛山の中（う）ちに」

【注】日相本は主に南天の読み音を採用する。以降の「耆闍崛山」もこれに準ずる。嵯峨本はギシャクセンの場合もあり

1　大比丘衆

日相・嵯峨　ビクシュ　慈海・山家　ビクシュウ

【注】衆の字の読み音については、16頁参照

1　逮得己利

日相・慈海　ダイ（本）トク　山家・嵯峨　タイトク

【連声】慈海・山家　トッコ

1　盡諸有結

1　阿若憍陳如

2　大目犍連

2　摩訶迦旃延

2　阿㝹樓駄

2　離婆多

2　畢陵伽婆蹉

2　薄拘羅

【随音句】「逮、濁音なり」
【注】以降の逮の字についても、これに準ずる
日相・慈海・嵯峨　ウケツ　山家　ウケチ
【注】以降の結の字もこれに準ずる。嵯峨本はケツ・ケチ両例有り
全本　ニャキョウ
【注】若の字音についても、「耆闍崛山中」の『補闕』の解説に当てはまる
【連声】山家　モッケンレン
【注】以降の「目犍連」もすべて同じ
【連声】慈海　センエン（左ネン）　山家　センネン（左）
【注】以降の「迦旃延」についても、すべて同じ
日相・山家・嵯峨　アヌルダ　慈海　アヌ（左ド）ル（左ロ）ダ
【補闕】「上古より今に至って、アヌルダと讀み来れり。まさにこれに順ずべし」
日相　リハダ（新）　慈海・山家・嵯峨　リハタ
【補闕】「婆は本濁の字。多は清音なれば、リバタとよむべき事なれども、古より婆を清み、多を濁って讀み来たれり。改め難し」
日相　ヒツリョウガ（本）バシャ　慈海・山家・嵯峨　ヒツリョウカバシャ
全本　ハクラ
【補闕】「薄は入聲ハクの音。連聲してハクラと呼ぶこと、梵文は多く半音に呼ぶ例

あり。是より下、これに準じて知れ」

2 如是衆所知識

日相・嵯峨　シュショ　慈海・山家　シュウショ

3 耶輸陀羅

全本　ヤシュタラ

【補闕】「陀の字、濁音なれども上古より清音に呼び来たれり。改め難し」

【注】以降の「耶輸陀羅」もすべて同じ

3 亦與眷属倶

【連声】慈海・山家　ゾック

【注】以降の「眷属倶」もこれに準ずる

3 菩薩摩訶薩

日相・嵯峨　マカサツ　山家　マカサ

【注】山家本における薩の字音については、長谷川明紀『法華経山家本』読誦法の研究』で詳しく分析されている

3 樂説辯才

全本　ギョウセツベンザイ（本）

3 轉不退轉法輪

日相　テンフタイテンホウリン　慈海・嵯峨　テンフタイテンボウリン　山家　テンプタイテンボウリン

【補闕】「法の字、清んで讀む。常に言うところの轉法輪と別なり。不退轉の法輪を轉ずと讀み下して見るべし」

【訓】「不退転の法輪を転ず」

4 植衆徳本

日相・慈海　ジキ（本）シュウ　山家・嵯峨　シキシュ

【補闕】「殖、濁音なり」

【注】衆の字について、日相本ではこの箇所をジキシウとするが、妙音品や厳王品の植衆徳本はジキシュとしている。その他の衆の字も、一貫してシュと読んでいることから、ここは誤記の可能性がある。山家本は上声、「諸々の」の意味の場合をシュ、平声、「人々」の意味の場合をシュウと読み分けていて、それについては、長谷川明紀『法華経山家本』の声点にその読誦法を探る』に詳しい。慈海本にも一部にその傾向がみられるが、シウと読む場合が多い。嵯峨本も両音を用いているが、その使い分けは曖昧で明確ではない。

4　以慈修身

全本　シュシン

【注】以降の修の字もすべて同じ

4　善入佛慧

【連声】慈海・山家　ブッテ（左）

【補闕】「佛慧（ブッテ）・因縁（インネン）等の字是れなり。假名にはブツエ・インエンと書く。唱うる時はブッテ・インネンとよむなり。此の連聲を知らざる人は、観音をカンオンと呼び、安養（アンニョウ）をアンヤウと文字のままによみて、ききにくし。よくよくこれを習うべし。」

【注】以降の「佛慧」もすべて同じ

4　文殊師利菩薩

日相・嵯峨　ボサツ　山家　ボサ　15頁参照

4　得大勢菩薩

日相　トクダイゼイ（新）　山家・嵯峨　トクダイセイ

【注】以降の「得大勢」もすべて同じ

4　勇施菩薩

日相・山家　ユゼ（新）　嵯峨　ユゼ（本）
【注】以降の勇の字もすべて同じ

5　寶月菩薩・満月菩薩

日相・山家　ホウガチ・マンガチ　慈海・嵯峨　ホウガツ・マンガツ
【補闕】「或る俗、ホウグワツ・マングワツとよみしは不可なり。タチツテト通音なれば、チもツも同事なり。然らば舌内穏便に随うべし」
【注】『補闕』にしばしば出てくる「舌内穏便」や「口内穏便」とは、「滑らかに発音できる」といったほど意味で、要するに、滑舌良く唱えられることも、読誦音決定にあたっての重要な要素であるという考え方に基づくものである。右の例では、ツ音が続くことで滑舌が悪くなるのを避けるために、月の字を「ガチ」と読めと指示している

5　爾時釋提桓因

【連声】慈海　カンイン（左ニン）　山家　カンニン
【注】以降の「釋提桓因」もすべて同じ

6　梵天王

全本　ボンデン（新）
【注】以降の「梵天」もこれに準ずる

6　有八龍王

日相・慈海　ハツリュウオウ　山家・嵯峨　ハチリュウオウ
【注】八の字、漢音ハツ、呉音ハチとされているが、各本ともにハツ・ハチの両音を用いている。例えば、「八十」はハチジュウと読み、「八道」はハツドウと読む。山家本は「巻第八」をダイハツとするなど、各本それぞれに読み分けている

6　**跋難陀龍王**　日相・慈海・嵯峨　バツナンダ　山家　バ（左バツ）ナンダ

6　**和修吉龍王**　日相・慈海・嵯峨　ワシュキツ　山家　ワシュキ

7　**阿那婆達多龍王**　日相・慈海・嵯峨　アナバ（本）ダッタ　山家　アナハダッタ

7　**優鉢羅龍王**　日相・慈海・嵯峨　ウハツラ　山家　ウハラ

7　**各與若干**　日相・嵯峨　ニャクカン　慈海　ニャッカン　山家　ニャ（左ニャッ）カン

【注】山家本は「若干」にニャカン・ヤカン・ニャッカンの読みを付ける

7　**有四乾闥婆王**　全本　ケンダツバ

【補闕】「乾の字、濁音なれども古来より清んで讀み来れり。今更改め難し。乾は先韻にてはケンの音。乾坤の乾なり。イヌイと讀む。寒韻にてはカンの音。乾湿の乾、カワクと讀むなり」

7　**樂乾闥婆王**　日相・山家・嵯峨　ガクケンダツバ　慈海　ガク（左ギョウ）ケンダツバ

【注】「樂音乾闥婆王」も同じ

8　**婆稚阿修羅王**　日相・慈海　バヂ（本）　山家　ハチ　嵯峨　バ（清濁両点有）チ

【補闕】「婆稚の二字共に濁音なり。稚の字、清んで讀むべからず」

8　**佉羅騫駄阿修羅王**　日相・慈海・嵯峨　カラケンダ　山家　カラコンダ

【補闕】「騫の字、先哲の指南に任せてケンと讀むべきなり」

9　**供養恭敬**　全本　クギョウ（新）

【注】以降の「恭敬」もすべて同じ

9　**説大乗経**

日相・山家・嵯峨　ダイジョウギョウ（新）　慈海　ダイジョウキョウ

【補闕】「経の字濁ってよむべし。新濁なり。以下これに倣え」

【注】以降の「大乗経」について、日相・山家本は経の字を新濁に読むが、慈海・嵯峨本は清濁両例有り、一定しない

9　**教菩薩法**

【連声】山家　ボサッポウ

【注】以降の「菩薩法」についても、これに準ずる

10　**入於無量義処三昧**

日相　ムリョウギショザン（新）マイ　山家・嵯峨　ムリョウギショサンマイ

【注】33入於無量義処三昧も同じ

10　**身心不動**

全本　シンジン（新）

【注】以降の「身心」についてもこれに準ずる

10　**是時天雨曼陀羅華**

【連声】慈海・山家　テンヌ（左）

【注】以降の「天雨」もすべて同様

10　**曼殊沙華**

日相・山家・嵯峨　マンジュ（新）　慈海　マンジュ（本）

【注】以降の「曼殊沙華」もすべて同じ

10　**及諸大衆**

全本　ギッショ

【注】及の字はギフの音で、いわゆるフ入声である。フ入声に無声音が続く場合、連声の規則により原則として語尾のフが促音化する。しかし、例外も多く見られ、特に及の字については極めて不規則であり、注意を要する。「及諸」は、日相・慈海・

山家本はほぼ全てにおいて連声してギッショと読むが、嵯峨本はギュウショと読むことが多い。山家本については、長谷川明紀『法華経山家本』の声点にその読誦法を探る』に詳しい

10　六種震動

日相・嵯峨　ロクシュ　山家　ロクシュウ

【注】山家本は、種の字をシュウと読む場合が多い

11　人非人

【連声】山家　ニンピニン

11　照東方萬八千世界

全本　トウボウ（新）日相・慈海　ハッセンセカイ　山家・嵯峨　ハッセンゼ（新）カイ

【訓】「東方萬八千の世界を照らしたもう」

【注】東方・南方は、全本すべてトウボウ・ナンボウと新濁に読む

11　上至阿迦尼吒天

全本　アカニタテン

【補闕】「吒の字、去聲清音なり。清んで讀むべし」

12　所説経法

全本　キョウボウ（新）

12　諸佛般涅槃者

全本　ハツネハンジャ（新）

【随音句】「ハツネツハンと云うべき事なれども、古よりネハンといい習えり。今更改め難し。況や梵語は半音これ讀むこと甚だ多し。故に上古より呼び馴れたるか」

【補闕】「者の字、濁って讀むべし」

【訓】「諸佛の般涅槃したもう者を」

12　起七寶塔
日相・慈海　シッホウ　山家　シッポウ
【注】以降の「七寶」も、これに準ずる

13　今者世尊
日相　コンシャ　慈海・山家・嵯峨　コンジャ（新）
【補闕】「者の字は助語字なり。清んで讀むべきなり」
【注】以降の「今者」もこれに準ずる。日相本は、助辞としての者の字には連声を当てはめない

13　現神変相
全本　ジンベン（新）
【注】以降の「神変」もすべて同じ

13　誰能答者
日相・山家　スイノウタッシャ　慈海　ズイ（本）ノウタッシャ　嵯峨　スイノウトウシャ
【注】以降の誰の字も、慈海本は本濁に読む

13　必應見此
【連声】慈海・山家　ヒットウ（左）
【補闕】「應の字、連聲してヒットウとよむ事、横呼通音の連聲なり。此の連聲を知らざる人は、文字のままにヒツオウとよむ。おかしき事なり。假名にはヒツオウと文字のままに書くべし」

14　神通之相
全本　ジンヅウ（新）
【注】以降の「神通」も、すべて同じ

15　以偈問曰
【連声】慈海・山家　モンナツ（左）

16　**身意快然**

【注】以降の「問曰」も、すべて同じ

16　**善悪業縁**

【連声】慈海・山家　シンニ（左）

【注】以降の「身意」についても、これに準ずる

17　**聖主師子**

【連声】慈海・山家　ゼンナク（左）

全本　ショウジュ（新）

【補闕】「主の字、濁って讀むべし。ウ・ムの下は濁るの例なり」35頁参照

17　**演説経典**

日相・山家・嵯峨　キョウデン（本）

17　**出柔輭音**

日相・慈海　スイニュウ　山家・嵯峨　シュツニュウ

【連声】慈海・山家　ナンノン（左）

【補闕】「出の字、イダスという時は去聲、イヅルの時は入聲にてシュツの音なり。今の出の字、去聲なること分明なり。輭の字、呉音はネン、漢音はセンなり。然れども上古より、天下一同にナンと讀み来れり。新たに今改むるは還って不可なり。擯出ヒンズイというべきをヒンジュツといい、満足マンスウというべきをマンゾクというの類、勝て計うべからず」

【注】日相本・慈海本は、自動詞で「自分が出る」という場合は、入声シュツの音、他動詞で「物を出す」の場合は、去声（山家本では平声）スイの音と区別をつけるが、山家本・嵯峨本では区別なく、シュツの音を採用することが多い

17　**梵音深妙**

【連声】慈海・山家　ボンノン（左）

【注】以降の「梵音」もすべて同じ

17 令人樂聞
全本　ギョウモン

17 講説正法
日相・慈海・山家　コウゼツ（新）ショウボウ　嵯峨　コウセチショウボウ
【補闕】「山門にウムの下は濁ると約束するなり。説・法の二字、連聲して濁るは新濁なり」
【訓】「正法を講説したもう」
【注】説の字、嵯峨本はセチに読むことが多い

17 若人遭苦
日相・慈海・山家　ソウク　嵯峨　ゾウ（本）ク

17 為説涅槃
日相・慈海・山家　ネハン　嵯峨　ネチハン
【注】嵯峨本は「涅槃」をネチハン・ネツハン・ネハンと読み、一定しない

18 志求勝法
全本　ショウボウ
【補闕】「法の字、濁って讀むべし。連聲の故なり」

18 及千億事
全本　ギッセン　【連声】慈海・山家　センノク（左）
【注】以降の「千億」もすべて同じ

18 如是衆多
日相　シュタ　慈海・山家・嵯峨　シュダ（新）
【注】以降の「衆多」もすべて同じ

18 恒沙菩薩
全本　ゴウジャ（新）
【注】以降の「恒沙」もすべて同じ。「恒河沙」の場合は新濁せず清音に読む

19　寶飾輦輿

日相・慈海　ホウジキ（新）　山家　ホウシキ　嵯峨　ホウジキ（本）
【連声】慈海　レンヨ（左ニョ）　山家　レンニョ（左）
【補闕】「飾、韻鏡にも清音に属せり。寶飾・嚴飾等、上の字に引かれて濁るは新濁なり。以下これに倣え」
【注】以降の「輦輿」もこれに準ずる

19　欄楯華蓋

全本　ケカイ
【補闕】「蓋は清音なり。天蓋・播蓋を濁るは、上の字のウムに引かれたるなり。これを新濁と名づく」

19　軒飾布施

日相・慈海　コンジキ　山家・嵯峨　カンジキ
【補闕】「軒は呉はコン、漢はケンなり。コンジキと讀むべきこと勿論なり」
【注】軒の字、日相本は濁点・コンとするが、再版本は清点・コン

19　及妻子施

日相・嵯峨　ギフサイシ　山家　ギッサイシ

19　頭目身體

日相　シンタイ　山家・嵯峨　シンダイ（新）
【注】頭の字、日相本は清点・ヅとするが、再版本は濁点・ヅとする。「身體」の體の字、日相本は清音と新濁の両例があり一定しない。慈海本は清音に、山家・嵯峨本は新濁に読む。

20　往詣佛所

日相　オウゲイ（新：左カイ呉）　慈海　オウゲイ（本）　山家・嵯峨　オウゲイ（新）
【補闕】「詣は呉音はカイ、漢音はケイ。然れども古より参詣（サンケイ）等と呼び来

たれば、今更改め難し。一部の始末これに倣う」

【注】以降の「往詣」もこれに準ずる。嵯峨本はオウケイと読む場合もあり

20 便捨樂土

全本　ラクド

【補闕】「樂（ラク）は入聲、タノシムとよめり。樂（ガク）は五聲八音の総名といえり。樂（ギョウ）は去聲、ネガウとよませたり。此の字、三所に入ってよみこえ各々別なり。義理に隨ってよみを知り、よみに依って聲を知り、音に依って墨をさすなり」

20 宮殿臣妾

全本　クウデン（本）ジン（本）ショウ

【補闕】「殿の字、清濁二音あり。宮殿等、濁音なること分明なり。一部の内、清音の義なし。臣の字、濁音なり。一部の内、濁って呼ぶべし。臣下・家臣などと清んで呼ぶは国風か。また儒書には呉音の本濁の字、清んで讀むことこれ多し」

20 剃除鬚髮

日相・慈海・山家　シュホツ　嵯峨　シュホチ

20 而被法服

日相・山家・嵯峨　ヒホウブク（本）　慈海　ビ（本）ホウブク

【注】以降の被の字も、慈海本は本濁に読む

20 或見菩薩

【連声】慈海・山家　ワッケン

【注】以降の「或見」についても、これに準ずる

20 樂誦経典

日相・嵯峨　ギョウジュ　慈海・山家　ギョウジュウ　39頁参照

20 勇猛精進

日相・慈海・嵯峨　ユミョウ　山家　ユウミョウ

21　智深志固

【注】山家本は「勇施菩薩」以外は、勇をユウと読む
全本　シコ
【補闕】「固は清音なり。濁って讀むは不可なり。堅固の時濁るは新濁なり」

21　聞悉受持

日相　モンシツ　山家・嵯峨　モンシチ
【注】悉の字、山家・嵯峨本は多くの場合、シチに読む

21　定慧具足

全本　グソク
【補闕】「足の字も、具足・満足の時はスウの聲なれども、上古より天下通同してグソク・マンゾクと呼び来たれり。今更改め難し。ソクの音は入聲にて、手足の足アシと讀むなり。かように、往古より伝え来たる誤りは改め難し」

21　為衆講法

日相　コウホウ　慈海・山家・嵯峨　コウボウ
【補闕】「法の字、清んで讀むべし」
【訓】「衆の為に法を講じ」

21　破魔兵衆

日相　ヒョウジュ　山家　ヒョウジュウ　嵯峨　ヒョウシュ
【補闕】「衆の字、濁って讀むべし。連聲なり」
【訓】「魔の兵衆を破して」

21　而撃法鼓

全本　キャクホック
【補闕】「法の字、ツメて讀むべし」

22　處林放光

全本　ショリン

【注】處の字、日相本は清点・ジョとするが、再版本は清点・ショ

22　未嘗睡眠
日相・山家・嵯峨　スイメン　慈海　ズイ（本）メン
【注】睡の字、慈海本は本濁に読む

22　経行林中
全本　リンヂュウ
【補闕】「中、新濁なり」
【訓】「林中に経行して」

22　浄如寶珠
全本　ホウシュ
【注】以降の「寶珠」もすべて同じ

22　増上慢人
日相・慈海　ゾウ（新）ジョウ　山家・嵯峨　ゾウ（本）ジョウ
【注】増の字、『大漢和』によると漢・呉ともに清音ソウであるが、日相・慈海本は新濁の扱いでゾウ、山家・嵯峨本は本濁でゾウと読む。以降についてもこれに準ずる。45頁参照

22　悪罵捶打
日相・山家・嵯峨　オメ　慈海　オ（左アク）メ　90頁参照

23　及痴眷属
日相・慈海　ギュウチ　山家・嵯峨　ギッチ

23　億千萬歳
全本　マンザイ（新）
【注】以降の「萬歳」も、これに準ずる

23　肴膳飲食
日相・山家・嵯峨　キョウゼン　慈海　ギョウ（本）ゼン

23　施佛及僧
全本　ギッソウ

23　名衣上服

【注】以降の「施佛及僧」もすべて同じ
全本　ジョウブク（本）
【補闕】「服は濁音なり」

23　或無價衣

全本　ムゲ（新）
【補闕】「價の字、濁って讀むべし。新濁なり」
【注】以降の「無價」もすべて同じ。新濁となるのは、ウ・ム（ン）に続く場合が原則だが、それ以外にも、単母音で短声の語に続く時に新濁化するケースがしばしば見られる。功徳・後宮・弘誓・涌出・恭敬・所献など

24　華果茂盛

全本　ムジョウ（本）

24　流泉浴池

日相・嵯峨　ルセンヨクチ　慈海　ルゼン（本）ヨクヂ（本）　山家　ルゼン（本）ヨクチ
【注】以降の池の字についても、慈海本はすべて本濁ヂに読む

24　種種教詔

日相　キョウジョウ（新）　慈海　キョウショウ　山家・嵯峨　キョウジョウ（本）
【補闕】「詔は清音なり。連聲にて濁るは新濁なり」

24　観諸法性

日相・慈海　ホウショウ　山家・嵯峨　ホッショウ
【補闕】「法の字、ツムべからず」
【訓】「諸法の性は」
【注】譬喩品の「我等同入法性」等は、「法性」という熟語であるから、ホッショウ

とツメて読む

24　心無所著
全本　ショヂャク（本）
【補闕】「著に清濁の二音あり。濁音の時は、ツク・ネヤスとよむ。執著・貪著等是れなり。今の著の字、濁音なり。清音は被服也、置也の訓あり。キル・オク等とよむ。著衣・著置の義なり」

26　殊特妙好
日相・山家・嵯峨　シュドク（本）　慈海　ジュ（本）ドク（本）
【注】殊の字、慈海本は本濁ジュに読む

26　佛放一光
【連声】山家　イッコウ

26　放一淨光
日相・慈海　イチジョウコウ　山家　イツジョウコウ

26　願決衆疑
日相・慈海　ケツシュギ　山家　ケチシュウギ　嵯峨　ケチシュギ
【注】決の字、嵯峨本はケチに読む。山家本はケツ・ケチ両例有り

27　四衆欣仰
日相・慈海　ゴン（新）ゴウ（本）　山家・嵯峨　ゴン（本）ゴウ（本）

27　衆寶嚴淨
日相・慈海・嵯峨　シュホウ　山家　シュボウ（新）
【隨音句】「この寶の字、清濁古来異義あり。今、清むに従う。一部内に衆寶の言、甚だし。皆一例なり」
【注】以降の「衆寶」について、日相本はすべて清音に、山家本は新濁に読む。慈海・嵯峨本は清濁両例あり

27　及見諸佛
日相・慈海・山家　ギッケン　嵯峨　ギュウケン

27　瞻察仁者

【注】以降の「及見」もこれに準ずる。嵯峨本はギュウケン・ギッケン両例有り
日相・山家　センザツ（新）ニンジャ　慈海　センザツ（新）ニンシャ　嵯峨　センザチ（新）ニンジャ
【補闕】「察の字、者の字、濁って讀むべし。新濁なり」

28　如我惟忖

日相・慈海　ユイジュン（新）山家・嵯峨　ユイジュン（本）

28　擊大法鼓

日相・慈海　キャクダイホウク　山家・嵯峨　キャクダイホック
【随音句】「大法の鼓と讀む故に、法の字、詰めてこれを讀むべからず。上の而擊法鼓とは不同なり。下みなこれに例せよ」

28　即說大法

【訓】「大法鼓を擊ち」（頂妙寺本「大法の鼓を擊ち」）
日相　ソクセツ　山家　ゾク（新）セツ　嵯峨　ソクセチ

29　故現斯瑞

【注】故の字、日相本は清点・ゴとするが、再版本は清点・コ

29　正徧知

日相・慈海・嵯峨　ショウヘンチ　山家　ショウヘンヂ（新）
【注】如来十号の「正徧知」について、山家本はすべて新濁ヂに読む。嵯峨本は清音・濁音の両例があり、一定しない

29　演說正法

日相・慈海・山家　エンゼツ（新）ショウボウ（新）嵯峨　エンセチショウボウ（新）
【補闕】「說の字、法の字、濁って讀むべし。新濁なり」

30　其義深遠

【連声】慈海・山家　ジンノン（左）
【注】以降の「深遠」もすべて同じ

30 **其語巧妙**

日相・慈海　ギョウ（新）ミョウ　山家・嵯峨　ギョウ（本）ミョウ
【補闕】「巧の字、清音なれども、昔より濁って讀み来れり」
【注】以降の巧の字もこれに準ずる

30 **純一無雑**

【連声】山家　ジュンニチ（左）

30 **為求聲聞者**

日相　ショウモンシャ　慈海・山家・嵯峨　ショウモンジャ
【補闕】「者の字、清んで讀むべし」
【訓】「聲聞を求むる者の為に」

30 **説應十二因縁法**

【連声】慈海・山家　セットウ
日相　インネンホウ　慈海・山家・嵯峨　インネンボウ
【補闕】「法の字、清んで讀むべし。上の四諦の法に准ずる故なり」
【訓】「應ぜる十二因縁の法を説き」
【注】以降の「説應」もすべて同じ

31 **次復有佛**

全本　シブ
【補闕】「次は去聲清音なり。清んで讀むべし。後後、これに倣え」

31 **有八王子**

【連声】山家　ハットウ（左）ジ
【随音句】「或る人、ハツタウシと讀むが好しと云えども、経文に於いて此の如き用捨、無用なり。ただ、ハチオウジ讀むべきなり」
【補闕】「子、濁って讀むべし」

31 **二名善意**

【連声】慈海・山家　ゼンニ（左）

32 **七名響意**

日相　シチミョウ　山家　シツミョウ

32 **皆為法師**

日相・慈海・山家　ホッシ　嵯峨　ホウシ

【注】以降の「法師」もこれに準ずる。嵯峨本はホウシ・ホッシの両例有り

32 **植諸善本**

日相　ジキ（本）ショゼンボン（新）慈海　ジキショ――　山家　シキショゼンポン　嵯峨　シキショゼンホン

【注】日相本は「植諸善本」をすべてゼンボンと新濁に読むが、それ以外の「善本」は清音に読む。譬喩品の「植諸善本」は濁音、方便品の「未曾修善本」・妙音品の「是菩薩種何善本」などは清音、といった具合である。理由は『補闕』にも明かされていない

33 **即於大衆中**

日相・慈海　ダイシュチュウ　山家　ダイシュウヂュウ（新）嵯峨　ダイシュヂュウ（新）

【訓】「即ち大衆の中に於いて」

【注】以降の「大衆中」もこれに準ずる。52頁参照

33 **身心不動**

全本　シンジン（新）

35 **樂欲聴法**

日相　チョウホウ　慈海・山家・嵯峨　チョウボウ

【補闕】「法の字、清んで讀むべし」

【訓】「樂って法を聴かんと欲す」

36　**六十小劫**
日相・慈海・山家　ジッショウコウ
【注】以降の「～十小劫」についても、これに準ずる
全本　チョウジャ

36　**時會聴者**
【補闕】「者の字、濁って讀むべし。連聲なり」
【訓】「時に會の聴者」

36　**是時衆中**
日相・嵯峨　シュチュウ　慈海　―チュウ　山家　―ヂュウ（新）
【訓】「是の時に衆中に」

36　**而生懈倦**
日相　ケケン　慈海　ケゲン（本）山家・嵯峨　ゲ（本）ケン
【随音句】「常に懈怠の時は清んで讀み、その外の時は濁ってこれを讀む。謂れなきか。既に角清音と云って、濁音に非ず。懈怠と懈倦等とその義、異なるに非ず。何ぞ清濁を分かたんや。故に一部の内の懈の字、みな清んでこれを讀むべし」
【補闕】「懈倦の二字、去聲清音なり」
【注】懈の字、山家本は「懈怠」のみ清音に読み、それ以外は本濁に読む

37　**阿修羅衆中**
日相・嵯峨　シュチュウ　慈海・山家　―ヂュウ（新）
【訓】「阿修羅衆の中に」

37　**便於中夜**
【連声】慈海・山家　ベンノ（左）
【注】以降の「便於」もすべて同じ

38　**百千萬億佛已**
【連声】慈海・山家　ブッチ（左）

38 **名曰然燈**
【注】以降の「佛已」もすべて同じ
全本　ネンドウ（新）

39 **貪著利養**
日相・山家・嵯峨　トンヂャク（本）　慈海　トンチャウ
【補闕】「著、濁音なり」
【注】慈海本は誤記であろう。以降の「貪著」は、全本トンヂャクとする

39 **種諸善根**
全本　ゼンゴン（新）
【注】以降の「善根」についても、すべて同様

39 **得値無量百千萬億諸佛**
日相・山家・嵯峨　トクチ　慈海　トクヂ（本）
【注】値の字、慈海本は本濁ヂに読む

39 **豈異人乎**
日相・山家・嵯峨　ニンコ　慈海　ニンゴ（本）
【注】乎の字、慈海本は本濁ゴに読む

40 **有佛人中尊**
全本　ニンヂュウソン
【補闕】「中の字、濁って讀むべし」
【注】41供養人中尊も同じ

41 **而為廣分別**
日相・慈海　フンベツ（新）　山家　フンベチ（本）　嵯峨　フンベツ（本）
【注】山家・嵯峨本はフンベチ・フンベツの両例有り

42 **佛放眉間光**
【連声】山家　ブッポウ

42　生死業報處

【注】以降の「佛放」もこれに準ずる
日相・慈海　ゴッホウショ　山家　ゴッポウショ　嵯峨　ゴウホウジョ（本）
【補闕】「業の字入聲なり、ツメてよむべし。総じて入聲字上にあるときは、ツメてよむ習いなり。法華・法性（ホッショウ）・合掌・合譬（ガッピ）・業障（ゴッショウ）・習気（ジッケ）等是れなり。また入聲上にあれども連聲してツメられざる事あり。法語・法談・業力（ゴウリキ）・合文・習学・雑談（ゾウダン）等、是れ入聲の格外なり。一字にツムルとヒクとの二聲あるは、フ・ツ入聲の字なり」

42　身色如金山

日相・慈海　シンシキ・コンセン　山家　シンジキ・コンゼン　嵯峨　シンジキ・コンセン
【補闕】「山の字、濁って讀むべし。二字連続してこえによむ時、上の字にウ・ムのひびきあらば、下の字必ず濁る。是れを新濁という。是れ則ち連聲の法なり。」

43　敷演深法義

全本　ジンボウ

43　聲聞衆無數

日相　ショウモンジュ　慈海・山家　ショウモンジュウ　嵯峨　ショウモンシュウ
【訓】「聲聞の衆、無數なり」（頂妙寺本「聲聞衆、無數なり」）
【注】訓読で「聲聞衆」と読む場合は、全本ともに衆の字を新濁に扱うのが常である。以降もこれに準ずる

43　在於山林中

日相　センリンチュウ　山家・嵯峨　センリンヂュウ
【補闕】「清んで讀むべし。山林の中に、と讀む故なり」

43　猶如護明珠

【訓】「山林の中に在って」
全本　ユニョゴミョウシュ
【注】以降の猶の字についても、これに同じ。「明珠」もこれに準ずる

44　各各自相問

【連声】慈海・山家・嵯峨　カッカク
【注】以降の「各各」もすべて同じ

44　天人所奉尊

日相・慈海・嵯峨　ショブソン　山家　ショブウソン
【注】奉の字、山家本はブとブウの両例有り

44　適従三昧起

全本　シャクジュウ
【補闕】「適にシャクとチャクと二音あり。シャクの音には、ヨロコブ、カナフ、ハジメ、ヨシ、ユク、ムカシ等の讀みあり。此の経の意に叶えり。チャクはシタシ、シタガフ、アツシ、ユク等の讀みあり。今の意にあらず。此の経一部の内、チャクの聲無し」
【訓】「適（は）じめて三昧より起ち」
【注】適の字、山家本はシャク・チャクの両例有り

45　説是法華経

日相・山家・嵯峨　ホケキョウ　慈海　ホッケキョウ
【注】「法華経」を日相本は一貫してホケキョウと読み、慈海本はホッケキョウと読む。南都読みもホッケキョウとされる（兜木正亨『法華版経の研究』三四八頁。以降、本書を引用する際は、兜木前掲本と記す）。山家本は稀にホッケキョウがあり、嵯峨本はホケ

キョウ・ホッケキョウ・ホウケキョウが混在し一定しない

45 佛説是法華
全本　ホッケ
【注】以降の「法華」もすべて同じ

45 告於天人衆
全本　テンニンジュ（山家　ジュウ）
【注】天人衆・人衆は全本、新濁に扱う。以降もすべて同じ

45 我今於中夜
【連声】山家　コンノ（左）
【注】以降の「今於」もすべて同じ

45 當離於放逸
日相・慈海　ホウイツ　山家・嵯峨　ホウイチ
【注】以降の逸の字もこれに準ずる

45 諸佛甚難値
日相・嵯峨　ナンチ　慈海　ナンヂ（本）　山家　ナンヂ（新）
【訓】「諸佛は甚だ値い難し」
【注】以降の「難値」も、すべて同じ

45 億劫時一遇
【連声】慈海・山家　オッコウ　全本　イチグ
【注】以降の「億劫」・遇の字もすべて同じ

46 佛滅一何速
日相　ブツメツイチガ　山家　ブツメチイツガ　嵯峨　ブツメチ―
【注】以降の滅の字も嵯峨本はメチと読む。山家本はメツ・メチ両例有り

46 聖主法之王
全本　ショウジュ（新）

46 安慰無量衆
【連声】慈海　アンイ（左二）　山家　アンニ（左）

46　汝等勿憂怖

46　於無漏實相

46　心已得通達

46　分布諸舍利

47　奉持佛法蔵

47　相継得成佛

47　轉次而授記

47　最後天中天

【注】以降の「安慰」もこれに準ずる
【連声】慈海　モツウ（左ツ）　山家　モッツ（左）
日相　ジツソウ　嵯峨　ジチソウ
【注】實の字、山家・嵯峨本はジチと読む場合が多い
【連声】慈海・山家　シンニ（左）
日相・慈海　フンフ　山家　ブン（本）プ　嵯峨　ブン（本）フ
【補闕】「分の字、清濁に依って義かわれり。平聲清音の時は、ワクル、ワカツというよみあり。去聲濁音の時は、ワカルル、ワカレタリとよませたり。今の分布は舎利をわけひろむる義なり。清音なること明けし」
【注】薬草喩品234随分受潤のような、「身分」の意の時は、全本ともに濁音に読む
【連声】山家　ブッポウゾウ
日相　ソウケイ（左カイ呉）　慈海・山家　ソウケイ　嵯峨　ソウゲイ（新）
【補闕】「継の字、呉音はカイ、漢音はケイなること分明なり。然れども古より計・継・髻等の字、漢音に讀み来たれり。今更改め難し」
全本　テンシ
全本　テンヂュウ（新）テン
【随音句】「中の字、新濁なり」
【訓】「最後の天中天を」

【注】以降の「天中天」もすべて同じ

47　號曰燃燈佛

全本　ネンドウ（新）ブツ

【注】以降の「燃燈佛」もすべて同じ

47　心常懐懈怠

全本　ケダイ（本）　33頁参照

【補闕】「懈は去聲清音なり。怠は待の音にて、本濁なり」

48　棄捨所習誦

日相・嵯峨　シュウジュ　慈海　ジュウ（本）ジュ　山家　シュウジュウ

【補闕】「誦は漢音はショウ、呉音はシュウの音なり。頌・訟・種・誦等同じくシュウの音なり。然れども天下通同して偈頌・讀誦・種種等、ジュと讀み来たれり。そのうえ嵯峨本等も世に順じてシュの假名を付けたまえば、古より讀み来たれるが如くジュとよむべし」

【注】習の字、慈海本は本濁ジュウに読む。誦の字、山家本はジュウ、慈海・嵯峨本はジュ・ジュウの両例有り

48　具六波羅蜜

日相・山家　ハラミツ　嵯峨　ハラミチ

【注】蜜の字、嵯峨本はミチに読む。山家本はミチ・ミツ両例有り

48　妙光法師者

全本　ホッシシャ

【補闕】「者の字、清んで讀むべし。語辭なり」

49　欲説法華経

日相・山家　ホケキョウ　慈海・嵯峨　ホッケキョウ　36頁参照

【補闕】「長文短章句の時は誰も吟味すべき事なれども、常式の連経にはホッケキョ

ウと讀む人多し。是れ則ち不可なり」

49　合掌一心待

全本　イッシンダイ（本）

【補闕】「待は本濁の字なり。部内、これに准ず。然るに世俗、待夜（タイヤ）という時は清音に呼ぶ。不審なり」

【注】以降の待の字もすべて同じ

方便品　第二

50　方便品

日相・嵯峨　ホウベンホン　山家　ホウベンポン

50　告舎利弗

日相・慈海　ゴウ（新）シャリホツ　山家・嵯峨　ゴウ（本）シャリホツ

【補闕】「告、清音といえり。上古より濁って讀むこと不審なり」

51　廣大深遠

日相　ジン（新）オン　慈海　ジン（新）ノン（左）　山家　ジン（本）ノン（左）　嵯峨　ジン（本）オン

【補闕】「深の字、清音なること明らけし。古より呉音に本濁の様に濁って讀むこと不審なり。浅深等を濁るは連聲ともいうべし。今、深遠の深を濁るは不可なりといえども、改め難し」

【注】以降の深の字についても、日相・慈海本は新濁に読む

51　解脱

日相　ゲダツ　嵯峨　ゲダチ

52 悦可衆心

【注】脱の字、嵯峨本はダツ・ダチ両例有り

52 乃能究盡

日相・嵯峨　シュシン　山家　シュウシン

全本　クジン

【注】以降の究の字もすべて同じ

53 十如是

【隨音句】「所謂諸法如。是相如。是性如。是體如。是力如。是作如。是因如。是縁如。是果如。是報如。是本末究竟等（第一遍は如を句となす）

所謂諸法如是相。如是性。如是體。如是力。如是作。如是因。如是縁。如是果。如是報。如是本末究竟等（第二遍は相性等を一句となす）

所謂諸法如是。相如是。性如是。體如是。力如是。作如是。因如是。縁如是。果如是。報如是。本末究竟等（第三遍は是を以って句となす）

後来の新発意、濫さざる様に讀みたまえ。勤めの時、かくの如く三遍なり。眞讀の時は、ただ第二遍の如く、如是相等と讀むなり。勤めと眞讀と異なること、且く世の風俗に順ずるにかくのごとし」

【注】『隨音句』にいう「勤め」とは、日常の法事や勤行を指すものと思われる。「真讀」は一部経を略さずに通読することで、例えば千部会などの読誦会をいうのであろう

53 諸天及世人

日相・嵯峨　ギュウセニン　山家　ギッセニン

55 盡思共度量

日相・山家・嵯峨　タクリョウ　慈海　ダク（本）リョウ

【補闕】「度、ハカルという時はダクの音なり。此の字もと濁音なり。今の人、皆清んで讀めども、改めて妨礙なきものをば改むべき由、先哲の掟なれば、ここをば濁って讀むべきなり」

55　亦滿十方刹

【注】日相本の仮名と『補闕』の解説が齟齬する

日相・慈海・嵯峨　――セツ　山家　――セチ

【注】刹の字、山家・嵯峨本はセツ・セチの両例有り

56　新發意菩薩

【連声】慈海・山家　シンボッチ（左）

【注】以降の「新發意」も、すべて同じ

56　如稲麻竹葦

全本　トウマ

【補闕】「稲は濁音といえり。道と等類の字なり。常にはトウマチクイと清んで呼べども、眞讀の時はその用舎は無用なり。濁って讀むべし。但し訓讀の時は、国風に任せて清んで讀むべきか」

【注】この箇所も日相本の仮名と『補闕』の解説とが齟齬する

56　我今已具得

【連声】慈海・山家　コンニ（左）

【注】以降の「今已」もすべて同じ

57　告諸聲聞衆

全本　ショウモンジュ（山家　ジュウ）　35頁参照

【補闕】「衆の字、連聲にて濁って讀むなり。下の涅槃者の者の字は清んで讀むべし」

【訓】「諸の聲聞衆～に告ぐ」

57 **逮得涅槃者**

日相　ネハンシャ　慈海・山家・嵯峨　ネハンジャ

【訓】「涅槃を逮得せしめたる者に」（頂妙寺本「涅槃を逮得せしめたることは」）

57 **佛以方便力**

【連声】慈海・山家　ブッチ（左）

【注】以降の「佛以」も、すべて同じ

57 **引之令得出**

全本　トクシュツ

【補闕】「出の字、入聲に呼べ」

58 **有所言説**

日相・慈海・山家　ゴンゼツ　嵯峨　ゴンゼチ

【補闕】「説の字、濁って讀むべし。新濁なり」

【注】以降の「言説」もすべて同じ

60 **無能發問者**

日相　ホツモンシャ　慈海・山家・嵯峨　ホツモンジャ

【補闕】「者の字、清んで讀むべし。次下の亦無能問者・及求涅槃者・其求縁覚者、これに同じ」

【注】それぞれ、「能く問を発す者」「能く問う者」「涅槃を求むる者」「縁覚を求むる者」と訓読するので、日相本は清音に読む。慈海・山家・嵯峨は「其求縁覚者」のみ、清音に読む

61 **及乾闥婆等**

日相・嵯峨　ギュウケンダツバ

【注】以降の「及乾闥婆」もすべて同じ

61 **相視懐猶豫**

日相・慈海　ソウジ（本）　山家・嵯峨　ソウシ

【補闕】「視は濁音なり。一部の内みな然なり」
【注】視の字、日相本・慈海本は本濁に読む。嵯峨本は清濁両例有り一定しない

61　**瞻仰両足尊**
全本　リョウゾク（新）ソン
【注】以降の「両足尊」もすべて同じ

61　**於諸聲聞衆**
日相　ショウモンジュ　慈海・山家　ショウモンジュウ　嵯峨　ショウモンシュ
【補闕】「衆の字、濁って讀むべし」
【注】日相本は清点・ジュとするが、再版本は濁点・ジュ

61　**為是究竟法**
日相　クキョウホウ　山家・嵯峨　クキョウボウ
【補闕】「法の字、清んで讀むべし」
【訓】「是れ究竟の法とやせん」

62　**佛口所生子**
日相・山家・嵯峨　ショショウシ
【補闕】「子の字、清んで讀むべし」

62　**願出微妙音**
日相・慈海　ガンスイ　山家・嵯峨　ガンシュツ
【補闕】「出、去聲に呼ぶべし」
【訓】「願わくは微妙の音を出だして」

62　**又諸萬億国**
【連声】慈海・山家　ノッ（左）コク
【注】以降の「億国」もこれに準ずる

63　**唯説願勿慮**
日相・慈海・山家　モツリョ　嵯峨　モチリョ

63 **有能敬信者**

日相　キョウシンシャ　慈海・山家・嵯峨　キョウシンジャ
【補闕】「者の字、清んで讀むべし」
【訓】「能く敬信する者有り」

64 **増上慢比丘**

日相・慈海　ゾウ（新）ジョウマン　山家・嵯峨　ゾウ（本）ジョウマン
【補闕】「増の字、清音なり。然れども天下通同して、上古より濁音に呼び来たれり。今更改め難し」
【注】以降の増の字もすべて同じ

64 **将墜於大坑**

日相・慈海　ショウヅイ（本）山家・嵯峨　ショウツイ
【補闕】「墜、濁って讀むべき事なれども、古より清んで讀み来たれり。改め難し。但し清音なりとも、連聲の時は濁って讀むべし。況や濁音なり。将の字と連続して濁って讀むべし」

64 **止止不須説**

日相・山家　シシ　嵯峨　シジ（本）

64 **我法妙難思**

日相・山家　ナンシ　慈海・嵯峨　ナンジ（新）
【訓】「我が法は妙にして思い難し」

64 **諸増上慢者**

日相・慈海　ゾウジョウマンシャ　山家・嵯峨　ゾウジョウマンジャ
【補闕】「者の字、清んで讀むべし」
【訓】「諸の増上慢の者は」

64 **聞必不敬信**

日相　モンヒツ　山家　モンピツ　嵯峨　モンヒチ

65　如我等比

【注】必の字、嵯峨本はヒチに読む。山家本はヒチ・ヒツ両例有り
日相・山家・嵯峨　トウビ（本）　慈海　トウビ（新）
【補闕】「比の字、清濁に依りて二つの讀み分かれたり。上聲紙の清音に入る時は校也の訓にて、タクラブルと讀むなり。去聲眞濁音にある時は、阿黨の義にて、タグヒと讀むなり。比類の義なり。この経の中にはこの二つの讀みのみなり」
【注】「比較する」の意味の時は清音ヒと読み、「たぐい・比類」の意味の時は濁音ビと読む。日相・慈海本はこれを区別するが、山家・嵯峨本は一律に本濁ビである

65　長夜安穏

全本　ヂョウ（本）ヤ
【補闕】「長は平聲濁音なり。此の字三所に入る。清濁にて讀みまた異なり。平聲は濁音。ツネ・ナガシ・トオシ・ヒサシ等の讀みあり。上聲は清音。オサ・オトナ・ヒトナル・フトルと讀む。長者・長大等これなり。生長・増長を濁るは新濁なり。去聲また濁音なり。オオシ・タケ・アマル・マス等の讀みあり。長幅等これなり。今の長夜の長は、ツネ・ヒサシ・ナガシ等の讀みあり。平聲濁音なること分明なり」
【注】以降の「長夜」についても、これに準ずる

65　願説第一法

日相・慈海　ダイイチホウ
【補闕】「ダイイッホウと讀むは不可なり」
【訓】「願わくは第一の法を説きたまえ」

65　我為佛長子

全本　チョウシ

65 **唯垂分別説**

66 **願為此衆故**

66 **汝已慇懃三請**

67 **有如此失**

67 **無復枝葉**

67 **純有貞實**

68 **退亦佳矣**

68 **唯然世尊**

【補闕】「長の字、上聲清音なり」
日相・山家・嵯峨　ユイスイ　慈海　ユイズイ（本）
【注】垂の字、慈海本は本濁ズイに読む
【連声】慈海・山家　ガンニ（左）
【注】以降の「願為」もすべて同じ
日相・慈海・嵯峨　サンショウ　山家　サンジョウ（新）
【補闕】「請、上聲清音に讀むこと可なり」
【訓】「汝、已に三たび慇懃に請しつ」
日相・慈海　シシツ　山家・嵯峨　シシチ
【注】失の字、山家・嵯峨本はシチに読む
日相・嵯峨　ムブ（本）
【補闕】「復、マタと讀む時は去聲濁音なり」209頁参照
【連声】慈海・山家　ジュンヌ（左）　全本　チョウジツ
【補闕】「貞、年號などに貞観（ヂョウカン）・貞享（ヂョウキョウ）とて、濁って呼び来たれり。不審なり。今の貞實は清んで讀むべし」
【連声】慈海　ヤッケ
日相　イイネン　慈海・嵯峨　ユイネン
【補闕】「唯の字、平上二聲ともに、諾なりの訓あり。イイと讀ませて應諾の辞とす

ることは、平上ともにこれ同じ。ヒトリは平聲に限るなり。今、唯然の文、イイネンとよむべし。その故は、末師みな儒書の反切を以って註せり。然らば儒書の掟に背くべからず。應諾の詞に用いるときは、古よりイイと呼び来たれり。これらの掟にまかせてイイネンとよむべし」

【注】「唯然」の読みについての『補闕』の解説は難解で、とりあえず右に要約してみた。いくつかの儒書を挙げて論拠とするが、何故ここだけ儒書にこだわるのか判然としない。「古よりイイと呼び来れり」というが、嵯峨本は一貫してユイネンと読んでいる。以降の「唯然」もすべて同じ

68　如優曇鉢華

日相・慈海　ウドンバツ（新）ケ　山家　ウドンバッ（新）ケ　嵯峨　ウドンバチ（新）ケ

68　言不虚妄

【連声】山家　ゴンプ

69　出現於世

【連声】慈海・山家　ゲンノ（左）

【注】以降の「現於」についても、これに準ずる

71　但以一佛乗故

【連声】慈海・山家　タンニ（左）

【注】以降の「但以」もこれに準ずる

72　従諸佛聞法

日相　モンホウ　慈海・山家・嵯峨　モンボウ

【補闕】「法、清んで讀むべし。下の従佛聞法、これに同じ」

【訓】「諸佛に従いたてまつって法を聞きしは」

72　當出於世

【注】72・73従佛聞法も同じ
【連声】慈海・山家　シュット（左）
【注】以降の「出於」もすべて同じ

74　隨其本性

日相　ホンショウ　慈海・山家・嵯峨　ホンジョウ（新）

75　尚無二乗

日相・慈海　ジョウ（本）ム　山家・嵯峨　ショウム
【補闕】「尚、常と等類にして濁音なり。然れども古より和尚（オショウ・カショウ）等と清んで呼び来たれり。改め難し。但しここもとをば、皆濁って讀み来たるは佳なり」
【注】以降の尚の字もすべて同じ

75　慳貪嫉妬

全本　ケンドン（新）　日相・山家　シット　慈海　ジッ（本）ト　嵯峨　シチト
【注】嫉の字、慈海本は本濁ジツ、嵯峨本はシチと読む

77　是人難得

日相・嵯峨　ナントク　慈海・山家　ナンドク
【訓】「是の人は得難ければなり」

77　於此法中

日相・嵯峨　ホウチュウ　山家　ホッチュウ
【補闕】「法の字、長聲によむべし。法をツメて讀むべからず」
【訓】「此の法の中に於いて」

78　於戒有缺漏

日相・慈海　ケツロ　山家　ケッロ　嵯峨　ケチロ
【注】缺の字、嵯峨本はケチに読む

79　護惜其瑕疵

日相・山家・嵯峨　ケシ　慈海　ゲ（本）ジ（本）

79　衆中之糟糠

日相・嵯峨　シュヂュウ（新）　慈海・山家　—ヂュウ

【訓】「衆中の糟糠は」

【注】中の字、日相本は濁点・チュウとするが、再版本は濁点・ヂュウ

79　佛威徳故去

【連声】慈海・山家　ブッチ（左）

79　先世善悪業

日相・慈海　ゼン（新）ゼ　山家・嵯峨　ゼン（本）ゼ

【連声】慈海・山家　ゼンナク（左）

【補闕】「先の字、清音なれども、古より濁って讀めり。前の字と通ずるか。金剛経などにも先世の二字濁って讀むなり。世も清音なり。連聲にて濁るなり」

【注】先の字、日相本はこの箇所のみ新濁に読み、あとは清音に読む。慈海本は清濁両例有り、山家・嵯峨本は全例、本濁に読む。

80　本生未曾有

日相・慈海・山家　ホンジョウ（新）　嵯峨　ホンショウ

【補闕】「生の字、濁って讀むべし」

80　亦説於因縁

【連声】慈海・山家　セット（左）

【注】以降の「説於」についても、これに準ずる

80　鈍根樂小法

全本　ドンゴン（新）

【注】以降の「鈍根」もすべて同じ

80　我設是方便

日相・慈海・山家　セツゼ　嵯峨　セチゼ

【注】設の字、嵯峨本はセチに読む。山家本はセツ・セチ両例有り

81　説是大乗経

全本　ダイジョウギョウ（新）

【補闕】「経の字、濁って讀むべし」

81　大喜充遍身

日相・慈海　ジュウヘンシン　山家・嵯峨　ジュウヘンジン

【訓】「大喜、身に充遍す」

82　唯有一乗法

日相　イチジョウ　山家　イツジョウ

【注】山家本は、「一乗」をイツジョウと読む場合が多い

82　終不以小乗

日相・山家・嵯峨　ジュウ（本）フ　慈海　ジュウ（新）フ

【注】終の字、慈海本はすべて新濁に扱う

83　亦無貪嫉意

日相　トンシツイ　慈海　トンジッ（本）チ（左）　山家　トンシッチ（左）　嵯峨　トンシチイ

83　断諸法中悪

日相・慈海・嵯峨　ホウチュウ　山家　ホッチュウ

【補闕】「法の字、引いて讀むべし。ホツとつむるは不可なり」

【訓】「諸法の中の悪を断じたまえり」

83　故佛於十方

【連声】慈海・山家　ブット（左）

【注】以降の「佛於」もこれに準ずる

83　我以相厳身

日相・慈海・嵯峨　ソウゴンシン　山家　ソウゴンジン（新）

【訓】「我れ相を以て身を厳（かざ）り」

83　**我本立誓願**

日相・嵯峨　リュウセイガン　慈海　リュウゼイ（本）ガン　山家　リッセイガン

【注】誓の字、日相本はセイ・本濁ゼイの両例有り。慈海本は本濁ゼイに読む

83　**今者已満足**

日相　コンシャイマンゾク　慈海・山家・嵯峨　コンジャ（新）イマンゾク

【補闕】「者の字、清んで讀むべし。満足、若し義に依らばマンスウと讀むべし。然れども上古よりマンゾクと入聲に呼び来たれり。今更改め難し」

84　**未曾修善本**

全本　ゼンホン　32頁参照

84　**墜堕三悪道**

日相・山家・嵯峨　ツイダ　慈海　ヅイ（本）ダ　45頁参照

【連声】慈海　サンナク（左）山家　サンマク・ナク（左併記）

【注】以降の「三悪道」もこれに準ずる

84　**輪廻六趣中**

日相・慈海　ロクシュチュウ　山家・嵯峨　ロクシュヂュウ

【随音句】「中の字甚だ多し。四衆中・大衆中・聲聞衆中・天人衆中の類、濁らずとも苦しからざるをば清んでこれを讀むべし」

【補闕】「六趣の中にとよむが故に、中の字、清んで讀むなり。連聲によみ下す時は、濁ってよむべし」

【訓】「六趣の中に輪廻して」

84　**備受諸苦毒**

全本　ビジュ

【補闕】「国名に備後（ビンゴ）と呼ぶ例ありとて、備をビンと讀む人、近き頃までこれ在り。国の名は元より故實の讀みあり。これに例すべからず」

84　世世常増長

全本　ゾウヂョウ（新）　46頁参照
【補闕】「長の字、上聲新濁なり」
【注】以降の「増長」についても、これに準ずる

84　薄徳少福人

日相・山家・嵯峨　ハクトク　慈海　バク（本）トク
【注】薄の字、慈海本は本濁バクに読む

84　衆苦所逼迫

日相　ヒツハク　慈海　ヒキ（左ヒツ）ハク　山家　ヒッパク　嵯峨　ヒチハク
【補闕】「逼、音多しといえども、古よりヒツの聲のみ用い来れり」
【注】以降の逼の字もすべて同じ

84　入邪見稠林

日相・山家・嵯峨　チュウリン　慈海　ヂュウ（本）リン

85　深著虚妄法

日相・慈海・嵯峨　コモウホウ　山家　コモウボウ
【補闕】「法の字、清んで讀むべし」
【訓】「深く虚妄の法に著して」

85　諂曲心不實

【連声】山家　シンプ
【注】以降の「心不」についても、これに準ずる

85　我為設方便

日相　セツホウベン　山家・嵯峨　セチホウベン

86　演説諸法相

日相・慈海　ショホウソウ　山家・嵯峨　ショホッソウ
【補闕】「法の字、ツムベからず」
【訓】「諸法の相を演説したまいき」

87　**又諸大聖主**

全本　ダイショウジュ（新）

【補闕】「主の字、濁って讀むべし」

【注】以降の「聖主」についても、これに準ずる

87　**天人群生類**

全本　グンジョウ（新）ルイ

87　**若聞法布施**

日相　モンホウ　慈海・山家・嵯峨　モンボウ

【補闕】「法の字、清んで讀むべし。法を聞いて布施と讀むが故に法を清むべきなり。聞法隨喜などとは異なり」

【訓】「若し法を聞いて布施し」

88　**栴檀及沈水**

日相・慈海・山家　ヂン（本）ズイ（新）　嵯峨　ヂン（本）スイ

【注】以降の「沈水」については、全本ヂン（本）ズイ（新）である

88　**木樒竝餘材**

日相・慈海　モクミツ　山家・嵯峨　モクミチ

88　**甎瓦泥土等**

日相・山家・嵯峨　デイド　慈海　デイ（左ナイ）ド

【補闕】「泥は呉音はナイ、漢はデイなり。常に泥洹（ナイオン）と呼ぶ好し。然らばここもとをもナイドと讀むべき事なれども、古よりデイドと漢音に讀み来れり。今更改め難し」

89　**鍮鉐赤白銅**

日相・山家・嵯峨　チュウジャク（新）　慈海　チュウ（左トウ）ジャク（本）

89　**白鑞及鉛錫**

全本　エンジャク（新）

89　**鐵木及與泥**

日相・慈海・山家　テツモク　嵯峨　テチモク

89　**或以膠漆布**

89　**綵畫作佛像**

【注】「鐵圍山」は全本、テチと読む
日相・慈海　シツフ　山家　シップ　嵯峨　シチフ
全本　サイエ
【補闕】「畫には、エ・ケ・カイ・グハ・クワク等の音多し。皆人、グワ・クワクはこえにて、ヱはよみの様に思えり」
【注】以降の畫の字もすべて同じ

89　**若草木及筆**

日相・慈海・山家　ギュウヒツ　嵯峨　ギュウヒチ
【注】以降の筆の字も、嵯峨本はヒチに読む

89　**或以指爪甲**

日相　シショウ（左ソウ漢音）　慈海・山家・嵯峨　シソウ
【補闕】「爪、漢音はサウ、呉音はセウなり。當時まで眞俗共にサウカフと讀めども、改めて妨げなき者をば之を改むべき也」
【注】以降の爪の字もすべて同じ

90　**擊鼓吹角貝**

【連声】慈海・山家　キャック

90　**簫笛琴箜篌**

日相　ショウチャクキン（左コン呉）クウゴウ（新）　慈海　ショウヂャク（本）ギン（本）クウゴ（本）　山家　ショウチャクキンクウゴ（本）　嵯峨　ショウチャクキンクコ
【補闕】「琴は漢はキン、呉はコンなり。今も呉音に讀むべきことなれども、古より漢音に讀み来たれり。改め難し」

90　琵琶鐃銅鈸

【注】以降の「簫笛」「箜篌」もこれに準ずる
日相・慈海・山家　ビ（本）ハニョウドウバツ（本）　嵯峨　ビ（本）ハニョウドウバチ（本）

90　歌唄頌佛徳

日相・山家・嵯峨　ジュブツトク　慈海　ジュウブツトク　39頁参照
【注】頌の字、慈海本はジュウと読む。山家本はジュ・ジュウの両例有り

90　乃至以一華

日相　イツケ　嵯峨　イチケ

90　或復少低頭

日相　テイ（左タイ呉）ヅ　慈海・山家・嵯峨　テイヅ
【補闕】「低は呉音はタイ、漢音はテイなり。然らばタイヅと讀むべき事なれども、古よりみな漢音に讀み来たれり。今更改め難し」

90　一稱南無佛

【連声】慈海・山家　イッショウ　日相・慈海・嵯峨　ナムブツ　山家　ナモブツ
【随音句】「無、漢音はボ、呉音はム。ナモと讀めるは非なり。南の字、ハネざることは、梵音、半音によむ恒例なるべし」

92　若有聞法者

【注】山家本は「南無」をナモと読むことが多い
日相　モンホウシャ　慈海・山家・嵯峨　モンボウシャ
【補闕】「法を清んで讀むべし」
【訓】「若し法を聞くこと有らん者は」

92　諸佛本誓願

日相・慈海　ホンゼイ（本）ガン　山家・嵯峨　ホンセイガン　52頁参照

92　其實為一乗

【連声】慈海・山家　ゴジッチ（左）

【注】93 其實為佛乗も同じ

94　貧窮無福慧

日相・慈海　ビングウ（本）　山家　ビング（本）　嵯峨　ビンクウ
【補闕】「貧窮二字ともに濁音なること分明なり」
【注】窮の字、山家本はグ・グウ、嵯峨本はクウ・グウ・グの例がある

94　入生死険道

日相　ニッショウジ　嵯峨　ニュウショウジ

94　如犛牛愛尾

日相　アイミ（左ビ漢）　山家・嵯峨　アイビ
【補闕】「尾、ビは漢音なり。これを改むべし」

94　以貪愛自蔽

【連声】慈海・山家　トンナイ（左）

95　及與断苦法

日相・山家・嵯峨　ダンクホウ
【補闕】「法の字、清んで讀むべし。濁って讀むは不可なり」

95　観樹亦経行

【連声】慈海・山家　ヤッキョウ

95　於三七日中

日相・慈海・嵯峨　ニチチュウ　山家　ニッチュウ
【補闕】「シチニツチュウとよむは不可なり」

95　著樂痴所盲

全本　ヂャクラク

95　爾時諸梵王

【連声】慈海　ボンノウ（左）　山家　ボンモウ・ノウ（左併記）　340頁参照

95　及諸天帝釋

日相・山家　テンダイ（新）シャク　慈海・嵯峨　テンタイシャク
【随音句】「末師に、諸天と帝釋と列にする義あり。非なり。天帝釋と一にする義、好まし。故に帝の字、濁るなり」

96　竝餘諸天衆

【訓】「及び諸の天帝釋」
全本　テンジュ（山家　ジュウ）
【注】以降の「天衆」もこれに準ずる

96　請我轉法輪

全本　テンボウ（新）リン
【補闕】「法の字、濁って讀むべし」
【訓】「我に轉法輪を請ず」
【注】日相本では一貫して、熟語「転法輪」は法の字を新濁に読み、「法輪を転ず」と読む下す場合は清んで読む

96　衆生沒在苦

日相・慈海・山家　モツザイク　嵯峨　モチザイク

96　疾入於涅槃

日相　シツニュウ　慈海　ジツ（本）ニュウ　山家・嵯峨　シチニュウ
【注】疾の字、慈海本は本濁ジツに読み、山家本・嵯峨本はシチと読む。以降もこれに準ずる

97　第一之導師

日相・慈海・山家　ダイイチシ
【補闕】「一をツムべからず」

97　而用方便力

日相・慈海　ニユウ　山家・嵯峨　ニヨウ
【随音句】「用は、呉はイユウ、漢はイヨウなり。一部の内、用の字甚だ多し。皆イユウとこれ讀むべし」
【注】用の字、山家本はヨウと読む。嵯峨本はヨウ・ユウ両例有り一定しない

97　我等亦皆得

【連声】慈海・山家　ヤッカイ
【注】以降の「亦皆」もすべて同じ

97　最妙第一法

日相・慈海　ダイイチホウ
【補闕】「一をイツとつむべからず」

97　少智樂小法

全本　ショウボウ（新）
【補闕】「法の字、濁って讀むべし。連聲なり」

97　但為教菩薩

【連声】慈海・山家　タンニ（左）
【注】以降の「但為」もすべて同じ

98　是名轉法輪

96 請我轉法輪に同じ
【訓】「是を轉法輪と名づく」

98　便有涅槃音

【連声】慈海・山家　ベンヌ（左）ネハンノン（左）

98　法僧差別名

日相　ホウソウシャベツ　慈海　――シャ（左シ）ベツ　山家　ホッソウシャ――　嵯峨　ホウソウシャベチ
【補闕】「法をツムべからず。僧の字、濁るべからず」
【注】以降の「差別」もこれに準ずる

98　従久遠劫来

日相・慈海・山家　クオンゴウ　嵯峨　クオンコウ
【補闕】「劫の字、濁るべし」
【訓】「久遠劫より来た」

98 讃示涅槃法

日相　ネハンホウ　慈海・山家・嵯峨　ネハンボウ

【補闕】「法の字、清んで讀むべし」

【訓】「涅槃の法を讃示して」

99 咸以恭敬心

【連声】山家　ゲンニ（左）

【注】以降の「咸以」もすべて同じ

99 著相憍慢者

日相・慈海　キョウマンシャ　山家・嵯峨　キョウマンジャ

【補闕】「著、濁音なり。者の字、清んで讀むべし」

【訓】「著相憍慢の者は」

99 但説無上道

全本　タンゼツ

99 悉亦當作佛

【連声】慈海・山家　シッチャク（左）

100 懸遠値遇難

【連声】慈海　ゲンオン（左ノン）　山家　ゲンノン（左）

日相・山家　チグ　慈海　ヂ（本）グ　嵯峨　ヂ（新）グ

【注】以降の懸の字、日相・慈海・山家本はすべて本濁ゲンに読む。嵯峨本はケン・ゲン両例有り

100 正使出于世

【連声】慈海・山家　シュッツ（左）

【注】以降の「出于」もすべて同じ

100 能聴是法者

日相・山家・嵯峨　ゼホウシャ

100 時時乃一出

【連声】山家　イッシュツ

100 **聞法歓喜讃**
日相　モンホウ　慈海・山家・嵯峨　モンボウ
【補闕】「法の字、清んで讀むべし」
【注】「法を聞いて歓喜して讃して」

100 **乃至發一言**
日相・山家　ホツイチゴン　嵯峨　ホチイチゴン
【注】發の字、嵯峨本はホチ・ホツ両例有り

101 **汝等勿有疑**
【連声】慈海・山家　モッツ（左）

101 **但樂著諸欲**
全本　ギョウヂャク（本）
【補闕】「樂はネガウと読む。著は濁音なり」
【注】以降の「樂著」もすべて同じ

102 **不能暁了此**
日相・山家・嵯峨　キョウリョウ

102 **心生大歓喜**
日相・慈海　シンショウ　山家・嵯峨　シンジョウ（新）

譬喩品　第三

104 **踊躍歓喜**
日相・山家・嵯峨　ユヤク　慈海　ユヤク（左ヨウ）

104 **即起合掌**
【連声】慈海　ソッ（左）キ　山家　ソッキ

104 **心懐踊躍**
【連声】慈海　シンエ（左ネ）　山家　シンネ（左）
【注】以降の「心懐」もすべて同じ

104　**甚自感傷**
全本　カンジョウ（新）

105　**失於如来**
【連声】慈海・山家　シット（左）
【注】107不失於大乗も同じ

105　**我等同入法性**
全本　ホッショウ
【訓】「我等同じく法性に入れり」

105　**是我等咎**
日相・慈海　ガトウグ（本）　山家・嵯峨　ガトウク
【補闕】「咎は上聲濁音といえり。然らば濁って讀むべき」
【注】以降の咎の字もすべて同じ

105　**非世尊也**
【連声】山家　セソンニャ（左）

105　**必以大乗**
【連声】慈海・山家　ヒッチ（左）

106　**従法化生**
全本　ホウケ
【補闕】「法をホッとツムべからず」
【訓】「法より化生して」

106　**得佛法分**
全本　ブッホウブン
【補闕】「分は去聲濁音、分位の義なり。濁って讀むべきなり」

107　**佛音甚希有**
【連声】慈海・山家　ブットン（左）
【注】以降の「佛音」もすべて同じ

107　**聞亦除憂悩**
【連声】慈海・山家　モンニャク（左）

107 我處於山谷
日相　センゴク（新）慈海・山家・嵯峨　センコク

107 若坐若経行
【連声】慈海　ニャッ（左）キョウ　山家　ニャッキョウ
【注】以降の「若経」もこれに準ずる

108 同共一法中
【連声】山家　イッポウ

108 八十種妙好
日相　ミョウゴウ（新）慈海・山家・嵯峨　ミョウコウ
【注】日相本は、熟語の「八十種妙好」「八十種好」の好の字は新濁ゴウに読み、「妙好」や「妙好な」という場合は清音に読む

108 十八不共法
日相・慈海　ハッフ　山家　ハップ

108 我獨経行時
【連声】慈海・山家　ドッキョウ

109 籌量如此事
日相・山家・嵯峨　チュウリョウ　慈海　ヂュウ（本）リョウ
【注】以降の「籌量」も、すべて同じ

109 我本著邪見
全本　ヂャク（本）ジャケン
【補闕】「著、濁音なり」

109 為諸梵志師
全本　ボンジ（新）シ
【補闕】「志の字は濁って讀む。師は清んで讀む」

109 於空法得證
全本　クウボウ
【補闕】「法、濁って讀むべし」
【注】以降の「空法」もこれに準ずる

110 **疑悔悉已除**　【連声】慈海・山家　シッチ（左）

【注】以降の「悉已」も同様である

110 **心中大驚疑**　全本　シンヂュウ

110 **悩乱我心耶**　【連声】山家　ガシンニャ（左）

110 **譬諭巧言説**　全本　ゴンゼツ

111 **如今者世尊**　日相　コンシャ　慈海・山家・嵯峨　コンジャ

【補闕】「者の字、清んで讀むべし」

【訓】「今の世尊の如きも」

111 **従生及出家**　日相・山家・嵯峨　ギュウシュッケ

111 **得道轉法輪**　日相　テンホウリン　慈海・山家・嵯峨　テンボウリン　58頁参照

【訓】「得道し法輪を轉じたもうまで」

111 **聞佛柔輭音**　【連声】慈海・山家　ニュウナンノン（左）

113 **生我法中**　日相・慈海・嵯峨　ホウチュウ　山家　ホッチュウ

【補闕】「法の字、ツムべからず」

【訓】「我が法中に生まれたり」（頂妙寺本「我が法の中に生まれたり」）

113 **我昔教汝**　【連声】慈海　シャッキョウ

113 **我今還欲**　【連声】山家　ゲンニョク（左）

113 **説是大乗経**　全本　ダイジョウギョウ　19頁参照

100 供養若干

114 其土平正

114 安穏豊樂

114 有八交道

115 七寶行樹

116 寶華承足

116 非初發意

116 善知一切

【補闕】「大乗経とつづきたる時は、経の字連聲にて濁るなり。一部の内、皆これに同じ」

日相・慈海　ニャクカン　山家　ヤ（左ニャッ）カン　嵯峨　ニャカン　18頁参照

日相・慈海　ビョウ（本）ジョウ（新）　山家・嵯峨　ヒョウジョウ（新）

【補闕】「平は本濁なり。正は新濁なり。本濁の字には横に二つ墨をさすなり。新濁の字には竪に二つさすなり」（第三部　三、ロ、点について　清濁点　参照）

【注】以降の「平正」もこれに準ずる

日相・慈海　ブ（新）ラク　山家　ブウ（本）ラク　嵯峨　ブ（本）ラク

【補闕】「豊、清音なること分明なり。世俗、豊後（ブンゴ）・豊前（ブゼン）の時、濁るとて、今も濁って讀まんというは不可なり。連聲の時、新濁にて濁るといわば可なり」

日相　ハツキョウ　慈海・山家　ハッキョウ

日相　シツホウ　山家　シッポウ　嵯峨　シチホウ

【注】以降の「七寶」もすべて同じ

全本　ホウケ

【注】以降の「寶華」もすべて同じ

【連声】慈海・山家　ホッチ（左）

日相　ゼンチ　山家・嵯峨　ゼンヂ（新）

116 **質直無偽**
日相・慈海・嵯峨　シチヂキ　山家　シチ（左シツ）ヂキ

117 **十二小劫**
全本　ジュウニショウコウ
【注】現行本の中には、二の字を促音化させ「ニッショウコウ」と読ませるものがあるが、音義の法則からしては全くあり得ない

117 **壽八小劫**
【連声】山家　ハッショウ

118 **正法住世**
全本　ショウボウ（新）
【補闕】「法の字、濁って讀むべし。下の像法また然なり。これらは新發意も知りたる事なれども、連聲知らざる極初心の為にこれを記す」

119 **清淨無瑕穢**
日相・山家　ケエ　慈海　ゲ（本）エ　嵯峨　ゲ（新）エ

119 **七寶雑色樹**
全本　ザッシキ

120 **佛為王子時**
【連声】慈海・山家　ブッチ（左）　全本　オウジ（新）
【補闕】「子の字、濁って讀むべし」
【注】以降の「佛為」も、すべて同じ

120 **其国人民衆**
日相　ニンミンジュ　慈海・山家　ニンミンジュウ　嵯峨　ニンミンシュ
【補闕】「衆の字、濁って讀むべし」
【訓】「其の国の人民衆」

120 **正法滅盡已**
【連声】慈海・山家　メッジンニ（左）

120 **最勝無倫匹**
【連声】山家　ムリンピツ

121 **宜応自欣慶**

全本　ゴンキョウ
【注】以降の「欣慶」もすべて同じ

122 **所著上衣**

日相・慈海　ショチャク　山家・嵯峨　ショヂャク（本）
【補闕】「著の字、清濁によってその義、同じからず。キル・ヲク は清音。ツク・ネヤスの時は濁音なり。今は清音、被服の義なり。また、チョの聲の時はアラワスと讀むなり」

【注】日相本は清点・ヂャクとする。再版本も同じ

122 **與無數天子**

全本　テンジ（新）

【補闕】「子の字、濁って讀むべし。自餘これに倣え。但し、日本の帝王をば天子（テンシ）と清んで呼ぶ。これは無二の尊號なれば、並べ比する者なし。故に清んで讀むなり」

122 **住虚空中**

日相・慈海　コクウチュウ　山家・嵯峨　コクウヂュウ
【補闕】「中の字、内なりの訓なり。清んで讀むべし。連聲なりとて濁って讀むは不可なり。次下の於虚空中、またこれに同じ」
【注】日相本は、「空中」は中の字を連声させて新濁に読むが、「虚空中」は「虚空の中」と読み下すため、連声させない。以降においても、ほぼ全てにこの原則が当てはまる

122 **百千萬種**

全本　マンジュ（新：山家　ジュウ）

122 **雨衆天華**

【補闕】「種は上聲、種類の義なり。濁って讀むは新濁なり」
【注】以降の「萬種」もこれに準ずる
日相・山家・嵯峨　テンゲ（新）　慈海　テンケ
【注】以降の「天華」もすべて同じ

123 **初轉法輪**

日相　テンホウリン　慈海・山家・嵯峨　テンボウリン
【訓】「初めて法輪を轉じて」

123 **是法甚深奥**

【連声】慈海・山家　ジンノウ（左）

123 **少有能信者**

日相　ノウシンシャ　慈海・山家・嵯峨　ノウシンジャ
【補闕】「信者の者、清んで讀むべし」
【訓】「よく信ずる者、有ること少なし」

123 **數聞世尊説**

日相・慈海　サクモン　山家・嵯峨　ソクモン
【補闕】「數の字、四所に入る。上聲にてシュの音にてカゾフルと讀む。去聲にては同じくシュの聲にてカズとよめり。屋韻にてはソクの音にて細（こまやか・こまかなり）とよむ。覚韻にてはサクの音にてシバシバとよませたり。今はサクの音なり。シバシバと讀む故なり。ソクと讀むは非なり」

124 **今世若過世**

全本　コンゼ　【連声】慈海・山家　ニャッカ
【注】以降の「今世」もこれに準ずる

124 **盡回向佛道**

【連声】慈海　ジンエ（右ジンネ）　山家　ジンネ（左）

124 親於佛前

【連声】慈海・山家　シンノ（左）

125 亦各自以離我見

【連声】慈海　ヤッ（左）カク　山家　ヤッカク

126 我先不言

【連声】山家　ゼンプ

127 若国邑聚落

【連声】慈海・山家　ニャッコク　全本　コクオウ
【随音句】「邑はヰフの音なるべし。然れども上古より天下通同してヲフの音に呼び来たれり。今更改め難し」

127 多有田宅

日相・山家・嵯峨　デンタク　慈海　デンダク（本）
【注】慈海本は「田宅」の場合に限って、宅の字を本濁に読む

127 堂閣朽故

【連声】慈海・山家　ドウカック

127 牆壁頽落

日相　ジャウ（本）ビャク（新）ダイ（本）ラク　慈海　ジャウ（本）ヒャクダイ（本）ラク　山家・嵯峨　シャウビャク（本）タイラク
【補闕】「隤（頽の本字：編者）は濁って讀むべし」
【注】以降の「牆壁」、頽の字もすべて同じ

127 柱根腐敗

日相　チュコンフハイ　慈海　ヂュウ（本）コンブ（本）バイ（本）　山家・嵯峨　チュウコンフハイ
【補闕】「柱、チュと讀むべきこと明らけし。敗は清音なり」
【注】以降の柱の字もこれに準ずる

127 周帀倶時

全本　シュソウ

127　**焚焼舎宅**

【補闕】「周、漢はシウ、呉はシュなり。長短章句の時はシュと讀むべし」
日相・山家・嵯峨　ボンジョウ（新）　慈海　ボンショウ
【随音句】「梵の字、フンの音なるに似たれども、呉音を尋ねればボンと見たる故に、只常に讀み来たれるが如く讀むべし」

128　**苦痛切己**

【連声】慈海・山家　セッコ　嵯峨　セチコ
【補闕】「切の字、去聲に入る時はサイのこえ、一切等これなり。入聲にある時はセツの音。今の苦痛切己・苦切責之已等なり」

128　**無求出意**

【連声】慈海・山家　シュッチ（左）

129　**従舎出之**

日相・慈海・嵯峨　スイシ　山家　シュッシ
【補闕】「出の字、去聲」
【訓】「舎より之れを出だすべき」

129　**而復狭小**

日相・慈海　ギョウ（本）ショウ　山家・嵯峨　キョウショウ
【随音句】「狭、ガフの音なるべし。然れども昔よりケフと讀み来り、天下通同してケフの音に用い来たれり。今更改め難しか。然れども、濁音なり。常には清んでこれを呼ぶなり」
【注】以降の狭の字もこれに準ずる　188頁参照

129　**諸子幼稚**

日相・山家・嵯峨　ヨウチ　慈海　ヨウヂ（本）
【補闕】「稚はもと本濁音なれども、上古より天下通満して清音に呼び来たれり。今更改め難し」

【注】日相本は熟語「幼稚」のみ清音に読み、他は本濁に読む

129 **宜時疾出**　日相　シツシュツ　慈海　ジツ（本）シュツ　山家　シッシュツ　嵯峨　シチシュツ

129 **作是念已**　【連声】慈海・山家　ネンニ（左）

【注】以降の「念已」もすべて同じ

130 **善言誘諭**　全本　ユユ

【補闕】「誘、イウは漢音、イユは呉音なり。誘の字、引いて讀むべからず」

【注】以降の誘の字もすべて同じ

130 **視父而已**　日相・慈海　ジ（本）ブニイ　山家　シブニシ　嵯峨　シブニイ

【補闕】「視は上聲去聲二音あり。共に濁音なり」

【随音句】「已の字、ある人シの音に讀むは誤りなり。辰巳の時、シの音なり。ヤムと讀み、および語の終わりに置くなどは、みなイの音なり。また、オノレという己の字を濫用すること、甚だ非なり。字別なり」

130 **我及諸子**　日相・嵯峨　ギュウショシ

131 **必為所焚**　【連声】慈海・山家　ヒッチ（左）

131 **希有難得**　日相・嵯峨　ナントク　慈海・山家　ナンドク（新）

【訓】「希有にして得難し」

131 **羊車**　日相　ヨウシャ　慈海・山家・嵯峨　ヨウジャ（新）

【注】以降の「羊車」もすべて同じ

131 **可以遊戯**
全本　ユケ
【注】以降の遊の字について、日相・慈海・山家本はすべてユ、嵯峨本はユ・ユウの両例有り

132 **適其願故**
日相・慈海・嵯峨　シャクゴ　山家　チャク（左シャク）ゴ
【随音句】「適、これただシャクの音なり。然れば信解品の甚適我願、また同音なり。故に一部の内にチャクの音すべてこれ無し」

132 **互相推排**
日相・山家・嵯峨　スイハイ　慈海　スイバイ（本）

132 **競共馳走**
日相・山家・嵯峨　キョウグチソウ　慈海　ギョウ（本）グチ（本）ソウ
【注】以降の競・馳の字もこれに準ずる

132 **争出火宅**
日相・慈海　ジョウ（新）シュツ　山家・嵯峨　ジョウ（本）シュツ
【補闕】「争・諍の二字、同じく清音なり。清んで讀むべき事なれども、経は申すに及ばず、俗語にも諍論（ジョウロン）などと濁って呼び来たれり。今更改め難し」

132 **皆於四衢道中**
日相・山家・嵯峨　シクドウ　慈海　シグ（本）ドウ
【注】以降の衢の字もすべて同じ

133 **衆寶荘校**
日相　シュホウ　慈海・山家・嵯峨　シュボウ　29頁参照

133 **四面懸鈴**
日相・慈海・山家　ゲン（本）リョウ　嵯峨　ケンリョウ

133 **亦以珍奇雜寶**
日相・慈海・嵯峨　ザツホウ　山家　ザッポウ

133 **重敷綩綖**
【連声】山家　オンネン（左）

133 **安置丹枕**
日相　アンヂ（本）タンシン　慈海　アンチタンシン　山家・嵯峨　アンヂ（新）タンジン（新）
【補闕】「置、本は濁音なり。たとい清音なりとも、連聲して濁るべきに、まして濁音なれば、いよいよ濁って讀むべし。これに准ずるに、寶塔品の擲置佗方・置足甲上等も濁って讀むべきか。但し意樂に従うべし」

134 **駕以白牛**
日相　カ（左ケ呉）　慈海・山家・嵯峨　カ
【注】162 以駕寶車も同じ

134 **而侍衛之**
日相　ジエイ　慈海・山家・嵯峨　ジエ
【注】以降の衛の字もすべて同じ

134 **悉皆充溢**
日相・慈海・嵯峨　ジュウイツ　山家　ジュウイチ
【注】溢の字、山家・嵯峨本はイツ・イチの両例有り

134 **愛無偏黨**
日相・慈海　ヘントウ　山家　ヘンドウ（新）　嵯峨　ヘンドウ（本）

135 **周給一国**
【連声】慈海・山家　イッコク

135 **猶尚不匱**
日相・山家・嵯峨　フキ　慈海　フギ（本）

136 **不也世尊**
日相・嵯峨　ホツヤ　慈海　ホッチャ　山家　フヤ
【補闕】「不はもと趺（フ）の音なり。イナヤという時は可不之義なり。イナ也というときは不可之義なり。可不之義とする時は趺の音なり。不可之義とする時は弗（ホ

ッ）の音なり。互いに義に依って音を借るなり。入聲弗の音より上聲に趺の音を借す。上聲否（フ）の音より入聲に弗の音を借すなり。因借而借という是れなり」

【注】『補闕』の文意によれば、不にはホツとフの音があり、それぞれに使い分けがあるという。不思議・不可能など、語句の頭に不が来る場合はフの音。文末に不が来る場合は、可か不可かを問う疑問文、すなわち可否を問う文となり、それを可不之義と名付けて、フの音に読む。その答えとして不を単独で用いる場合は、不可之義と名付けて、ホツの音に読む、というのである。以降の「不也」についても同様であるが、嵯峨本はホツヤ・フヤの両例がある

136　若全身命

日相・慈海・山家　ゼン（本）シン　嵯峨　センジン（本）

【補闕】「全の字は濁り、身の字は清んで讀むべし。全を清み身を濁って讀むは宜しからず」

【訓】「若し身命を全うすれば」

【注】全の字、日相本は清点・ゼンとする。再版本は濁点・ゼン

136　便為已得

【連声】慈海　ベンニ（左）　山家　ベンイ（左二）

136　最小一車

【連声】慈海・山家　イッシャ

137　無明暗蔽

日相　アン（左ヲン呉）ベイ（新）　慈海・山家・嵯峨　アンベイ（新）

【補闕】「暗は漢音はアン、呉音はヲンなり。然れども往古より漢音に讀み来たれり。嵯峨本、心空の音義、快倫の音義等にもアンとつけ給えり。これらの先賢、呉漢の

わかちを弁えたまわざるにはあらず。上古より伝え来たりたる義、改めがたき故なり。たとい一人是れを知るとも多人の非を改めがたし。此の例、内外典の中多し。昔よりよみ来たるままに漢音に讀んで置くべきなり」

139　畜生餓鬼之苦

日相・嵯峨　チクショウ

【補闕】「畜生、キウショウ・キクショウと呼ぶべき事分明なり。チクの音にはタクワウ、アツム、ツム、という讀みあり。ヤシナイ、カウ、という讀み無し。然れども上古よりチクショウと呼び来たれば経論にも今これを用ゆ。聲はチクの音を用いるとも、讀みは養うなり、の訓なるべし。聲を借りて義を借らざるの類、これなり」

139　愛別離苦

日相　アイベツ（新）　山家・嵯峨　アイベチ（本）

142　抜済衆生

日相・慈海　バツサイ　山家　バッサイ　嵯峨　バチサイ

【注】抜の字、嵯峨本はバツ・バチの両例有り一定しない

142　勿貪麁弊

日相・山家・嵯峨　ソヘイ　慈海　ソベイ（本）

【注】以降の弊の字もすべて同じ

143　保任此事

全本　ホウニン

【随音句】「保はハウなれども、常にホウの音に用い来たれり。改め難し」

143　自在無繫

日相　ムケ（左カイ呉）　慈海・山家　ムケ　嵯峨　ムゲ（新）

【補闕】「繫の字、呉音はカイ、漢音はケイなり。然れども古より天下通同してケと讀み来たれり。今更改め難し」

144 **而自娯樂**
日相・山家・嵯峨　ゴラク　慈海　ゴ（左グ）ラク
【注】以降の娯の字もすべて同じ

144 **聞法信受**
日相　モンホウ　慈海・山家・嵯峨　モンボウ
【補闕】「法の字、清んで讀むべし。以下、これに准ず」
【訓】「法を聞いて信受す」
【注】以降の「聞法信受」もすべて同じ

145 **勤修精進**
日相　ゴンシュ　山家・嵯峨　ゴンジュ（新）

146 **若見無量**
【連声】慈海・山家　ニャッケン
【注】以降の「若見」もすべて同じ

147 **諸佛法藏**
【連声】山家　ブッポウ

147 **悉與諸佛**
【連声】慈海・山家　シッチョ（左）

148 **第一之樂**
日相・慈海　ダイイチシラク

148 **初以三車**
全本　サンジャ
【注】以降の「三車」もすべて同じ

148 **然後但與大車**
【連声】慈海・山家　タンニョ（左）

148 **然彼長者**
【連声】山家　ネンピ

149 **但不盡能受**
【連声】山家　タンプ

149 **方便力故**
【連声】山家　リッコ

149 **其宅久故**

149 **而復頓弊**

150 **堂舎高危**

150 **梁棟傾斜**

150 **基陛頽毀**

150 **泥塗褫落**

150 **覆苫乱墜**

150 **椽梠差脱**

【連声】慈海・山家　タック
日相　トンベイ（新）　慈海　トンベイ（本）　山家　トンペイ　嵯峨　トンヘイ
【訓】「而も復た頓（やぶ）れ弊（やぶ）る」（頂妙寺本「而も復た頓弊し」）
日相・嵯峨　ドウシャ　慈海・山家　ドウジャ（新）
日相・慈海・山家　キョウジャ（本）　嵯峨　キョウジャ（新）
日相　キベイ（本・左バイ呉）　慈海　キベイ（本）　山家・嵯峨　キヘイ
【補闕】「陛、呉はバイ、漢はベイなり。然れども上代よりベイと讀み来たれり。改め難し」
日相・山家・嵯峨　チラク　慈海　ヂ（本）ラク
【補闕】「褫、先哲みな清音に讀みたまえば、今も清音に讀むべし」
日相・慈海　フセンランヅイ（本）　山家　フセンランツイ　嵯峨　ブ（本）センランツイ
【補闕】「覆に去入二音あり。フの時はオホフと讀む。フクの時はクツカエルと讀むなり。今はフの音なり」
全本　シダツ
【注】差の字についての『補闕』の解説を要約すれば、タガウ・カタタガイの意は平声「シ」の音。イユルの意は去声「サイ」の音。タガフ・フタココロ・エラブの意は平声「シャ」の音であり、ここは「椽梠はたがい脱け」と読み下すので平声「シ」

の音がふさわしいという

150 雑穢充徧
全本　ゾウエ

150 鵄梟鵰鷲
日相・慈海　チョウジュ　山家・嵯峨　ヂョウ（本）ジュ
【注】154鵰鷲諸鳥も同じ。以降の鵰の字もすべて同じ

150 烏鵲鳩鴿
日相・山家・嵯峨　クゴウ（本）　慈海　クコウ

150 鼬貍鼷鼠
日相　カイ（左ケイ漢音）ソ　慈海　ゲイ（本）ソ　山家　ケイショ　嵯峨　ケイソ
【補闕】「鼷は呉はカイ、漢はケイなり。呉音にカイと讀むべきこと分明なり。然れども古より漢音にケイと讀み来たれり。今更改め難し」

150 諸悪蟲輩
日相　チュウバイ（新）　慈海　ヂュウ（本）ハイ　山家・嵯峨　チュウハイ
【訓】「諸の悪蟲の輩」
【注】以降の蟲の字もすべて同じ

151 不浄流溢
日相・慈海・山家　ルイツ　嵯峨　ルイチ

151 而集其上
日相・山家・嵯峨　ニシュウ　慈海　ニジュウ（本）
【注】集の字、慈海本は本濁ジュウに読む

151 狐狼野干
日相・山家・嵯峨　コロウ　慈海　ゴ（本）ロウ

151 咀嚼踐蹋
日相　ゾ（本）シャクセンドウ（本）　慈海　ゾジャクゼンドウ（全て本）　山家・嵯峨　ソシャクセントウ
【随音句】「咀、清濁二音共にこれあり。意に従って用いるべし。然れども清音に讀

み来たれり。これに従うべきか」

【注】『随音句』はソシャクと指示し、『補闕』も「清濁は随音句の如し」と解説するも、日相本はゾシャクとする

151　齰齧死屍

日相　ザイ（本）ゲツ（本）シジ（新）　慈海　ザイ（本）ゲツ（本）シシ　山家・嵯峨　サイケツシシ
【注】屍の字、日相本は清点・ジとするが、再版本は新濁点・ジ

151　啀喍嗥吠

日相　ガイザイゴウベイ（左バイ漢）（全て本）　慈海　ガイザイゴウバイ（全て本）　山家・嵯峨　ガイ（本）サイコウバイ（本）
【補闕】「四字ともに濁音なり。吠をハイと読む人あれども不可なり。呉音はベイ、漢音はバイなり」

151　夜叉悪鬼

【連声】慈海・山家　アッキ
【注】以降の「悪鬼」もすべて同じ

152　諸悪禽獣

日相　キン（左コン呉）ジュ（新）　慈海　ギン（本）シュ　山家・嵯峨　キンジュ（新）
【補闕】「禽、漢音はキン、呉音はコンなり。然れども先輩皆漢音に読みたまえば、今更改め難し」
【注】以降の「禽獣」もすべて同じ

152　孚乳産生

全本　センジョウ
【補闕】「心空の音義に、孚乳産生の産をばサンと読み、産福子をセンと読めとの指

南なり。意得難し」

152　食之既飽

日相　キホウ　慈海　キボウ（新）　山家・嵯峨　キボウ（本）

【補闕】「飽、清んで讀むべし。或る人曰く、飽満（ボウマン）飽食（ボウショク）と濁るゆえ、これも濁って讀むべしという。経にはその用捨、いらざることなり」

152　蹲踞土埵

日相・慈海　ゾン（本）コドタ　山家・嵯峨　ソンコドタ

【補闕】「蹲は濁音、埵は清音なり」

152　一尺二尺

日相・嵯峨　イッシャク　山家　イッシャク（左チャク）

【随音句】「古相傳とて、チャクと讀むこと大誤りなり。チャクの音全く無し」

152　往返遊行

日相・慈海・山家　オウヘン　嵯峨　オウベン（新）

【補闕】「或る小僧、ワウベンと讀むは不可なり」

152　縦逸嬉戯

日相・慈海　ジュウ（新）イツ　山家・嵯峨　ジュウ（本）イチ

【補闕】「縦、もと清音なり。然れども古より皆人濁って讀むなり」

【注】以降の縦の字もすべて同じ

152　捉狗両足

日相　リョウソク　慈海・山家・嵯峨　リョウゾク（新）

152　撲令失聲

日相・嵯峨　バクリョウ　慈海　バク（左ボク）リョウ　山家　ボクリョウ

【注】以降の撲の字もこれに準ずる

152　以脚加頸

日相　イカク（直：左キャク拗音）　慈海　イキャク　山家・嵯峨　イカク

【随音句】「カク・キャク倶に不可なし。拗直不同なり」

152

其身長大

【注】拗音とは、ヤ・ワの二行の音が他の音と合して生ずる熟音。チャ・シュ・キョ・クワの類。直音は、拗音・促音でない音をいう。現在の漢和辞典では、「脚」は漢音キャク、呉音カクとするが、日遠・日相両師は、それを漢呉の音の違いではなく、拗音・直音の違いとし、どちらの音でも差支えなしとする。

例えば、「果」は現代の発音は直音のカであるが、旧仮名遣いでは拗音のクワである。これは発音の時代的な違いであって、「果」の本来の字音に二音の区別があるわけではない。日本漢字音は総体的に、時代を追うごとに拗音から直音化していく傾向がみられる

日相・慈海　ヂョウ（本）ダイ　山家・嵯峨　チョウダイ

【随音句】「今の文、短に対して長という故に濁音なり。信解品の年既長大は生長の義なり。故に清音なり」

【注】『随音句』や『補闕』によると、「長」は四声の内の三声に当てはまり、それぞれ語意と清濁が異なる。平声の場合は濁音ヂョウで、「ひさし・とおし・ながし」の意。去声の場合も濁音ヂョウで、「たけ・あまる・おおし」の意。上声の場合は清音チョウで、「おさ・おとな・やしなう・そだつ」の意になる。

この「其身長大」や譬喩品174「其形長大」は平声の「長い」の意であるから、濁音。信解品186「年既長大」や「長者」等は上声の「おとな」「そだつ」の意であるから清音に読む。「増長」・「生長」も上声で本来は清音であるが、連声によって新濁と

153 其咽如針

153 頭髪蓬乱

153 諸悪鳥獣

153 闚看窓牖

154 爆聲震裂

154 墻壁崩倒

155 悪獣毒蟲

155 蔵竄孔穴

なる。

全本　ゴエン

日相・慈海・嵯峨　ブラン　山家　ブウラン

【補闕】「蓬、漢音はボウ、呉音はブなり。或る人ボウランと讀まれしは宜しからず」

日相・慈海　チョウジュ（新）山家・嵯峨　チョウシュ

【補闕】「獣は清音なり。今の文、濁るは新濁なり」

【注】以降の獣の字もすべて同じ

日相・慈海・山家　ソウユ　嵯峨　ソウユウ

【随音句】「牖、呉はユ、漢はユウなり」

全本　ハクショウ

【補闕】「爆にハウとハクと二音あれども、古より入聲ハクの音に讀み来れり。今これに従う」

日相・慈海・山家　ホウトウ　嵯峨　ボウ（本）トウ

【補闕】「崩、濁って讀むべからず」

全本　アクシュ

【注】155諸大悪獣も同じ

日相・嵯峨　クケツ　慈海　クゲツ（本）山家　クウケツ

【注】155争走出穴も同じ

155 **薄福徳故**
【連声】慈海・山家　トッコ

155 **飲血噉肉**
日相　オンケツ　山家・嵯峨　オンケチ

155 **臭煙蓬㶿**
日相・慈海　ブボツ（本）　山家　ブウホツ　嵯峨　ブホツ

156 **飢渇熱悩**
日相・慈海　ネツノウ　山家・嵯峨　ネチノウ
【注】熱の字、山家・嵯峨本にはネツ・ネチの両例有り

156 **衆難非一**
日相　ヒイチ

156 **聞有人言**
【連声】慈海・山家　モンヌ（左）
【注】以降の「聞有」もすべて同じ

156 **先因遊戯**
【連声】慈海　センニン（左）　山家　ゼンニン（左）

156 **稚小無知**
日相・慈海　ヂ（本）ショウ　山家・嵯峨　チショウ　70頁参照

156 **長者聞已**
【連声】慈海・山家　モンニ（左）
【注】以降の「聞已」もすべて同じ

157 **災火蔓莚**
【連声】慈海　マンエン（左ネン）　山家　マンネン（左）

157 **毒蛇蚖蝮**
日相　ガンブク（本）　慈海・山家・嵯峨　ガンブク（新）

157 **此苦難處**
日相・慈海　ナンショ　山家・嵯峨　ナンジョ（新）
【随音句】「處すことかたしと讀む故に、處の字、清んで讀んで、彼の難處に濫すべからず」
【訓】「此れ苦難の處なり」（頂妙寺本「この苦すら處し難し」）

【注】177「常生難處」は「難處に生まれ」と読み下すので、連声してナンジョと読む

157 **嬉戯不已**
日相・慈海・嵯峨　フイ　山家　フシ

【補闕】「シの音の時、辰巳のみなり。イの聲の時、やむ・おわると讀むなり。文字は唯一字にて聲別なり。音替われば義また別なり」　71頁参照

158 **益我愁悩**
日相・嵯峨　シュウノウ　慈海　ジュ（本）ノウ　山家　シュノウ

158 **無一可樂**
日相・慈海　ムイチ

158 **妙寶好車**
日相・慈海・山家　コウシャ　嵯峨　コウジャ（新）

159 **諸子聞説**
日相　モンセツ　慈海・山家・嵯峨　モンゼツ

【訓】「諸子、此の如き諸車を説くを聞き」

160 **貪樂嬉戯**
日相・慈海　トンギョウ　山家・嵯峨　トンラク

【随音句】「ケウとラクと昔より未だ定まらず。長行に樂著嬉戯といい、その言これ同じ。故にケウと讀んで可か」

【補闕】「樂の字、古より去聲・入聲の異見あり。随音句の料簡に任せば、去聲に讀むべきなり」

160 **三種寶車**
日相・嵯峨　サンジュ　山家　サンジュウ

161 **庫蔵衆多**
日相　シュタ　慈海　シュウタ　山家・嵯峨　シュダ（新）

161 **以衆寶物**
日相・慈海　シュホウモツ　山家・嵯峨　シュボウ（新）モツ

161 **張施其上**
日相・慈海・嵯峨　チョウセ　山家　チョウセ（左シ）

161 衆綵雑飾

全本　ザッシキ

【補闕】「フ入聲の字、上に在る時は、則ち下の字に引かれてつむる事は常の習いなり。合掌・合譬・法華・法性・習気・湿生等のごとし。但しフ入聲の字上にある時、つめられぬ字あり。法語・法談・執学・執心・十合・十両・雑行・雑乱等のごとし」

（第三部　三、ホ、入声　参照）

161 柔軟繒纊

日相・慈海・山家　ゾウ（本）コウ　嵯峨　ソウコウ

162 以覆其上

日相・慈海・嵯峨　イフ　山家　イフ（左フク）

【補闕】「覆は上聲、おほうと讀むなり。一部の内、入聲なし」

162 肥壮多力

日相・山家・嵯峨　ヒショウ　慈海　ビ（本）ショウ

163 衆聖中尊

日相・慈海　チュウソン　山家・嵯峨　チュウゾン（新）

【補闕】「尊、濁って讀むべからず」

【訓】「衆聖の中の尊」

163 寂然閑居

日相・嵯峨　ゲン（新）コ　慈海　ケンコ　山家　ゲン（本）コ

【注】閑の字、日相本は新濁、山家本は本濁に讀む。慈海本は清濁一定せず、嵯峨本は本濁・新濁の両例有り

163 安處林野

日相・山家・嵯峨　アンジョ（新）　慈海　アンショ

【補闕】「處は上聲清音なり。安處と続く時、濁るは新濁なり」

164 雖復教詔

日相・慈海　キョウジョウ（新）　山家・嵯峨　キョウジョウ（本）　28頁参照

164　於諸欲染

全本　ヨクゼン（本）

【補闕】「染は呉音にネンの聲あり。然れども古より漢音に讀み来れり。改めてよしなし」

166　日夜劫數

全本　コッシュ

【注】以降の「劫数」もすべて同じ

166　及聲聞衆

日相　ギッショウモンジュ　山家　—ショウモンジュウ　嵯峨　ギュウショウモンジュ

【補闕】「衆、濁って讀むべし」

【訓】「諸の菩薩及び聲聞衆と」

【注】以降の「及聲聞衆」もこれに準ずる

167　令出三界

全本　シュツサンガイ

【訓】「三界を出でしむ」

【注】184 出於三界を参照

167　諸佛實法

【連声】山家　ジッポウ

168　貪欲為本

【連声】慈海　トンヨク（左ニョク）　山家　トンニョク（左）

【注】以降の「貪欲」もすべて同じ

168　名第三諦

全本　サンタイ

【補闕】「諦の字、清んで讀むべし」

170　**若有聞者**

【訓】「第三の諦と名づく」
日相　モンシャ　慈海・山家・嵯峨　モンジャ
【注】「若し聞く者有りて」

170　**阿鞞跋致**

日相　アベイ（本）　慈海・山家　アビ（本）　嵯峨　アヘイ
【随音句】「玄應法師、既に翻経人として能く諸方の言に達して、一切経音義を著せり。最も彼の文を信じて、ベイと讀むべきものなり」
【補闕】「殊に玄應法師、ベイの音と定めたもう上は、他の音を用うべからず」
【注】玄應は七世紀中ごろの長安の僧で、玄奘のもとで訳経に携わり、後に『一切経音義』を著す

170　**此経法者**

全本　キョウボウシャ
【補闕】「法、濁って讀むべきなり」

170　**亦見於汝**

【連声】慈海　ヤッケン
【注】以降の「亦見」もこれに準ずる

170　**并諸菩薩**

日相・慈海　ビョウ（新）ショ　山家　ビョウ（本）ショ　嵯峨　ヒャウショ
【注】并の字、日相・慈海本は新濁に扱う

171　**於此経中**

日相・慈海　キョウチュウ　山家・嵯峨　キョウヂュウ
【補闕】「中、清んで讀むべし」
【訓】「此の経の中に於いて」

171　計我見者

日相　ケ（左呉カイ）ガケンシャ　山家　ケガケンジャ（新）　嵯峨　ケガケンシャ
【補闕】「計、漢音はケイ、呉音はカイなり。然れども古より漢音に讀み来たれり。剰え短聲にケと使うなり。かようの義、紛然とし改め難し」
【訓】「我見を計する者」
【注】計の字、日相本はこの箇所はケと読むが、他所はすべてケイと読む。慈海本はすべてケ、山家・嵯峨本はケ・ケイの両例有り。

172　聞不能解

【連声】山家　モンプ

172　毀謗此経

全本　キホウ
【注】172其有誹謗も同じ。以降の謗の字もすべて同じ

172　或復顰蹙

日相　ビン（本）ジク（新・左ジュク）　慈海　ビン（本）シク（左ソク）　山家　ヒンジュク（新・左ジク）　嵯峨　ヒンジク（新）
【補闕】「顰は濁音なり。濁って讀むべし。蹙を濁るは新濁なり」
【注】『補闕』によれば、蹙は「子六の切」で、六をリクと読むかリュクと読むかの違いで、ジク・ジュクの二音があるという（第三部　三、チ、反切　参照）

172　汝當聴説

日相　チョウセツ　山家・嵯峨　チョウゼツ
【訓】「汝まさに此の人の罪報を説かんを聴くべし」

172　見有讀誦

【連声】慈海・山家　ケンヌ（左）
【注】以降の「見有」もすべて同じ。山家本は「讀誦」にドクジュウの仮名を振る。

嵯峨本はドクジュ・ドクジュウの両例有り。以降もこれに準ずる。39頁参照

172　書持経者

日相　キョウシャ　山家・嵯峨　キョウジャ

【補闕】「者の字、清んで讀むべし」

【訓】「経を讀誦し、書持することあらん者を」

172　軽賤憎嫉

日相　キョウセンゾウ（新）シツ　慈海　キョウゼン（本）ソウジツ（本）　山家　キョウセンゾウ（本）シチ（左シツ）　嵯峨　キョウセンゾウ（本）シチ

【注】賤の字、慈海本は本濁ゼンに読む。嵯峨本はセン・ゼン両例有り。

173　具足一劫

【連声】慈海・山家　イッコウ

【注】以降の「一劫」もすべて同じ

173　劫盡更生

日相・慈海　キョウショウ　山家・嵯峨　キョウジョウ

【訓】「劫盡きては更に生れん」

173　如是展轉

日相・慈海・山家　テンデン（新）　嵯峨　チンデン（新）

【補闕】「この展轉の二字、山門にテンデンと讀む。南都にてはチンチンと讀めり。心空の音義にもチン・テンの両音付けられたり。字書を考え見るに、展にテン・セン・シン等の音あれども、竟にチンの聲なし。字書に出でざる音を讀んで詮なし。ただ在り様にテンと讀むべきなり」

【注】以降の「展轉」については、全本テンデンと読む

173　若狗野干

【連声】慈海・山家　ニャック

173 其形頎痩
【連声】慈海・山家　コッシュ

173 黧黮疥癩
全本　リタン
【補闕】「黧にリとレイと両音あり。経本に依って梨に作る本あり。これをもって見ればリの音とすべきか」

173 之所悪賤
日相・山家・嵯峨　オセン　慈海　オゼン（本）
【補闕】「悪は去・入・平の三所に入る。去聲の時はオの音にて、ニクムと讀む。平聲の時は同じくオの音にて、イヅクンゾと讀み、（中略）入聲の時はアクの音にてアシシ・アルルと讀む。好悪の悪なり。この経の中に平聲の讀み一所もなし」

173 骨肉枯竭
日相・山家・嵯峨　コカツ　慈海　コガツ（本・左ゲツ）

174 若作馲駝
日相・山家　ラク（左タク）ダ　慈海　タク（左ラク）ダ　嵯峨　ラクダ
【補闕】「馲はタク・ラク二音有る故に意樂に任せてこれを讀むべし」

174 身常負重
日相・慈海　ブ（本）ヂュウ　山家・嵯峨　フヂュウ
【補闕】「負は上聲濁音なり。濁って讀むべし」

174 加諸杖捶
全本　ヂョウ（本）スイ
【注】杖の字、日相本は本濁点・チョウとするが、再版本は本濁点・ヂョウ

174 但念水草
日相・山家　ネンスイ　嵯峨　ネンズイ（新）

174 身體疥癩
日相・慈海　シンタイ　山家・嵯峨　シンダイ（新）

174 之所打擲
日相・山家・嵯峨　チョウチャク　慈海　チョウヂャク（本）

174 更受蟒身

【注】以降の擲の字もすべて同じ
日相・嵯峨　モウジン（新）　慈海・山家　モウシン
【補闕】「身、濁って讀むべし。新濁なり」

174 其形長大

日相・慈海　ヂョウ（本）ダイ　山家・嵯峨　チョウダイ
【補闕】「長、平聲本濁なり」　81頁参照

175 蜿轉腹行

全本　エンデン
【補闕】「蜿、漢音はエン、呉音はヲンなれども、古より漢音に讀み来れり。改め難し」

175 之所唼食

日相・慈海　ソウジキ　山家・嵯峨　ショウジキ

175 盲聾背傴

日相・慈海・嵯峨　ハイウ　山家　ハイウ（左ク）
【補闕】「傴は心空の音義にウ・ク二音あれども、音義補註・箋難ならびに韻會にクの音なし」

175 無所依怙

日相・山家・嵯峨　エコ　慈海　エゴ（本）
【注】以降の怙の字もすべて同じ

176 雖親附人

日相・嵯峨　シンフ　慈海　シンブ（本）　山家　シンプ

176 人不在意

【連声】山家　ニンプ

176 順方治病

【連声】山家　ジュンポウ　全本　ヂビョウ

176 設服良薬

日相・慈海　セツブク（本）　山家・嵯峨　セチブク（本）

176　而復増劇
日相　ゾウギャク　慈海　ゾウギャク（本・左ゴク）　山家・嵯峨　ゾウキャク
【注】劇の字、日相本は清濁点を欠きギャクとし、再版本は本濁点・ギャク

176　若佗反逆
全本　ホンギャク
【補闕】「反は呉音はホン、漢音はヘンなり」
【注】提婆品453「六反震動」は全本ともにロクヘンと読む

176　抄劫竊盗
日相・嵯峨　セツトウ　慈海　セツドウ（本）　山家　セットウ

177　常生難處
全本　ナンジョ（新）
【補闕】「處の字、濁って讀むべし」
【訓】「常に難處に生まれて」

177　永不聞法
日相・嵯峨　モンホウ　慈海・山家　モンボウ
【訓】「永く法を聞かず」

177　生輒聾瘂
日相・山家　ショウギョウ（新）　慈海　ショウチョウ　嵯峨　ショウギョウ（本）

177　聾盲瘖瘂
【連声】慈海　オンア（右ナ）　山家　オンナ（左）

178　水腫乾痟
日相・慈海・嵯峨　スイシュ　山家　スイシュウ　全本　カンショウ
【注】乾の字、「かわく」の意味で用いる場合は、全本カンの音に讀む。「乾闥婆」は全本ともにケンと読む

178　疥癩癰疽
日相　オウソ（字下に拗音ショ）　慈海・山家・嵯峨　オウソ

178　増益瞋恚
【連声】慈海　シンイ（左ニ）　山家　シンニ（左）

178 **婬欲熾盛**
178 **不擇禽獸**
178 **謗斯経者**
178 **無智人中**
179 **植諸善本**
179 **獨處山澤**
180 **親近善友**
180 **持戒清潔**

【注】以降の「瞋恚」もすべて同じ
【連声】慈海・山家　インニョク（左）
【注】以降の「婬欲」もすべて同じ
日相・山家・嵯峨　フチャク　慈海　フヂャク（本）
日相・慈海　キョウシャ　山家・嵯峨　キョウジャ
【訓】「斯の経を謗ぜん者の」
日相　ニンチュウ　慈海・山家・嵯峨　ニンヂュウ
【補闕】「中の字、清んで讀むべし」
【訓】「無智の人の中にして」
32頁参照
日相・山家　センタク　慈海　センダク（本）
【注】以降の澤の字もすべて同じ
日相　ゼンウ（左ユウ漢）　慈海　ゼンウ（左ヌ）　山家　ゼンヌ（左）　嵯峨　ゼンウ
【補闕】「友は呉音ウ、漢音はイウなり。上のハネ字と連聲すればヌの音となる。横呼通音の連聲これなり」（第三部　三、へ、連声　参照）
【注】以降の「善友」もこれに準ずる
全本　ショウケツ
【随音句】「ある小僧、清の字を濁って讀みし。大いに誤りなり」

180 **如浄明珠**
日相・嵯峨　ミョウシュ　山家　ミョウ（左メイ）シュ

180 **求大乗経**
日相・慈海・山家　ダイジョウギョウ　嵯峨　ダイジョウキョウ
【補闕】「経、濁って讀むべし。常のごとし」　19頁参照

181 **大乗経典**
日相　キョウデン（本）　慈海　キョウデン（新）　山家・嵯峨　ギョウデン（本）
【随音句】「（経の字）典字無き時は濁って讀む。今は清む」
【注】以降の「大乗経典」もすべて同じ

182 **外道典籍**
日相・山家・嵯峨　デン（本）ジャク（新）　慈海　デン（新）ジャク（本）

182 **妙法華経**
日相・山家・嵯峨　ホケキョウ　慈海　ホウケキョウ
【注】「妙法華経」について、日相・山家本はすべてホケキョウ、慈海本はホウケキョウと読む。嵯峨本は両例が混在して一定しない。以下、これに準ずる

信解品　第四

183 **偏袒右肩**
全本　ヘンダン（本）
【注】以降の「偏袒」もすべて同じ

183 **右膝著地**
日相・慈海・山家　ウシツヂャク（本）ヂ　嵯峨　ウシチヂャク（本）ヂ
【補闕】「著は濁音なり」　29頁参照
【訓】「右の膝を地に著けて」

183　曲躬恭敬

日相・嵯峨　コクグウ（本）　慈海　コクグウ（新）　山家　コクグ（本）

【補闕】「躬は濁音なり」

【注】677曲躬低頭は、日相本は新濁に扱う

183　我等居僧之首

全本　コソウ

【補闕】「僧字、清んで讀むべし」

184　世尊往昔

全本　オウジャク（新）

184　身體疲懈

日相・慈海　シンタイヒケ　山家・嵯峨　シンダイ（新）ヒゲ（本）

【補闕】「體、濁って讀むは新濁なり。懈は清音なり」

【注】體の字、日相本の仮名と『補闕』の解説と齟齬する

184　出於三界

日相　スイオ　慈海・山家　シュット（左）　嵯峨　シュツオ

【補闕】「我等をして三界を出だし、涅槃の證を得せしめたまえり。出、去聲に讀むべし。三界を出でと讀めば入聲の様なれども、令の字に當たってみれば去聲の義親し」

【訓】「我等をして三界を出で、涅槃の證を得せしめたまえり」

【注】令の字は「〇〇をして〇〇せしむる」という使役形に用いる語であるから、ここも「我等に命じて三界から出させる」の意となり、「出」は自動詞でシュツと読むべきであるはずだが、『補闕』は逆の判断をしている。167令出三界　参照

185　年已朽邁

【連声】慈海・山家　ネンニ（左）

185　**深自慶幸**
【注】以降の「年已」もすべて同じ
日相　キョウコウ　慈海　キョウゴウ（本）　山家・嵯峨　キョウゴウ（新）
186　**捨父逃逝**
日相　ヂョウ（本）ゼイ（本）　慈海　ドウダイ（本）　山家・嵯峨　ヂョウ（本）セイ
【補闕】「逃、舌音なり。ヂヤウと紛るべからず。逝は濁音なり」
【注】逃の字、日相本は濁点・テウとするが、再版本は濁点・デウとする。山家・嵯峨本もデウの仮名、慈海本はダウの仮名を振る

186　**至五十歳**
【連声】慈海・山家　ゴジッサイ
【注】以降の「～十歳」もすべて同じ

186　**年既長大**
全本　チョウダイ
【補闕】「長は上聲清音なり」　81頁参照

186　**加復窮困**
全本　グウコン　57頁参照

187　**琥珀**
日相・山家・嵯峨　クハク　慈海　コ（左ク）ハク
【随音句】「心空音義にもクハクとつけ、また昔より大抵しか讀み来たれり」
【注】日相・山家本は一貫してクハクと読み、慈海・嵯峨本はクハク・コハクの両例がある

187　**出入息利**
日相・慈海・嵯峨　スイニュウ　山家　シュツニュウ
【補闕】「出、去聲」

187　**商估賈客**
日相　コカク（左キャク拗音）　慈海・山家・嵯峨　コキャク

187　時貧窮子

【注】以降の客の字もすべて同じ
日相・慈海・嵯峨　ビングウジ（新）　山家　ビングジ（新）
【随音句】「前後の窮子は皆常の如く子を濁る。連続の讀みの故なり。この一文のみ貧窮の子と讀む故に清んで讀むなり」
【補闕】「子の字清んで讀めとの指南、随音句の如し」
【訓】「時に貧窮の子」
【注】子の字、『随音句』『補闕』ともに清音に読むべきと指示するが、日相本は濁点・ジとしていて齟齬する

187　経歴国邑

【連声】慈海・山家　リャッコク

187　遂到其父

日相・山家・嵯峨　スイトウ　慈海　ズイ（本）トウ
【注】以降の遂の字もすべて同じ

187　與子離別

日相　リベツ（新）　嵯峨　リベチ（本）

188　一旦終沒

【連声】慈海・山家　イッタン
【補闕】「世流の印本に沒に作る。沒と歿と相通ずといえども、當品の一旦終歿、妙音品の於彼國歿は歿の字、しかるべし。其の故は、沈沒の時は沒の字最も可なり。沒在等もまたこれに同じ。死歿の時は、歿の字を書くべし。歿故等勿論のことなり」

188　財物散失

日相　サンジツ（新）　山家・嵯峨　サンシチ

188　爾時窮子

全本　グウジ（新）

189 **傭賃展轉**

【注】熟語「窮子」は全本、連声して新濁に読む。以降もすべて同じ
日相・慈海　ユウニン　山家・嵯峨　ヨウニン
【随音句】「傭、呉はユウ、漢はヨウなり。」
【注】以降の傭の字もすべて同じ

189 **踞師子牀**

日相・慈海　シシジョウ（本）　山家・嵯峨　シシショウ
【補闕】「牀、濁音なり」
【注】以降の牀の字もすべて同じ

189 **香水灑地**

全本　コウズイ（新）
【補闕】「水の字、濁って讀むべし」

190 **出内取與**

全本　スイヌイ
【補闕】「内、漢音はタイ、呉音はナイ・ヌイの二音明白にあり。ともに、入るるなり・うちなりの訓あり。うちとも入るるとも讀むなり。ただヌイの音ばかり入るるという讀みあるにはあらず。當品の出内に限ってヌイと讀むべき謂れなきに似たり。但し疏記の指南を見るに内外の内に濫ることを恐れてスイヌイと呼ぶと聞こえたり」
【注】200 先所出内も同じ

190 **若久住此**

【連声】山家　ニャック
【注】以降の「若久」もすべて同じ

191 **今有所付**

【連声】慈海・山家　コンヌ（左）

191 **甚適我願**
日相・慈海・嵯峨　ジンシャク　山家　ジンチャク　72頁参照

191 **即遣傍人**
【連声】山家　ソッケン

191 **急追将還**
日相　キュウ?ツイ　慈海・山家・嵯峨　キッツイ
【注】日相本の仮名が不明瞭で、キフかキツか定かでない。再版本はキッツイとする

191 **疾走往捉**
日相　オウシャク　慈海・山家・嵯峨　オウジャク（新）
【訓】「疾く走りて往いて捉らう」

191 **我不相犯**
全本　ソウボン（新）

191 **何為見捉**
日相　ケンシャク　慈海・山家・嵯峨　ケンジャク（新）
【注】「何ぞ捉らえらるる」の意で、見は助辞であるので、日相本は連声させない

192 **使者執之愈急**
全本　シッシ

192 **而被囚執**
日相・慈海　ジュ（本）シュウ　山家・嵯峨　シュシュウ
【随音句】「囚、韻會・切韻・韻鏡に倶に全濁音となす。濁ってこれを讀むべき。呉はジュ、漢はジュウなり」

192 **此必定死**
日相　ヒツジョウ　山家　ヒツ（左ヒチ）ジョウ　嵯峨　ヒチジョウ

192 **轉更惶怖**
全本　テンキョウ

192 **悶絶躄地**
日相・慈海　モンゼツ　山家・嵯峨　モンゼチ

192 **志意下劣**
日相・嵯峨　ゲレツ　山家　ゲレチ
【注】劣の字、山家本はレチと読む

193　**密遣二人**
日相　ミツケン　慈海・山家　ミッケン　嵯峨　ミチケン
【注】密の字、嵯峨本はミチに読む

193　**形色憔悴**
日相・山家・嵯峨　ショウスイ　慈海　ジョウ（本）ズイ（本）
【注】194　羸痩憔悴も同じ

194　**窮子若許**
【連声】慈海・山家　ニャッコ

194　**具陳上事**
全本　グヂン（本）

194　**尋與除糞**
【連声】慈海・山家　ジンニョ（左）

194　**於窓牖中**
日相・慈海　ソウユ　山家　ソウユ（左ヨウ）　嵯峨　ソウヨウ　82頁参照
【注】210　長者於牖も同じ

195　**糞土塵坌**
日相　ヂンボン（本）　慈海　ヂンボン（左フン）　山家　ヂンプン　嵯峨　ヂンフン
【随音句】「坌、ボンとこれを読むべき。然れども一向にフンの音なきにもあらず。然れどもホンこれ正音なり。故にただ音義等に従うべし。塵土坌身、これに同じ」

195　**汙穢不浄**
日相・嵯峨　ワエ　慈海・山家　ワ（左ヲ）エ

195　**更著麁弊**
日相　チャクソヘイ　慈海　チャクソベイ（本）　山家・嵯峨　ヂャク（本）ソヘイ
【補闕】「著は清音なり」
【訓】「麁弊垢膩の衣を著す」
【注】211　著弊垢衣も同じ

195　**塵土坌身**
日相　ボンシン　慈海　ボン（左フン）ジン　山家・嵯峨　フンジン

【訓】「塵土に身を坌（けが）し」

195 **勿得懈息**
日相・慈海　ケソク　山家・嵯峨　ゲ（本）ソク　33頁参照
【補闕】「懈は清音。常のごとし」

195 **咄男子**
日相・慈海　タツ（左トツ）　山家・嵯峨　ダツ（本）
【補闕】「咄にタツトツ二音あり。意樂に従ってこれを用うべし。但し補註にはタツの音を正音とす。また古より讀み来たるもタツのこえなり」

196 **好自安意**
【連声】慈海　アンニ（左）

196 **無有欺怠**
日相・慈海　ゴ（新）ダイ（本）　山家・嵯峨　ゴ（本）タイ
【補闕】「怠、音待（ダイ）。濁音なり」
【注】以降の欺の字もすべて同じ

196 **瞋恨怨言**
日相・山家・嵯峨　シンコン　慈海　シンゴン（本）

197 **名之為兒**
全本　イニ

197 **於二十年中**
日相・慈海・山家　ニジュウネンチュウ　嵯峨　ニジュウネンヂュウ

197 **心相體信**
日相・嵯峨　シンソウ　山家　シンゾウ（新）
【訓】「心、相い體信し」

197 **入出無難**
日相・慈海　ニッシュツ　山家・嵯峨　ニュウシュツ
【随音句】「これ、自ら出でいる義なれば、ニッシュツなり。出入息利・出内取與等に濫すべからず」

198 當體此意　日相・嵯峨　トウタイ　山家　トウダイ（新）

198 便為不異　【連声】山家　ベンニ（左）

【注】以降の「便為」についても、同じ

198 一餐之意　日相　イッサン　慈海・山家　イチザン（本）　嵯峨　イツザン（本）

【補闕】「餐、清音なり」

199 漸已通泰　【連声】慈海・山家　ゼンニ（左）

【注】以降の「漸已」についても同じ

199 臨欲終時　【連声】慈海・山家　リンニョク

【注】以降の「臨欲」もすべて同じ

199 皆悉已集　日相・嵯峨　イシュウ　慈海　イジュウ（本）　山家　イ（左チ）シュウ

199 諸君當知　日相・慈海・山家　ショクン　嵯峨　ショグン（本）

【補闕】「君は清音」

199 捨吾逃走　日相・山家　ヂョウソウ　慈海　ドウソウ　嵯峨　ヂウソウ　96頁参照

199 伶傳辛苦　日相・山家　リョウビョウ（新）　慈海　リョウヒョウ　嵯峨　リョウビョウ（本）

【随音句】「傳、新濁なるべし」

200 忽於此間　【連声】慈海・山家　コット（左）

201 我等皆似佛子　全本　カイジ（本）

201 樂著小法　全本　ギョウヂャク（本）ショウボウ

【補闕】「樂、去聲なり。著は濁音なり。法は新濁なり。次下の樂於小法・心樂小法・但樂小法・樂大之心・樂小法者、皆樂の字、去聲に呼ぶべし」

204　今此経中

日相・慈海　キョウチュウ　山家・嵯峨　キョウヂュウ

【訓】「今此の経の中に」

204　然佛實以

【連声】慈海　ジッチ（左）

204　説本無心

【連声】山家　セッポン

204　今法王大寶

日相・山家・嵯峨　コンホウオウ

205　聞佛音教

日相・慈海・嵯峨　ブツオンキョウ　山家　ブットン（左）ギョウ（新）

【訓】「佛の音教を聞いて」

206　其家巨富

日相・山家・嵯峨　コフ　慈海　コ（左ゴ）フ

【注】巨の字、慈海本はコ・ゴの両例有り

206　出入息利

日相・慈海　スイニュウ　山家・嵯峨　シュツニュウ　22頁参照

【注】211　諸物出入も同じ

207　皆共宗重

日相・慈海　シュウヂュウ　山家　シュウ（左シュ）ヂュウ　嵯峨　シュヂュウ

【補闕】「宗、シュウは呉、ソウは漢音なり」

207　夙夜惟念

日相　シュク（左シク）ヤ　慈海・山家・嵯峨　シクヤ

【随音句】「宿・夙は同韻、同切なり」

207　従邑至邑

日相・山家・嵯峨　ジュウオウ　慈海　ジュウオウ（左モウ）

208　漸次経歴

日相　ゼンジ（新）　慈海・山家・嵯峨　ゼンシ

【注】以降の「漸次」もすべて同じ

208　注記券疏

日相　チュ（左シュ）キケンジョ（新）　慈海　チュウ（左チュ）キケンショ　山家・嵯峨　チュウキケンジョ（新）

【補闕】「注は註と同じ。音義にチュとシュ二音出せり。註にチュとシュと二音有りといえども、人多くチュの音を呼びなれたり。これに従うべし。券は漢音はケン、呉音はクハンの音、またはコンの音なるべし。然れども古よりケンと讀み来れり。今更改め難し」

209　覆自念言

日相　フジネンゴン　慈海　フ（左フク）ジネンゴン　山家・嵯峨　フクジネンゴン

【補闕】「覆は科註箋離にはフクの音とす。句解には去聲フの音とす。フは隠覆の義なるをもって、ヒソカと讀ませたり。去聲の義、親し」

【注】覆の字、入声のフクと読む場合は、「くつがえる・繰り返す」という意味になり、去声のフウまたはフと読む場合は、「おおう・ひそかに」という意味になる。日相本は「窮子は密かに思った」と解釈する一方、山家本や嵯峨本は「繰り返し思った」という意に解釈していることになる。音によって意味が変わる例のひとつである。この箇所以外の覆の字は、全本ともにすべて去声フの音である

209　必當見殺

日相・慈海　ケンセツ　山家　ケンゼチ（新）　嵯峨　ケンゼツ（新）

【補闕】「殺、清んで讀むべし。音多しといえども、此の経に用いる所は、シの音と

セツの音と二音のみなり」
【訓】「必ず當に殺されぬべし」

210　除諸糞穢

【連声】山家　フンネ（左）

210　淨諸房舍

全本　ボウジャ（新）
【補闕】「舍は新濁」

211　執除糞器

日相　シツヂョフン　山家・嵯峨　シュウヂョフン
【注】執の字はフ入声で、連声しない場合はシュウと読むべきだが日相本はこの箇所をシツと読む（第三部　三、ホ、入声　参照）

211　薦席厚暖

日相　センジャク（本）コウ（左呉ク）ナン　慈海　センジャク（本）ゴウ（本）ナン
山家・嵯峨　センジャク（新）コウナン
【補闕】「厚、漢はコウ、呉はクの音なり。然れども古よりコウと讀み来たれり。改むこと能わず」
【注】以降の厚の字もこれに準ずる

211　漸令入出

全本　ニッシュツ

211　執作家事

全本　シッサ

212　止宿草庵

日相・山家・嵯峨　シシュク　慈海　シシク
【注】以降の宿の字もこれに準ずる。234頁参照

213　佛亦如是

【連声】慈海・山家　ブッチャク（左）

【注】以降の「佛亦」もすべて同じ。但し「諸佛亦然」は全本、ブツヤクと読む

214　修習此者

日相・山家・嵯峨　シュシュウ　慈海　シュジュウ（本）

【注】以降の「修習」もすべて同じ

214　従我聞法

日相　モンホウ　慈海・山家・嵯峨　モンボウ

【補闕】「法、清んで讀むべし」

【訓】「我に従って法を聞いて」

【注】以降の「従我聞法」もすべて同じ

215　説斯眞要

【連声】慈海　シンヨウ（左ニョウ）　山家　シンニョウ（左）

216　無貪無著

全本　ムヂャク

【補闕】「著は濁音」

216　修習空法

日相・慈海・山家　クウボウ　嵯峨　クウホウ

【補闕】「法、濁って讀むべし」

【訓】「空法を修習して」

【注】法の字、日相本は清点・ボウとする

217　説有實利

【連声】慈海　セッツ（左）　全本　ジチリ

【注】日相本は通常、實の字をジツと読むが、この箇所と化城喩品の333乃是眞實滅はジチと仮名を振っている。序品5寶月菩薩・満月菩薩の場合と同様、ツ音の連続を避け口内穏便を図るためと考えられる

218 得道得果

【連声】慈海・山家　トッカ

219 法王法中

日相・慈海・嵯峨　ホウチュウ　山家　ホッチュウ

【補闕】「法中の法、長聲に呼ぶべし。ホッチュウと讀むは不可なり」

【訓】「法王の法の中に」

219 以佛道聲

日相・慈海・嵯峨　ドウジョウ　山家　ドウショウ

【随音句】「常に佛道聲の聲聞ということ、これより名目を遣う。故に聲を濁るなり」

【補闕】「聲、濁って讀むべし」

【訓】「佛道の聲を以て」

【注】天台大師は『法華文句』でこの経文を根拠にして、四種声聞の別に大乗声聞（佛道声聞）を加え、「佛道の聲を以て一切に聞かしむるものなり」と説く。『随音句』にいう「佛道聲の聲聞」とはこれを指すと思われる

219 我等今者

日相　コンシャ　慈海・山家・嵯峨　コンジャ（新）　21頁参照

【補闕】「者の字、清んで讀むべし。次下の文、またこれに同じ」

219 眞阿羅漢

【連声】山家　シンナ（左）ラカン

220 無量億劫

【連声】慈海・山家　オッコウ

【注】以降の「億劫」もこれに準ずる

220 手足供給

日相・慈海　クキュウ　山家　クギュウ（新）　嵯峨　クギュウ（本）

【注】以降の「供給」についても同じ。嵯峨本はこの箇所のみ本濁に読む

220 **皆不能報**
日相・慈海・山家　ノウホウ　嵯峨　ノウボウ（新）

220 **両肩荷負**
日相・慈海　リョウケンガ（本）ブ（本）　山家　リョウケンカフ　嵯峨　リョウゲン（新）カフ
【補闕】「負は濁音なり」

220 **又以美饍**
日相・慈海・山家　ミゼン（本）　嵯峨　ミセン

221 **忍于斯事**
【連声】慈海・山家　ニンヌ（左）

薬草喩品　第五

224 **三千大千世界**
日相・慈海・山家　ダイセンゼカイ　嵯峨　ダイセンセカイ
【注】「三千の大きな千世界」の意で、「千世界」が一熟語になるため、日相本などは連声させてセンゼカイと読む。以降、すべて同じ

224 **山川谿谷**
全本　センゼン（新）　日相　ケイ（左カイ呉）コク　慈海・山家・嵯峨　ケイコク
【補闕】「谿、漢音はケイ、呉音はカイなること明けし。然りといえども上古よりケイと讀み来たれり。心空・快倫・嵯峨本等も漢音に付けられたり。然れば今更改め難し」
【注】以降の谿の字についても同じ

225 **卉木叢林**
日相・山家・嵯峨　ソウリン　慈海　ゾウ（本）リン

225 **密雲彌布**
【注】以降の叢の字もすべて同じ
【連声】慈海・嵯峨　ミッツン（左）

225 **偏覆三千大千世界**
日相・慈海・嵯峨　ヘンフ　山家　ヘンフ（左フク）
【注】以降の「偏覆」もこれに準ずる

225 **小根小茎**
日相・山家・嵯峨　ショウキョウ　慈海　ショウギョウ（本）
【注】以降の茎の字についても、みな同じ

226 **稱其種性**
日相・慈海　シュショウ　山家　シュウジョウ（新）　嵯峨　シュジョウ（新）
【注】以降の「種性」について、山家本はすべて新濁でよむが、嵯峨本は清濁一定しない

226 **而得生長**
全本　ショウヂョウ（新）
【随音句】「長は新濁」

227 **未安者令安**
日相・慈海　ミアンシャ　山家・嵯峨　ミアンジャ
【訓】「未だ安ぜざる者をば安ぜしめ」

227 **未涅槃者**
日相　ネハンシャ　慈海・山家・嵯峨　ネハンジャ
【訓】「未だ涅槃せざる者をば」

227 **一切見者**
日相・慈海・嵯峨　ケンシャ　山家　ケンジャ
【訓】「我は是れ一切知者、一切見者」

228 **為聴法故**
日相・嵯峨　チョウホウ　慈海・山家　チョウボウ

228 而聴法

【補闕】「法の字、清んで讀むべし。下の而聴法も同じ」

【訓】「法を聴かんが為の故に」

日相　チョウホウ　慈海・山家・嵯峨　チョウボウ

228 現世安穏

日相・慈海・山家　ゲンゼ　嵯峨　ゲンセ

229 亦得聞法。既聞法已

日相・嵯峨　モンホウ　慈海・山家　モンボウ

【補闕】「法、清んで讀むべし」

【訓】「亦た法を聞くことを得。既に法を聞くこと已って」

229 於諸法中

全本　ホウチュウ

【補闕】「法、長聲にと呼ぶべし。ツムル不可なり」

229 任力所能

日相・慈海　ショノウ　山家　ショタイ（左ノウ）　嵯峨　ショタイ

【補闕】「能の字、嵯峨本にはタイと付けられたり。その謂れなきにあらず。忍ぶなりの訓、堪忍の義なるを以てタイの音とせり。平聲奴登の切にも勝任なりの訓あり。然らば、常に人の呼び慣れたるノウの音を用ゆべきか」

【訓】「力の能（た）うる所に任せて」

【注】「よく〜できる」の意味の場合は、全本ともにノウと読むが、ここは「〜するにたえる」の意味で、この場合、山家・嵯峨本はタイと読む

230 所得功徳

【連声】慈海・山家　トック

【注】以下の所得功徳もみな同じ

231 **観衆生心欲**

【連声】慈海・山家　シンニョク（左）

231 **甚為希有**

【連声】慈海・山家　ジンニ（左）

【注】以降の「甚為」もすべて同じ

233 **慧雲含潤**

日相　ゴン（本）ニン　慈海・山家・嵯峨　ガン（本）ニン

【補闕】「含、呉音はゴン、漢音はガンの音といえるは、はなはだ非なり。一部の内、ゴンとガンと雑乱して讀むべからず。ゴンにてもガンにても一部一同なるべし。ゴン・ガンは呉漢を以て分かち難し。その上、佛書に古より阿那含アナゴン等と呼び来たれり。一部同じくゴンの音に呼ぶべし」

233 **電光晃曜**

日相・山家・嵯峨　コウヨウ　慈海　ゴウ（本）ヨウ

233 **令衆悦豫**

日相・嵯峨　エツヨ　慈海　エツヨ（左エッチョ）　山家　エチヨ

【注】悦の字、山家・嵯峨両本ともにエツ・エチの両例有り

233 **日光掩蔽**

日相・嵯峨　エンベイ（新）　慈海　エン（左アン）ベイ（新）　山家　アン（左エン）ベイ（新）

【随音句】「掩、常にアンと讀むは恐らくは誤れるか。既に是れエンテンの韻なり。アンの音あるべからず」

233 **靉靆垂布**

日相・慈海　アイダイ（本）　山家・嵯峨　アイタイ

【補闕】「靆は代と等類にして濁音なり」

234 **山川険谷**

日相・慈海・山家　センゼン（新）　嵯峨　センセン　全本　ケンコク

234 **幽邃所生**
日相・慈海　ユスイ　山家・嵯峨　ヨウスイ
【随音句】「幽、呉はユ、漢はユウなり」
【注】以降の幽の字、日相・慈海本はすべてユ、山家・嵯峨本はユウ・ヨウ両例有り

234 **百穀苗稼**
【連声】慈海・山家　ヒャッコク

234 **甘蔗蒲萄**
日相・慈海　ブ（本）ドウ（本）　山家・嵯峨　フドウ（本）

234 **無不豊足**
日相　フソク　慈海　ブ（新）ソク　山家　ブウソク　嵯峨　ブ（本）ソク　65頁参照
【補闕】「豊は清音なり」

234 **其雲所出**
全本　ショシュツ
【訓】「其の雲の出だす所の一味の水」（頂妙寺本「其の雲より出づる所の」）

234 **随分受潤**
全本　ズイブン（本）　38頁参照

235 **各得生長**
日相・慈海・山家　ショウヂョウ　嵯峨　ショウチョウ
【補闕】「長、上聲新濁なり」

235 **根茎枝葉**
日相・山家・嵯峨　コンキョウ　慈海　コンギョウ（本）

235 **而各滋茂**
全本　シム
【補闕】「滋は清音」

235 **普覆一切**
日相・慈海　フフ　山家　フフ（左フク）　嵯峨　フブ（本）　104頁参照

236 **無能及者**
日相　ギュウシャ　山家・嵯峨　ギッシャ

237　常演説法

日相　エンセツ　慈海・山家・嵯峨　エンゼツ
【訓】「常に法を演説して」
【注】再版本はエンゼツとする

238　或處人天

全本　ニンデン（新）
【注】以降の「人天」もすべて同じ

239　及得三明

日相　ギットク　嵯峨　ギュウトク

239　求世尊處

日相・慈海　セソンショ　山家・嵯峨　セソンジョ（新）
【訓】「世尊の處を求めて」

240　所稟各異

全本　ショホン
【隨音句】「稟は清音。濁るは非なり」
【補闕】「稟、清音」
【注】稟の字、日相本は清点・ボンするが、再版本は濁点・ボン

240　如海一滴

日相・慈海・山家　イッチャク　嵯峨　イッテキ
【補闕】「滴、漢音はテキ、呉音はチャクなり。昔はすべてテキと讀みしが、中古より改めて呉音に讀まれしなり」

241　聞法得果

日相・嵯峨　モンホウ　慈海・山家　モンボウ
【補闕】「聞法の法、清んで讀むべし」
【訓】「法を聞いて果を得る」

242 復有住禅
日相・嵯峨　ジュウゼン（本）　山家　ジュウセン

242 聞諸法空
日相・嵯峨　ショホウクウ
【補闕】「法の字、ツムべからず」
【訓】「諸法の空を聞いて」

242 潤於人華
【連声】山家　ニンノ（左）　日相　ニンケ　山家・嵯峨　ニンゲ（新）
【訓】「人華を潤して」

243 今為汝等
【連声】慈海・山家　コンニ（左）
【注】以降の「今為」もすべて同じ

授記品　第六

245 国界厳飾
【連声】慈海・山家　コッカイ
【注】以降の「国界」もすべて同じ

245 瓦礫荊棘
日相・山家・嵯峨　ギョウ（本）コク　慈海　キョウコク
【注】以降の「荊棘」についても、これに準ずる

245 坑坎堆阜
日相・山家　タイフ　慈海　タイブ（本）　嵯峨　ツイフ

247 二足尊已
日相　ニゾク（新）　慈海・山家・嵯峨　ニソク　【連声】慈海・山家　ソンニ（左）
【注】なぜ日相本が足の字を新濁に読むのか、『補闕』にも説明がない。「両足尊」と

同一視してのことであろうか

247　見者歓喜

日相・慈海　ケンシャ　山家　ケンジャ　嵯峨　ゲン（新）シャ

247　常出好香

日相・慈海　ジョウスイ　山家・嵯峨　ジョウシュツ

【補闕】「出、去聲」

【訓】「常に好香を出だし」

【注】『随音句』は右にスイ、左にシュツの仮名を振る

248　不可稱計

日相　ショウケイ（左カイ呉）　慈海・山家・嵯峨　ショウゲ（新）　88頁参照

【補闕】「計は呉音はカイ、漢音はケイなり。古より漢音に讀み来たれり。改め難し」

【注】以降の「稱計」もすべて同じ

248　奉持諸佛

日相・慈海・山家　ブヂ　嵯峨　フヂ

248　亦不可計

日相　カケイ　嵯峨　カゲイ（新）

249　皆悉悚慄

日相　シュリツ　慈海　シュ（左ショウ）リツ　山家　ショウリツ　嵯峨　ショウリチ

【随音句】「悚、ショウは漢音、シュが呉なるべし」

250　見為授記者

【連声】慈海・山家　ケンニ（左）

250　若復得王教

日相・慈海　オウキョウ　山家・嵯峨　オウギョウ（新）

【訓】「若し王の教えを得れば」

252　国名寶生

全本　ホウショウ

252　寶華覆地
日相・慈海・嵯峨　フヂ　山家　フ（左フク）ヂ　77頁参照
【注】258 妙華覆地も同じ

252　算數譬諭
日相・慈海・山家　サンジュ（新）　嵯峨　サンシュ

254　當供無數
日相・慈海・嵯峨　トウク　山家　トウグ（新）
【随音句】「或る小僧、供字を濁る。誤りなり」

254　猶如寶山
日相　ホウゼン（新）　慈海・山家　ホウセン　嵯峨　ホウサン
【訓】「猶お寶山の如くならん」

254　衆生見者
日相・嵯峨　ケンシャ　山家　ケンジャ（新）
【訓】「衆生の見ん者の」
【注】以降の「見者」もこれに準ずる

255　轉不退輪
【連声】山家　テンプ

256　各起塔廟
【連声】慈海・山家　カッキ
【注】以降の「各起」についても、これに準ずる

257　繒蓋幢幡
日相・慈海　ドウ（本）バン（新）　山家　ドウ（本）バン（本）　嵯峨　トウバン（本）
【注】この箇所だけ嵯峨本はトウバンとする。誤記か

262　多摩羅跋栴檀香
日相・慈海・山家　タマラバツ　嵯峨　タマラバチ

262　国名意樂
日相・山家・嵯峨　イラク　慈海　イラク（左ギョウ）
【随音句】「樂の字、東春に云う、苦を脱し樂を受く。故に国、ラクを以て稱するな

りと。これ、常に讀むところに叶う。又則ち先哲なり。尤もこれに隨うべし」

【注】264於意樂国も同じ

263 **二十四小劫**
日相・慈海　ニジュウシ

263 **捨是身已**
【隨音句】「この十の字、ツムるは非なり」
【連声】慈海・山家　シンニ（左）
【注】以降の「身已」もすべて同じ

263 **得見八千**
【連声】慈海・山家　トッケン
【注】以降の「得見」もすべて同じ

264 **長表金剎**
日相　コンゼツ（新）　慈海・嵯峨　コンセツ　山家　コンセチ
【訓】「長く金剎を表して」

化城喩品　第七

267 **過於東方千国土**
日相・慈海・山家　トウボウ（新）　嵯峨　トウホウ

268 **若算師。若算師弟子**
日相・慈海　サンシ　山家・嵯峨　サンジ（新）

268 **知其數不。不也**
日相・嵯峨　ホツヤ　慈海　ホッチャ　山家　フヤ　73頁参照
【補闕】「不、上は上聲、音フ（否）、下は入聲、音ホツ（弗）なり」

268 **盡抹為塵**
【連声】山家　マッチ（左）

269 **観彼久遠**
【注】270復盡抹為塵も同じ
【連声】山家　カンピ

269 **乃下一塵點**
日相・慈海　ジンデン（新）　山家・嵯峨　ジンテン
【補闕】「點は上聲新濁なり」
【訓】「乃ち一つの塵點を下さん」

269 **如是展轉點**
全本　テンデンテン
【訓】「是の如く展轉して點じて」

270 **點與不點等**
【連声】慈海・山家　テンニョ（左）

270 **此諸微塵數**
日相　ミジンシュ　慈海・山家・嵯峨　ミジンジュ（新）
【訓】「此の諸の微塵數に」（頂妙寺本「此の諸の微塵の數に」）

270 **及聲聞菩薩**
日相　ギッショウモン　嵯峨　ギュウショウモン

271 **破魔軍已**
【連声】慈海・山家　グンニ（左）

271 **垂得阿耨多羅三藐三菩提**
日相　スイ（左シ直音）トク　慈海　ジ（左ズイ）トク　山家・嵯峨　シトク
【随音句】「垂もシとスイと両音なり。下の願垂納處などの垂の字も同音にしてシとスイとあり。然るにこの文をば必ずシとのみ讀み、下の文をただスイと限って讀み分けること、その理なきか。彼此ともにスイともシとも讀んで苦しからず。ただ、拗・直の異なりとこれを知るべし。また濁音なれども常訛の清音に讀み来たれり」

271 如是一小劫
271 先為彼佛
272 更雨新者
273 其第一者
273 種種珍異
274 諸母涕泣
274 與一百大臣
274 咸欲親近
274 繞佛畢已
275 諸願已具足
275 善哉吉無上

【補闕】「垂は直音はシ、拗音はスイなり。ある音義に願垂納處をばスイと讀み、今の文をばシと讀めと指南これあり。シとスイとは拗直の不同のみなり。餘所にてはスイと讀み、ここにてシと讀むべき謂れなし」
【連声】慈海　イッショウ
【連声】慈海　センニ（左）　山家　ゼンニ（左）
日相・慈海　シンシャ　山家　シンジャ（新）　嵯峨　シンジャ（本）
【補闕】「者の字、清んで讀むべし」
【訓】「更に新しき者を雨らす」
日相・慈海　ダイイチシャ
【連声】慈海・山家　チンニ（左）
日相・慈海　タイキュウ　山家・嵯峨　テイキュウ
【随音句】「涕、呉はタイ、漢はテイなり。訓讀の時はテイと讀むべし」
日相・慈海　イチヒャク
【連声】慈海・山家　ゲンニョク（左）
【連声】慈海・山家　ヒッチ（左）
【注】以降の「畢已」もすべて同じ
【連声】慈海・山家　ガンニ（左）
日相　キツムジョウ　嵯峨　キチムジョウ

275 **身體及手足**
日相・慈海　シンタイ　山家・嵯峨　シンダイ（新）95頁参照

275 **靜然安不動**
日相・山家・嵯峨　ジョウネン（本）慈海　ショウネン

275 **其心常憺怕**
日相　ダン（本）ハク（左ビャク）慈海　ダン（本）ハク　山家　タンパク　嵯峨　タンバク（新）
【補闕】「怕も漢音はハク、呉音はビャクなり。今の文もタンビャクと讀むべきものなり。但し人の意樂に任すべし」

276 **是故咸稽首**
日相　ケイ（左カイ呉）シュ　慈海　ケイシュ　山家・嵯峨　ケシュ
【補闕】「稽、呉音はカイ、漢音はケイなれども、諸人なべて漢音に讀み来たれり。今更改め難し」

276 **轉於法輪**
【連声】慈海・山家　テンノ（左）
【注】以降の「轉於」もすべて同じ

277 **百福自莊嚴**
日相・慈海・嵯峨　ヒャクフク

277 **度脱於我等**
【連声】慈海・山家　ダット（左）

277 **欲樂及修福**
日相　ギュウシュフク　山家・嵯峨　ギッシュフク

279 **乃至梵宮**
全本　ボングウ（新）

279 **勝諸天光**
日相・慈海・山家　テンコウ　嵯峨　テンゴウ（新）
【訓】「諸天の光に勝れり」

280 **即各相詣**
【連声】慈海・山家　ソッカク　日相　ソウケイ　慈海　ソウゲイ（本）山家・嵯

峨　ソウゲイ（新）
【訓】「即ちおのおの相い詣って」
【注】以降の「相詣」もすべて同じ

280　共議此事

日相・山家・嵯峨　グギ
【補闕】「共、グは呉にして直音、グウは拗音なり。グウと引いて讀んでも苦しかるべからず」

280　而彼衆中

日相　シュチュウ　慈海・山家　—ヂュウ（新）　嵯峨　シュヂュウ（新）
【訓】「而も彼の衆の中に」

280　為諸梵衆

全本　ボンジュ（山家　ジュウ）
【注】以降の「梵衆」もすべて同じ

280　為大徳天生

日相・慈海　テンショウ　山家・嵯峨　テンジョウ（新）
【随音句】「生、濁るは不可なり」
【訓】「大徳の天の生まれたるとやせん」
【注】以降の「為大徳天生」もすべて同じ

280　偏照於十方

全本　ヘンジョウ（新）
【注】以降の「偏照」もすべて同じ

281　共詣西方

日相・慈海　グケイ　山家・嵯峨　グゲイ（新）
【注】以降の「共詣」もすべて同じ

281　**請佛轉法輪**
全本　テンボウ（新）リン
【訓】「佛に法輪を轉じたまえと請ずるを」（頂妙寺本「佛に轉法輪を請ずるを」）
【注】以降の「請佛轉法輪」もすべて同じ

282　**繞百千帀**
日相・慈海　センソウ　山家・嵯峨　センゾウ（新）
【訓】「繞ること百千帀して」
【注】以降の「百千帀」もすべて同じ

282　**其所散華**
日相・慈海　サンケ　山家・嵯峨　サンゲ（新）
【訓】「其の所散の華」

282　**所献宮殿**
日相・慈海　ショゴン（新）　山家・嵯峨　ショゴン（本）
【注】献の字、日相・慈海本は清音コンに読むが、「所献」「奉献」は新濁に扱う

282　**願垂納處**
日相・慈海・山家　ノウジョ（新）　嵯峨　ノウショ
【注】以降の「納處」もすべて同じ

283　**哀愍於世間**
【連声】慈海・山家　ミンノ（左）

283　**我等先世福**
日相・慈海　ゼン（新）ゼ　山家・嵯峨　ゼン（本）ゼ　50頁参照

283　**今以奉世尊**
【連声】山家　コンニ（左）

284　**東南方**
全本　トウナンボウ（新）
【注】「南方」「西南方」についても、全本新濁に読む

288　**聖主天中天**
全本　ショウジュ（新）テンヂュウ（新）テン

288 一百八十劫

日相・慈海　イチヒャク

290 大聖轉法輪

日相　テンホウリン　慈海・山家・嵯峨　テンボウリン

【訓】「大聖、法輪を転じて」

290 顯示諸法相

日相・慈海・嵯峨　ショホウソウ　山家　ショホッソウ

【随音句】「法をツムべからず」

【訓】「諸法の相を顕示し」

290 得道若生天

日相・慈海　ショウテン　山家・嵯峨　ショウデン（新）

【訓】「道を得、若しは天に生まれ」

290 忍善者增益

日相・山家・嵯峨　ゾウ（本）ヤク　慈海　ソウヤク　27頁参照

291 光明甚威曜

【連声】山家　ジンニ（左）

291 過於百千劫

日相・慈海・山家　センゴウ（新）　嵯峨　センコウ

【注】以降の「千劫」もこれに準ずる

294 今乃得一見

【連声】慈海　イッケン

295 唯願天人尊

全本　テンニンソン

【訓】「唯だ願わくは天人尊」

295 擊于大法鼓

日相・慈海・嵯峨　ダイホウク　山家　ダイホック

【随音句】「大法と続きたり。ツムべからず」

【訓】「大法鼓を撃ち」（頂妙寺本「大法の鼓を撃ち」）

295　**當演深遠音**
【連声】慈海　ジンノン（左）オン　山家　ジンノン（左）ノン（左）

297　**今以何因縁**
【連声】慈海・山家　コンニ（左）
【注】以降の「今以」もこれに準ずる

299　**救世之聖尊**
全本　クセ

299　**勉出諸衆生**
日相・慈海　メンスイ　山家・嵯峨　メンシュツ
【補闕】「出は去聲」
【注】勉出は「励まして出だす、出でしむる」の意

300　**愍哀群萌類**
【連声】慈海　ミンアイ（左ナイ）　日相　グンミャウ（左モウ）　慈海・山家・嵯峨　グンモウ
【補闕】「萌、皆人マウと讀めども、マウも漢音とおぼえたり。古人、グンミョウルイと讀まれし遺書あり。尤もその謂れあるか」
【注】以降の「群萌」もすべて同じ

300　**十方常闇瞑**
日相　アン（左ヲン呉）ミョウ　慈海・山家・嵯峨　アンミョウ
【注】以降の闇の字もこれに準ずる

300　**不従佛聞法**
日相　モンホウ　慈海・山家・嵯峨　モンボウ
【補闕】「法、清んで讀むべし」
【訓】「佛に従いたてまつって法を聞かず」

300　**住於邪見法**
日相・慈海　ジャケンホウ　山家・嵯峨　ジャケンボウ

【補闕】「法、清んで讀むべし」

301　願以此功徳

【訓】「邪見の法に住して」
【連声】慈海・山家　ガンニ（左）
【注】以降の「願以」もこれに準ずる

302　世尊轉法輪

日相　テンホウリン　慈海・山家・嵯峨　テンボウリン
【訓】「世尊、法輪を轉じ」

302　撃甘露法鼓

【連声】慈海・山家　キャッカンロ　全本　ホック
【補闕】「甘露の法鼓を撃つと讀み下すゆえに、法ツムべし」

302　無量劫習法

日相・嵯峨　シュウホウ　慈海　ジュウ（本）ホウ　山家　ジュウ（新）ホウ
【訓】「無量劫に習える法を」

303　即時三轉

日相・慈海　サンテン　山家・嵯峨　サンデン（新）
【訓】「即時に三たび十二行の法輪を轉じたもう」

303　及廣説十二因縁法

日相・嵯峨　コウセツ　慈海・山家　コウゼツ　日相・慈海　インネンホウ　山家・嵯峨　インネンボウ
【補闕】「法、清んで讀むべし」
【訓】「及び廣く十二因縁の法を説きたもう」
【注】以降の「廣説〜」もこれに準ずる

304　受縁愛

【連声】慈海・山家　ジュエンナイ（左）

304　**取縁有**

【連声】慈海・山家　シュエンヌ（左）

307　**所將衆中**

日相　シュチュウ　慈海　―チュウ　山家　―ヂュウ　嵯峨　シュヂュウ

【訓】「所將の衆の中に」

308　**過二萬劫已**

全本　マンゴウ（新）

【注】以降の「萬劫」もすべて同じ

308　**説是大乗経**

全本　ダイジョウギョウ

308　**諷誦通利**

日相　フウジュ　慈海・嵯峨　フジュ　山家　フウジュウ

【随音句】「諷、亦フウなるべし。心空の音義にもフウと付けたり。風の字の類なり。フウと之を讀むべし。然れども常にフジュと云うて諷をフと讀み、風呂・風土記と云うて風をフと讀む。所詮、今の諷も常に風の字を讀む例に准じて、フウと讀むべきか」

308　**聲聞衆中**

日相・慈海・嵯峨　ジュチュウ　山家　シュウヂュウ

【補闕】「衆、濁って讀むべし」

【訓】「聲聞衆の中にも」

309　**即入靜室**

日相・慈海・山家　ジョウシツ　嵯峨　ジョウシチ

【注】室の字、嵯峨本はシチに読む。山家本はシツ・シチの両例有り

309　**知佛入室**

日相・慈海・山家　ニッシツ　嵯峨　ニッシチ

311　**數數親近**

日相・慈海　サクサク　山家・嵯峨　ソクソク　68頁参照

【補闕】「數、入聲」
【注】以降の「數數」もこれに準ずる。嵯峨本はサクサク・ソクソク両例有り

311 所説経法

日相・慈海・山家　キョウボウ　嵯峨　キョウホウ

312 従其聞法

日相　モンホウ　慈海・山家・嵯峨　モンボウ
【補闕】「法、清んで讀むべし。併しながら常の清音とは異なり。口をスべて呼ぶなり」
【訓】「其れに従いて法を聞いて」
【注】「口をスべて呼ぶ」とは、半濁音に読むということか

313 一名阿閦

日相・山家　アシュク　慈海・嵯峨　アシク
【注】随音句によれば、閦は初六の切で、六をリュクと読むかリクと読むかの違いで、シュク・シクの両音があるとし、「ただ常に讀み来れるに随ってこれを讀むべきものなり」と結論してシュクの読みを採用する　88頁参照

314 我釋迦牟尼佛

日相・慈海・嵯峨　ムニ　山家　モ（左ム）ニ
【注】山家本は「釋迦牟尼」をシャカモニと読む

317 了達空法

日相・慈海・山家　クウボウ　嵯峨　クウホウ
【訓】「空法を了達し」

317 便集諸菩薩

日相　ベンシュウ（左シツ）　慈海　ベンジュウ（本）　山家・嵯峨　ベンシュウ

318 険難悪道

【連声】慈海　ナンナク（左）

319 **通塞之相**　全本　ツウゾク（新）

319 **今欲退還**　【連声】慈海・山家　コンニョク（左）

【注】以降の「今欲」もこれに準ずる

320 **亦可得去**　【連声】慈海　ヤッカ　山家　ヤッカトッコ

321 **我等今者**　日相　コンシャ　慈海・山家・嵯峨　コンジャ

【補闕】「者、清んで讀むべし」

321 **無復疲倦**　日相・山家・嵯峨　ヒケン　慈海　ヒゲン（本）

【注】倦の字、慈海本は本濁に読む。以降もすべて同じ

322 **則不欲見佛**　【連声】慈海　ヨッケン

322 **為止息故**　【連声】慈海　ソッコ

323 **近於佛慧**　【連声】慈海・山家　ゴンノ（左）ブッテ（左）

【注】以降の「近於」「佛慧」もすべて同じ

323 **當觀察籌量**　全本　カンザツ（新）

324 **十劫坐道場**　日相・慈海・山家　ジッコウ

【注】以降の「十劫」もすべて同じ

324 **更雨新好者**　日相・慈海・嵯峨　シンコウシャ　山家　シンコウジャ

【訓】「更に新しく好（うるわし）き者を雨らす」

325 **而請轉法輪**　全本　テンボウリン

325　**散華以供養**

326　**皆従生縁有**
327　**六百萬億姟**

328　**分別眞實法**
329　**宣揚助法化**

329　**是諸聞法者**

329　**常與師倶生**
329　**爾時聞法者**

329　**今説法華経**

【訓】「而も法輪を轉じたまえと請じき」（頂妙寺本「而も轉法輪を請ず」）
日相・慈海　サンケ　山家・嵯峨　サンゲ（新）
【訓】「華を散じて以て供養し」
【注】326散華奉宮殿もこれに準ずる
【連声】慈海・山家　エンヌ（左）
日相・慈海　マンノクカイ　山家・嵯峨　マンノクガイ（本）
【補闕】「姟、清音なり」
【連声】慈海　シンジッポウ
【連声】山家　センニョウ（左）　全本　ホウケ
【補闕】「法をツムべからず」
【訓】「宣揚して法化を助く」
日相・慈海・山家　モンボウシャ　嵯峨　モンホウシャ
【訓】「是の諸の聞法の者の」
日相・山家・嵯峨　シクショウ
全本　モンボウシャ
【訓】「爾の時の聞法の者の」
日相・山家　ホケキョウ　慈海　ホッケキョウ　嵯峨　ホウケキョウ
【補闕】「ホツとツムるは不可なり。殊に長短章句には改むべきものなり」36頁参照

330 慎勿懐驚懼
【連声】慈海・山家　モッテ（左）

330 譬如険悪道
【連声】慈海・山家　ケンナク（左）

330 迴絶多毒獣
日相・山家・嵯峨　キョウゼツ　慈海　ギョウ（本）ゼツ　全本　ドクシュ

331 渠流及浴池
日相・山家・嵯峨　コル　慈海　ゴ（本）ル

331 慰衆言勿懼
日相・嵯峨　モック　慈海　モツグ　山家　モック

331 各可随所楽
【連声】慈海・山家　カッカ

332 集衆而告言
日相　シッシュ　慈海　ジッ（本）シュ　山家　シッシュウ　嵯峨　シュウシュ

333 乃是眞實滅
日相　シンジチメツ　嵯峨　シンジチメチ
【注】この箇所も、信解品の「説有實利」と同様に日相本は呉音ジチに読む　106頁参照

五百弟子受記品　第八

336 抜出衆生
日相・慈海　バッスイ　山家・嵯峨　バッシュツ
【訓】「衆生の處處の貪著を抜出したもう」
【注】『随音句』『補闕』ともにスイの仮名をつける

337 於説法人中
日相　ニンチュウ　慈海・山家・嵯峨　ニンヂュウ
【補闕】「中の字、清んで讀むべし。説法人の中に、と讀む故なり。是より下の中の

字これに准ず」
【訓】「説法人の中に於いて」
【注】以降の「説法人中」もこれに準ずる

337 **同梵行者**
日相　ギョウシャ　慈海・山家・嵯峨　ギョウジャ
【訓】「而も大いに同梵行者を饒益す」

337 **汝等勿謂**
【連声】慈海・山家　モッチ（左）

338 **常能審諦**
日相・嵯峨　シンダイ（新）　慈海・山家　シンタイ
【訓】「常に能く審諦に」

340 **於賢劫中**
日相　ゲン（本）ゴウ（新）　慈海・山家・嵯峨　ゲン（本）コウ
【補闕】「劫を濁るは新濁なり」
【訓】「賢劫の中の」

341 **地平如掌**
日相・慈海　ヂビョウ（本）　山家・嵯峨　ヂヒョウ
【注】以降の「地平」もすべて同じ

341 **谿澗溝壑**
日相　コウ（左ク呉）ガク（本）　慈海・山家・嵯峨　コウカク

342 **近處虚空**
日相・慈海・嵯峨　ゴンショ　山家　ゴンジョ（新）
【訓】「近く虚空に處して」

342 **身出光明**
日相・慈海　シンスイ　山家・嵯峨　シンシュツ
【訓】「身より光明を出だして」

343 **二者禅悦食**
【連声】山家　ゼンネツ（左）
【注】348法喜禅悦食も同じ

345 **去佛道甚遠**
【連声】慈海・山家　ジンノン（左）
【注】以降の「甚遠」もすべて同じ

347 **未来亦供養**
【連声】慈海・山家　ヤック

347 **護持法寶蔵**
日相・慈海・嵯峨　ホウホウゾウ　山家　ホッポウゾウ
【随音句】「法の字、ツムるは非なり。またホウボウとも讀むべからず」
【訓】「法寶の蔵を護持して」（頂妙寺本「法の寶蔵を護持して」）

348 **純一変化生**
【連声】山家　ジュンニチ（左）

348 **具相荘嚴身**
日相・慈海・嵯峨　ショウゴンシン　山家　ショウゴンジン（新）
【訓】「相を具して身を荘嚴せん」

348 **賢聖衆甚多**
全本　ゲン（本）ジョウ（新）
【補闕】「聖、濁って讀むべし。連聲なり」
【注】以下の賢聖もすべて同じ

349 **不亦快乎**
日相・嵯峨　フヤクケコ　慈海　フヤクケゴ（本）　山家　フヤッケコ
【注】以降の「不亦快乎」もこれに準ずる

351 **離婆多**
日相　リハダ（新）　慈海・山家　リハタ　嵯峨　リバ（新）タ　14頁参照

352 **咸昇妙樓閣**
全本　ロウカク

352 奉献於諸佛
352 法滅天人憂
352 轉次而授記
354 至親友家
354 以無價寶珠
355 繫其衣裏
355 甚大艱難

【補闕】「樓の字、此の経の中に呉漢ともに用い来たれり。ロウは漢音、ルは呉音なり。樓観・樓閣等、上代より漢音に呼び来たれり」
【連声】慈海・山家　ゴンノ（左）
【連声】慈海・山家　ニンヌ（左）
全本　テンシ
【訓】「轉次して而も授記せん」
【注】以降の「轉次」もすべて同じ
日相　シンウ（左イウ）　慈海・山家　シンヌ（左）　嵯峨　シンユウ　93頁参照
【注】以降の「親友」もすべて同じ
日相・慈海・山家　ムゲ（新）　嵯峨　ムケ　日相・山家・嵯峨　ホウシュ
【補闕】「價、清音なり。今濁るは新濁なり」
日相　ケイ（左カイ呉）ゴエリ　慈海・山家・嵯峨　ケゴエリ　75頁参照
【注】日相本は143自在無繫をムケと読むものの、その他の繫の字はすべてケイとする
日相　ケン（左カン）ナン　慈海・山家・嵯峨　カンナン
【補闕】「艱の字、ケンは呉音、カンは漢音なり。心空・快倫の両の音義、嵯峨本にもカンナンと付けられたり。然れども改めて妨礙無き者をば改むべき由、先徳の掟なれば、是れをば改めてケンナンとよむべきか」

【注】以降の「艱難」もすべて同じ

355 **便以為足**
【連声】慈海・山家　ベンニ（左）

355 **咄哉丈夫**
日相・慈海　タッサイ　山家・嵯峨　ダツ（本）サイ　101頁参照
【補闕】「信解品の咄男子にタツ・トツの二音あれども、補註にはタツの音を正とす。今またこれに同じ。タツにてもトツにても、一部一同に讀むべし」

355 **於某年日月**
日相・嵯峨　ニチガツ

356 **以求自活**
日相・山家・嵯峨　ジカツ　慈海　ジガツ（本）
【注】活の字、慈海本は本濁ガツに讀む

356 **貿易所須**
全本　ムヤク
【補闕】「貿は、呉音はム、漢音はボウなり。ある人、モウヤクと讀みしは不可なり」

357 **覚悟我等**
日相・慈海・嵯峨　カクゴ　山家　キョウ（左カク）ゴ
【注】覚の字について、山家本裏書では「我等を覚悟（キョウゴ）せしめたもう」の意であるとし、キョウの音をとる諸本の例を挙げている。『大漢和』も呉音として、入声の「さとる」はカク、去声の「さます」はキョウと記述する。360今佛覚悟我も同じ

360 **世尊於長夜**
【連声】慈海・山家　ソンノ（左）

360 **言非實滅度**
【連声】山家　ゴンピ

360 **及轉次受決**
日相　ギッテン　嵯峨　ギュウテン

授学無学人記品　第九

361　**授学無学人記品**　日相・山家　ニンギ（新）ホン　嵯峨　ニンキホン

361　**亦應有分**　全本　ウブン（本）

【補闕】「分、濁音」

363　**號山海慧自在通王如来**　全本　センガイ（新）

364　**国名常立勝旛**　全本　リッショウ

【注】『補闕』はリュの仮名を振る

365　**我今僧中説**　全本　ソウヂュウ

【訓】「我れ今、僧中にして説く」

366　**佛有大威徳**　【連声】慈海・山家　ブッツ（左）

368　**阿難面於佛前**　【連声】慈海・山家　メンノ（左）

368　**及国土荘嚴**　日相・嵯峨　ギュウコクド

369　**號蹈七寶華如来**　日相・慈海　ゴウドウ（本）　山家・嵯峨　ゴウトウ

【随音句】「蹈、諸書に従って濁となすべし」

370　**當供養十世界**　日相・慈海　ジッセカイ

370 微塵等數
【注】以降の「～十世界」もこれに準ずる
日相・慈海・山家　トウシュ　嵯峨　トウジュ（新）

370 而作長子
全本　チョウシ
【補闕】「長は上聲清音なり」

370 猶如今也
【連声】慈海・山家　コンニャ（左）

371 受法為法子
日相・慈海・嵯峨　ホウシ　山家　ホッシ
【訓】「法を受けて法子たり」

371 現為我長子
【連声】慈海・山家　ゲンニ（左）

372 唯然已見
47頁参照
【注】大教院版はこの「唯然」にのみ、イイの仮名を付ける

372 微塵數
全本　ミジンジュ（新）

374 如上説塵數
全本　ジンジュ（新）
【補闕】「數は去聲新濁なり」
【訓】「上に説く塵數の如くならん」

法師品　第十

376 人與非人
【連声】慈海　ニンニョ（左）

376 **求聲聞者**

【注】以降の「人與」もすべて同じ
日相　ショウモンシャ　山家・嵯峨　ショウモンジャ
【補闕】「者、清んで讀むべし」
【訓】「聲聞を求むる者」

376 **咸於佛前**

【連声】慈海・山家　ゲンノ（左）　嵯峨　ガン（本）オ

377 **一念随喜者**

日相・慈海・山家　ズイキ　嵯峨　ズイギ（新）

377 **於此経巻**

日相・慈海・山家　キョウガン（新）　嵯峨　キョウカン
【注】「経巻」について、嵯峨本はキョウガン・キョウカンの両例有り

380 **種種供養者**

日相・慈海・山家　クヨウシャ　嵯峨　クヨウジャ
【訓】「種種に供養せん者をや」

380 **自捨清淨業報**

日相・慈海・嵯峨　ゴッホウ　山家　ゴッポウ

380 **能窃為一人**

【連声】山家　セッチ（左）

381 **説法華経**

日相　セツホケキョウ　慈海　セツホッケキョウ　山家　セッポケキョウ　嵯峨　セツホウケキョウ
【注】以下の「説法華経」もこれに準ずる

382 **讀誦法華経者**

日相　ホケキョウシャ　慈海・嵯峨　ホッケキョウジャ　山家　ホケキョウジャ
【補闕】「者、清んで讀むべし。偈頌の受持法華経者・妙法華経者、これに同じ」
【訓】「法華経を讀誦せん者を」

382　肩所荷擔

【注】382其有讀誦法華経者もこれに同じ
日相・慈海　ガ（本）タン　山家・嵯峨　カタン

382　人中上供

全本　ニンヂュウ（新）
【訓】「人中の上供をもって」

382　應持天寶

日相・慈海・嵯峨　テンホウ　山家　テンボウ
【訓】「天の寶を持って」

383　即得究竟

【連声】慈海・山家　トック

384　妙法華経者

日相　ミョウホケキョウシャ　慈海　ミョウホウケキョウジャ　山家・嵯峨　ミョウホケキョウジャ
【訓】「妙法華経を受持することあらん者」

384　應以天華香

日相・慈海・嵯峨　テンケコウ　山家　テンゲコウ
【訓】「天の華香」

384　及天寶衣服

日相・嵯峨　ギュウテン　日相・慈海・嵯峨　テンホウ　山家　テンボウ
【訓】「及び天の寶衣服」（頂妙寺本「及び天寶の衣服」）
【注】『法華譯和尋跡抄』は「天の寶の衣服」とする

384　供養説法者

日相・慈海　セッポウジャ　山家・嵯峨　セッポウシャ
【補闕】「者の字、濁って讀むべし」
【訓】「法を説く者を供養すべし」（頂妙寺本「説法者に供養すべし」）

385 **能持是経者**

日相　ゼキョウシャ　慈海・山家・嵯峨　ゼキョウジャ

【補闕】「者、清んでよむべし。次下の受持是経者・是法華経者これに同じ。総じて清濁の義は、「是の経を持つ者の」などと讀みに呼ぶ時は清んでよむなり。「持経者」などと連ねて音によむ時は濁ってよむなり。此の格をもって一切を準じて知るべし。下の歎美持経者・供養持経者は濁ってよむなり」（第三部　三、ト、新濁と訓読の関係　参照）

【訓】「能く是の経を持たん者をば」

【注】以降の「～持是経者」もすべて同じ

385 **上饌衆甘美**

全本　ジョウゼン（本）

385 **及種種衣服**

日相・慈海・嵯峨　ギュウシュジュ

385 **我遺在人中**

全本　ザイニンヂュウ

【訓】「我れ遣わして人中に在らしめて」

385 **是法華経者**

日相　ホケキョウシャ　慈海　ホッケキョウジャ　山家・嵯峨　ホケキョウジャ

【訓】「是の法華経を讀誦し持することあらん者に」

【注】以降の「是法華経者」もすべて同じ

386 **歎美持経者**

全本　ジキョウジャ

【訓】「持経者を歎美せば」

【注】386 供養持経者もこれに同じ

386　**而於此経中**

日相・嵯峨　シキョウチュウ　慈海・山家　シキョウヂュウ
【訓】「而も此の経の中において」

387　**不可分布**

日相・慈海・嵯峨　フンフ　山家　ブン（本）プ　38頁参照
【補闕】「分は清音」

387　**未曽顕説**

全本　ケンゼツ

387　**而此経者**

日相　シキョウシャ　慈海・山家・嵯峨　シキョウジャ
【補闕】「者、清んで讀むべし」
【訓】「而も此の経は」
【注】ここの者の字は「今者」と同様に助辞である

388　**為佗人説者**

日相・慈海・嵯峨　タニンセツ　山家　タニンゼツ
【訓】「佗人の為に説かん者をば」
【注】以降の「佗人説」もこれに準ずる

389　**如来全身**

日相・嵯峨　センジン（新）　慈海・山家　ゼン（本）シン　145頁参照
【注】本隆寺版は「身」の字に濁点を付ける

391　**穿鑿求之**

日相　センシャク　慈海　センジャク（本）　山家・嵯峨　センジャク（新）
【訓】「穿ち鑿（ほ）りて之を求めん」
【注】396　穿鑿於高原も同じ

391　**施功不已**

日相・慈海・嵯峨　フイ　山家　フシ　71頁参照

391　遂漸至泥

日相　ツイゼン　慈海　ズイ(本)ゼン　山家・嵯峨　スイゼン
【注】この遂の字のみ、日相本はツイの仮名をつける。再版本はスイ

392　深固幽遠

日相　シデイ(左ナイ)　慈海・山家・嵯峨　シデイ　54頁参照
日相・慈海　ジンゴ(新)ユオン　山家　ジンコヨウ(エウ)オン　嵯峨　ジンコユウオン
【補闕】「固、清音なり。連聲に濁って讀むは新濁なり」

393　増上慢者

日相・慈海・嵯峨　マンシャ　山家　マンジャ
【訓】「増上慢の者と」

394　著如来衣

日相・慈海　チャクニョライエ　山家・嵯峨　ヂャク(本)ニョライエ
【補闕】「著は清音なり」　29・67頁参照
【注】397　著於如来衣も同じ

394　一切法空是

全本　ホウクウ
【随音句】「法をツムべからず」

394　我於餘国遺化人

全本　ケンケニン
【注】以降の「遺化」もすべて同じ

395　為其集聴法衆

日相　シツチョウボウシュ　慈海　ジュウ(本)チョウボウシュ　嵯峨　シュウチョウボウシュ
【補闕】「集は入声。ツメて讀むべし。法は濁って讀むべし」

【訓】「其れが為に聴法の衆を集め」

395 **聞法信受**

日相　モンホウ　慈海・山家・嵯峨　モンボウ

【補闕】「法、清んで讀むべし」

【訓】「法を聞いて信受し」

395 **若説法者**

日相・慈海　セツホウジャ　山家・嵯峨　セツホウシャ

【訓】「若し法を説かん者の」（頂妙寺本「若し説法者」）

395 **在空閑處**

日相　クウゲン（新）ジョ（新）　慈海・嵯峨　クウゲン（本）ショ　山家　クウゲン

（本）ジョ（新）

【補闕】「者・處の二字、濁って讀むべし」

【訓】「空閑の處にあらば」

395 **時時令説法者**

日相・慈海　セッポウジャ　山家・嵯峨　セッポウシャ

【訓】「時時に説法の者をして」（頂妙寺本「時時に説法者をして」）

396 **是経難得聞**

日相・嵯峨　ナントク　慈海・山家　ナンドク

【訓】「是の経は聞くことを得難し」

396 **漸見湿土泥**

日相　シュウ（左シツ）ド　慈海・山家・嵯峨　シュウド

397 **決了聲聞法**

日相　ショウモンホウ　慈海・山家・嵯峨　ショウモンボウ

【補闕】「法を濁って讀むはわろし」

【訓】「聲聞の法を決了して」

397 有人悪口罵
398 能説此経者
398 我遣化四衆
398 及清信士女
398 集之令聴法
398 若人欲加悪
398 則遣変化人
398 為之作衛護
398 獨在空閑處
399 寂莫無人聲

【連声】慈海・山家　アック
【注】以降の「悪口」もすべて同じ
日相・嵯峨　シキョウシャ　慈海・山家　シキョウジャ
【訓】「能く此の経を説かん者をば」
全本　ケンケ
日相　ギッショウ　嵯峨　ギュウショウ
シッシリョウチョウホウ　慈海　ジッ（本）シリョウチョウボウ　山家・嵯峨　シッシリョウチョウボウ
【補闕】「法、連聲なりとて濁って讀むは不可なり」
【訓】「これを集めて法を聴かしむ」
【連声】山家　ヨッカ
【連声】山家　ソッケン　全本　ヘンゲ（新）ニン
日相　エイゴ　慈海・山家・嵯峨　エゴ
日相　クウゲン（新）ショ　慈海・嵯峨　クウゲン（本）ショ　山家　クウゲン（本）ジョ
【訓】「獨り空閑の處に在って」
全本　ニンジョウ（新）
【訓】「寂莫にして人の聲なからんに」

399　**空處讀誦経**
日相・嵯峨　クウショ　慈海・山家　クウジョ
【補闕】「處は連聲にて濁って讀むなり」
【訓】「空處にして経を讀誦せば」
【注】日相本の仮名と『補闕』の解説が齟齬する

399　**為作聴法衆**
全本　チョウボウ
【訓】「聴法の衆と作らしむ」

399　**分別無罣礙**
日相・山家　ムケゲ　慈海・嵯峨　ムゲ（本）ゲ
【補闕】「罣、呉音はケ、漢音はカイ」

見寶塔品　第十一

400　**見寶塔品**
日相・嵯峨　ケンホウトウ　慈海　ケンホウ（左ホツ）トウ　山家　ケンポウトウ

400　**従地涌出**
全本　ユジュツ（新）
【注】以降の「涌出」もすべて同じ

400　**住在空中**
全本　クウヂュウ（新）
【注】以降の「空中」もすべて同じ。67頁参照

400　**龕室千萬**
日相・慈海　カンシツ　山家　ガン（本）―　嵯峨　ガン（本）シチ
【補闕】「龕、清音」

401 **四面皆出**
日相・慈海　カイスイ　山家・嵯峨　カイシュツ
【訓】「四面に皆な多摩羅跋栴檀の香を出だして」

401 **三十三天**
日相　サンテン　慈海・山家・嵯峨　サンデン

402 **出大音聲**
日相・慈海　スイダイ　山家・嵯峨　シュツダイ
【訓】「大音聲を出だして」

403 **又聞塔中**
日相・山家・嵯峨　トウチュウ　慈海　タッチュウ
【注】再版本・『隨音句』・『補闕』ともに塔の字にタツの仮名をつける

403 **所出音聲**
日相・慈海　ショスイ　山家・嵯峨　ショシュツ
【訓】「出だす所の音聲を」

404 **有如来全身**
日相・嵯峨　センジン（新）　慈海・山家　ゼン（本）シン

405 **有説法華経處**
日相・嵯峨　ホケキョウショ　慈海　ホッケキョウショ　山家　ホケキョウジョ
【訓】「法華経を説くこと有らん處には」

405 **欲供養我全身者**
日相・嵯峨　センジン（新）　慈海・山家　ゼン（本）シン
【補闕】「全は、もと濁音なり。韻鏡にも歯音第三位の濁位に入る。濁ってよむべきこと勿論なり。然れども古より「舎利の砕全（ザイセン）」とて「砕身（ザイシン）」の舎利。全身（センジン）の舎利」と、全をすみ身を濁って呼ぶなり。ゼンシンの舎利と呼びたき事なれども、今更改め難し」
【注】『望月佛教大辞典』「舎利」の項によると、舎利には二種あり、土葬した遺体の

遺骨を全身舎利、火葬した遺体の遺骨を砕身舎利と称するという。古来、これを「センジンシャリ」「ザイシンシャリ」と呼び習わしていたものと思われる。以降の「全身」もこれに準ずる

405　若有説法華経者

日相　キョウシャ　慈海・山家・嵯峨　キョウジャ
【訓】「若し法華経を説くこと有らば」
【注】者の字は助辞

406　全身在於塔中

日相・慈海　タッチュウ　山家・嵯峨　トウチュウ

406　我等願欲

【連声】慈海・山家　ガンニョク（左）

407　出於諸佛前時

【連声】慈海・山家　シュット（左）

407　在於十方世界説法者

日相・山家・嵯峨　セッポウシャ
【補闕】「者、清んで讀むなり」
【訓】「十方世界にましまして法を説きたもう者を」

407　今應当集

【連声】慈海・山家　コンノウ（左）

408　欲見世尊

【連声】慈海・山家　ヨッケン
【注】以降の「欲見」もこれに準ずる

408　即見東方

【連声】慈海　ソッケン

408　徧張寶幔

日相　ヘンヂョウ（新）　慈海・山家・嵯峨　ヘンチョウ
【訓】「徧く寶の幔を張り」

409 **南西北方**
全本　ナンザイ（新）

410 **以界八道**
日相・慈海・山家　ハッドウ　17頁参照

410 **村営城邑**
日相　シュンヨウ　慈海　ジュン（新）ヨウ　山家　ジュン（本）ニョウ（左）　嵯峨　ジュン（本）ヨウ
【補闕】「邨、世流の本に村に作るは非なり。村は俗字なり。人つねにソンは漢音、シュンは呉音と謂えるは不可なり。元韻にあるときはソンのこえなり。眞韻にあるはシュンの音なり。ジュンと濁るは非なり」

410 **大海江河**
日相・慈海　ゴウ（新）ガ（本）　山家・嵯峨　ゴウ（本）ガ（本）
【注】以降の「江河」もすべて同じ

410 **山川林藪**
全本　センゼン（新）

410 **偏布其地**
日相・山家・嵯峨　ヘンフ
【注】日相本は布の字に本濁点を付けてフの仮名を振るが、他所の「偏布」はすべて清点・フである。

410 **懸諸寶鈴**
全本　ゲン（本）ショ

411 **以為侍者**
日相・慈海・山家　ジ（本）シャ　嵯峨　シシャ

412 **欲容受所分身諸佛故**
日相・慈海　ヨクユウ　山家・嵯峨　ヨクヨウ　207頁参照

412 **八方各更変**
【連声】慈海・山家　カッキョウ

413 **及目眞隣陀山**
【連声】山家　モッシンリン

413 **鐵圍山**
全本　テチイセン
【注】以降の「鐵圍」もすべて同じ

413 **須弥山等諸山王**
【連声】慈海・山家　センノウ（左）

414 **各変二百萬億**
【注】宋・元・明・高麗本や古経、遠沾院日亨本などは「各更変二百萬億」と、更の字が加わる（兜木前掲本　四〇七頁）

417 **各齎寶華満掬**
全本　マンキク

418 **住虚空中**
日相・慈海　コクウチュウ　山家・嵯峨　コクウヂュウ
【補闕】「中、清んで讀むべし」

419 **七寶塔戸**
日相・山家・嵯峨　トウコ　慈海　トウゴ（本）

419 **出大音聲**
日相・慈海　スイダイ　山家・嵯峨　シュツダイ
【訓】「大音聲を出だすこと」

419 **如却關鑰**
日相・嵯峨　ケンヤク　慈海　ケンヤク（左ニャク）　山家　カン（左ケン）ニャク（左）
【随音句】「關、清音。呉はケン、漢はカンなり」

419 **全身不散**
日相・嵯峨　センジン（新）　慈海・山家　ゼン（本）シン　145頁参照

420 **分半座**
日相・慈海　フンハンザ　山家・嵯峨　ブン（本）ハンザ　38頁参照
【随音句】「分は清音なり」
【訓】「半座を分かち」

420 **入其塔中**
日相・山家・嵯峨　トウチュウ　慈海　タッチュウ

421 **接諸大衆**
422 **佛欲以此**
423 **處處聴法**
423 **令法久住**
424 **如夜闇中**
424 **然大炬火**
424 **身出妙香**
425 **令得久住**
425 **此経法者**

【注】再版本・『随音句』・『補闕』ともに塔の字にタツの仮名をつける
日相・慈海・山家　セッショ　嵯峨　ショウショ
【連声】慈海・山家　ブッチョク（左）
日相　チョウホウ　慈海・山家・嵯峨　チョウボウ（新）
【補闕】「法の字、清んで讀むべし」
【注】「法を聴く」と訓ずる。　423常為聴法・423来欲聴法も同じ
全本　リョウボウ
【補闕】「法の字、清んで讀むべき事なれども、祈祷の願文などに皆人、濁って呼び来たれり。今更改め難し」
【訓】「法をして久住せしめ」
日相　アン（左オン）チュウ　慈海・嵯峨　アンチュウ　山家　アンヂュウ
日相・山家・嵯峨　コカ　慈海　ゴ（本）カ
【注】以降の炬の字もすべて同じ
日相　シンスイ　慈海　シンスイ（左シュツ）　山家・嵯峨　シンシュツ
【訓】「身より妙香を出だして」
【連声】慈海・山家　トック
日相・山家　キョウボウシャ　嵯峨　キョウホウシャ
【補闕】「法、濁って讀むべし」

426 **我及多寶**
日相・嵯峨　ギュウタホウ
【注】以降の「及多寶」もすべて同じ

427 **若接須彌**
日相　セッシュミ　慈海　セッ（左ソウ）シュミ　山家・嵯峨　ショウシュミ

427 **動大千界**
日相・慈海・山家　ダイセンガイ　嵯峨　ダイセンカイ
【訓】「大千界を動かして」

427 **遠擲佗国**
日相・山家・嵯峨　オンチャク　慈海　オンヂャク（本）
【連声】慈海・山家　ソッコウ

428 **置足甲上**
全本　コッショウ

428 **假使劫焼**
日相・慈海・山家　ニッチュウ　嵯峨　ニュウチュウ

428 **入中不焼**
日相・山家・嵯峨　センホウ

429 **四千法蔵**
【訓】「四千の法蔵」

429 **令諸聴者**
全本　チョウジャ
【訓】「諸の聴かん者をして」

431 **我即歓喜**
【連声】慈海・山家　ソッカン

431 **即為疾得**
【連声】慈海　ジッ（本）トク　山家　シットク

提婆達多品　第十二

433 **求法華経**
日相・山家　ホケキョウ　慈海　ホッケキョウ

434 **頭目髄脳**
日相・山家　ズイ（本）ノウ　慈海　ズイ（新）ノウ　嵯峨　スイノウ
【随音句】「髄もまた清音なること決然なり。しかれども、骨髄・血髄等、みな濁音に呼び来たれり。今更改め難し。世俗に従うべし」

434 **不惜躯命**
【連声】慈海・山家　シャック

434 **吾當終身**
日相・山家　ジュウ（本）シン　慈海　ジュウ（新）シン　嵯峨　シュウシン

434 **供給走使**
日相・慈海・嵯峨　クキュウ　山家　クギュウ（新）
【注】435 供給所須も同じ

435 **採果汲水**
日相・嵯峨　ギュウ（本）スイ　慈海・山家　キッスイ

435 **而作牀座**
日相・慈海　ジョウ（本）ザ　山家・嵯峨　ショウザ
【補闕】「牀、濁音なり」
【注】以降の「牀座」もすべて同じ

435 **経於千歳**
日相・慈海・山家　センザイ（新）　嵯峨　センザイ（本）
【注】以降の「～千歳」もこれに準ずる

436 **椎鐘告四方**
日相・慈海　ヅイ（本）シュウ　山家　ツイシュウ　嵯峨　ツイショウ

436　**若能修行者**

【随音句】「椎、濁ってこれ讀むべき、明らかなり。鐘は呉はシュウ、漢はショウなり。書写流の書にもシュウと付けたり」

【注】以降の鐘の字もすべて同じ

日相・慈海　シュギョウシャ　山家・嵯峨　シュギョウジャ

【訓】「若し能く修行せば」

436　**心生大喜悦**

日相・慈海・嵯峨　シンショウ　山家　シンジョウ

437　**時仙人者**

日相・嵯峨　センニンシャ　山家　センニンジャ

【訓】「時の仙人とは」

437　**善知識故**

日相・慈海　ゼンチシキ　山家・嵯峨　ゼンヂ（新）シキ

【注】以降の「善知識」もすべて同じ

438　**八十種好**

日相・慈海・山家　ジッシュゴウ（新）　嵯峨　ジュウシュウゴウ（新）

【注】449以八十種好も同じ

438　**四攝法**

日相・慈海・山家　シショウボウ　嵯峨　シショウホウ

439　**住世二十中劫**

日相・慈海　ニジッチュウゴウ（新）　嵯峨　ニジュウチュウコウ

440　**全身舎利**

日相　センジン（新）　慈海・山家・嵯峨　ゼン（本）シン　145頁参照

【注】再版本はゼン（本）ジン（新）とする

440　**悉以雑華**

【連声】慈海・山家　シッチ（左）　全本　ザッケ

【注】以降の「悉以」についても同じ

440 伎樂歌頌
日相・嵯峨　カジュ（本）　慈海・山家　カジュウ（本）　39頁参照

441 若生人天中
全本　ニンデンチュウ

442 啓多寶佛
全本　ケイタホウブツ
「啓は、呉はカイ漢はケイなること明らけし。然れども古より天下一同にケイと讀み来たれり。今更改め難し」

442 且待須臾
日相・慈海　シャダイ（本）　山家・嵯峨　シャタイ
【注】444且待須臾は、嵯峨本もシャダイ（本）とする

442 坐千葉蓮華
【連声】慈海　センヨウ（左ニョウ）　山家　センニョウ（左）

443 娑竭羅龍宮
日相・慈海・嵯峨　シャカツラ　山家　シャカラ
【注】以降の「娑竭羅」もすべて同じ

443 住虚空中
日相・慈海　コクウチュウ　山家・嵯峨　コクウヂュウ
【補闕】「中、清んで讀むべし」
【注】444在虚空中も同じ

443 詣霊鷲山
日相　ケイ（左カイ呉）　慈海・山家・嵯峨　ケイ　24頁参照

443 修敬已畢
日相・慈海　イヒツ　山家・嵯峨　イヒチ
【注】以降の畢の字もこれに準ずる。山家本はヒチ・ヒツの両例有り

443 仁往龍宮
【連声】慈海　ニンオウ（左ノウ）　山家　ニンノウ（左）

444 本聲聞人
日相・慈海・嵯峨　ホンショウモン　山家　ホンジョウ（新）モン

445 **以偈讃曰**

【訓】「本と聲聞なりし人は」

【連声】慈海・山家　サンナツ（左）

【注】以降の「讃曰」もすべて同じ

445 **大智徳勇健**

日相・慈海・嵯峨　ユゴン　山家　ユウゴン　25頁参照

446 **諸経中寳**

日相　キョウチュウ　慈海・山家・嵯峨　キョウヂュウ

【補闕】「隨音句には中の字、濁ってよめとの指南なり。併しながらここは清んでよむべき所かと存ずるなり」

【訓】「諸経の中の寳」

446 **文殊師利言有**

【連声】慈海・山家　ゴンヌ（左）

【補闕】「有の字、上の句に属すると、下に属するとの異議、隨音句の如し。今は上に属するの義を用ゆべし」

【注】日相・慈海・山家本は「文殊師利言有。」、嵯峨・心空・頂妙寺本等は「文殊師利言。有」と句読する。「文殊師利言有。」と句読するなら、連声してゴンヌと読み得るが、「文殊師利言。有」と句読する場合は、連声は働かず、ゴンウと読まなければならない。句読点を跨いで連声させないというのが、音義の原則である

446 **善知衆生**

日相・慈海　ゼンチ　山家・嵯峨　ゼンヂ（新）

447 **積功累徳**

【連声】慈海・山家　シャック

448 **捨身命處**

日相・慈海・嵯峨　シンミョウショ　山家　シンミョウジョ（新）

【訓】「身命を捨つる處に」

448 **不信此女**
日相・嵯峨　フシンシニョ　山家　フシンジ（新）ニョ

449 **無不宗奉者**
日相・慈海・嵯峨　シュウブシャ　山家　シュウブウシャ

449 **我聞大乘教**
全本　ダイジョウキョウ
【訓】「我れ大乗の教を聞いて」
【注】教の字、日相本は清点・ゲウとするが、再版本は清点・ケウ

450 **非是法器**
日相・慈海・嵯峨　ホウキ　山家　ホッキ

450 **勤苦積行**
全本　ゴンク

450 **又女人身**
日相・慈海　ニョニンシン　山家・嵯峨　ニョニンジン
【補闕】「身、清んで讀むべし」
【訓】「又、女人の身には」

450 **三者魔王**
日相　サンシャ　慈海・山家・嵯峨　サンジャ
【補闕】「者を濁って讀むは不可なり」

451 **我獻寶珠**
日相・慈海　ガコン　山家・嵯峨　ガゴン（本）　122頁参照

452 **皆遙見彼**
【連声】山家　ケンピ

452 **悉遙敬礼**
【連声】慈海・山家　シッチョウ（左）

453 **聞法解悟**
日相　モンホウ　慈海・山家・嵯峨　モンボウ
【訓】「法を聞いて解悟し」

453 **六反震動**
日相・山家・嵯峨　ロクヘン　92頁参照
【補闕】「反、呉はホン、漢はヘンなり。然らばロクホンと讀むべき事なれども、往古よりロクヘンと讀み来たれり。今これに順う」

勧持品　第十三

455 **爾時衆中**
日相　シュチュウ　慈海・山家　―ヂュウ　嵯峨　シュヂュウ
【訓】「爾の時に衆中に」

456 **功徳浅薄**
日相　センハク　慈海　センバク（本）　山家・嵯峨　センバク（新）

456 **爾時佛姨母**
全本　ブツイモ

456 **而視如来**
日相・慈海・嵯峨　ニジ（本）　山家　ニシ　43頁参照
【随音句】「視八十等、みな視は濁音なり」

457 **諸佛法中**
日相・慈海・嵯峨　ホウチュウ
【補闕】「法、ツムべからず」
【訓】「諸佛の法の中に」

460 **心安具足**
【連声】慈海・山家　シンナン（左）

461 **皆是阿惟越致**
【連声】慈海・山家　オッチ

462 **持説此経者**
日相・慈海　シキョウシャ　山家・嵯峨　シキョウジャ

【補闕】「者、清んで讀むべし」
【訓】「此の経を持説せんことは」

462 **敬順佛意**
【連声】慈海・山家　ブッチ（左）

462 **周旋往返**
日相・山家・嵯峨　シュセンオウヘン　慈海　シュゼン（本）オウヘン
【補闕】「往返、オウベンと濁って讀むは不可なり。殊に返は上聲清音なり。その上、常に人の口にある熟語なり」

463 **及加刀杖者**
日相　ギッカ　慈海・嵯峨　ギュウカ

464 **納衣在空閑**
全本　ノウエ
【補闕】「納、漢はタフ、呉はナフなり。ナフエと讀むこと、隨音句の如し」

464 **好出我等過**
日相・慈海・嵯峨　スイガ　山家　シュツガ
【補闕】「好・出・過の三字、ともに去聲」
【訓】「好んで我等が過を出ださん」

465 **欲毀我等故**
【連声】慈海・山家　ヨッキ

465 **濁劫悪世中**
【連声】慈海・山家　ジョッコウ

466 **當著忍辱鎧**
日相・慈海　トウチャクニンニクカイ　山家・嵯峨　トウヂャク（本）ニンニクガイ（本）
【補闕】「著は入聲清音。鎧は上聲清音」
【訓】「當に忍辱の鎧を著るべし」

466　但惜無上道

【注】以降の鎧の字もすべて同じ
全本　タンジャク（新）

466　悪口而顰蹙

日相　ビン（本）ジュク（新）　慈海　ビン（本）シク　山家　ヒンジク（新・左ジュク）
嵯峨　ヒンジク（新）　88頁参照

466　數數見擯出

全本　ヒンジュツ
【随音句】「擯出の出はスイの音なるべけれども昔よりシュッと呼び来たれり。改むべからず」
【補闕】「見、去聲清音なり。これに清濁二音あり。清音の時はミル、或いはセラルなどの語の辞に用いるなり。いま擯出セラルとよむ。是れ清音のよみなり。濁音は現の音なり。アラワル、マミユル、ミユル、ミエタリとよませたり。一部の中に濁音少なし」
【注】兜木前掲本には「勧持品二十行偈の数数見擯出のよみ音は、現在日蓮門徒の間ではヒンズイとよみ、頂妙寺版には平聲の点をつけてヒンズイとする。しかし、前四本はともにヒンジュッと假名づけするのは、音義にいう字義に叶っているといえる」（二〇五頁）とある。因みに、大教院版は去声に点をつけ、ヒンズイと読ませている。

466　念佛告敕故

【連声】慈海・山家　チョッコ

安樂行品　第十四

467 **文殊師利法王子**　全本　ホウオウジ（新）

468 **甚為難有**　【連声】慈海・山家　ナンヌ（左）

468 **發大誓願**　日相・山家　セイガン　慈海・嵯峨　ゼイ（本）ガン　52頁参照

469 **而不卒暴**　日相・慈海・嵯峨　ソツボウ　山家　ソツボ

【随音句】「今の暴も、ボウと讀むべきか」

469 **心亦不驚**　【連声】慈海・山家　シンニャク（左）

470 **大臣官長**　全本　カンチョウ

【補闕】「長、上聲清音なり」　81頁参照

470 **諸外道梵志**　全本　ボンジ（新）

【注】475 外道梵志も同じ

470 **尼犍子等**　日相・嵯峨　ニケンシ　慈海・山家　ニケンジ（新）

470 **及造世俗文筆**　【連声】山家　モンピツ

470 **讃詠外書**　【連声】慈海　サンヨウ（左ニョウ）　山家　サンニョウ（左）

470 **及路伽耶陀**　全本　ロカヤダ

470 **相扠相撲**　日相・嵯峨　ソウシャソウバク（本）　慈海　ソウシャ（左サイ）ソウバク（本）　山家

470 **及畜猪羊雞狗**

ソウシャソウボク（本）
日相・嵯峨　ギュウチク　慈海・山家　ギッチク　日相　ケイ（左カイ呉）ク　慈海・山家・嵯峨　ケイク
【補闕】「雞、漢はケイ呉はカイなり。然れども上古よりケイクと讀み来たれり。今更改め難し」

470 **畋猟漁捕**

日相・慈海　ゴブ（本）　山家・嵯峨　ギョフ
【随音句】「およそ魚の韻は、大抵、呉は直音を用い、漢は拗音を用いる様なり。魚と漁と等類の字なり。故に今もゴと讀むべきなり。捕、韻鏡並びに指掌にも脣音全濁に屬せり」

471 **諸悪律儀**

日相　リツギ　山家・嵯峨　リチギ

471 **若於房中**

日相・慈海　ボウチュウ　山家・嵯峨　ボウヂュウ
【訓】「若は房中に於いても」

471 **不應於女人身**

日相・慈海　ニョニンシン　山家・嵯峨　ニョニンジン
【訓】「女人の身に於いて」

472 **處女寡女等共語**

日相・慈海　カニョ　山家・嵯峨　ガ（本）ニョ
【注】476 寡女處女も同じ

472 **以為親厚**

日相・山家・嵯峨　シンコウ　慈海　シンゴウ（本）105頁参照
【補闕】「厚、漢はコウ、呉はクの聲なり。然れども先達もこれを改めざれば、今更に改め難し」

473 **在於閑處**
日相・山家・嵯峨　ゲンジョ（新）　慈海　ゲンショ
【注】以降の「在於閑處」についても、これに同じ

474 **但以因縁有**
【連声】慈海・山家　タンニ（左）　インネンヌ（左）

474 **常樂観如是法相**
日相・慈海・嵯峨　ホウソウ　山家　ホッソウ
【補闕】「法をツムるは非なり」
【訓】「樂って是の如きの法相を観ぜよ」
【注】日相本は「法相」はホウソウ、「法性」はホッショウと読む

475 **及親近處**
日相・嵯峨　ギュウシンゴン
【注】以降の「及親近處」もすべて同じ

475 **及国王子**
日相・嵯峨　ギュウコク

475 **及旃陀羅**
日相　ギュウセンダラ

476 **屠兒魁膾**
日相・山家・嵯峨　トニケエ　慈海　ド（本）ニケエ
【随音句】「膾、漢音はクワイ勿論にて、呉音もケの様に見えたり。然れども上古よりエと讀み来たれり。屠は濁音なり。されども常に清みつけたる字なり。改め難し」
【注】以降の「屠兒」もすべて同じ

476 **為利殺害**
日相・慈海　セツガイ　山家・嵯峨　セチガイ　104頁参照

476 **販肉自活**
日相・慈海・山家　ホンニク　嵯峨　ボン（本）ニク

【補闕】「販は呉音はホン、漢音はヘンなり。心空・快倫等の古き音義にもホンの聲を用いたまえば、一片にホンニクと讀むべきなり」

476　衒賣女色

全本　ケンマイ

【注】兜木前掲本では、日亨本ではケンイクと仮名付けされていると紹介したうえで、「『大漢和辞典』には賣をイクの音であげ」（二〇五頁）と述べられているが、現行の『大漢和』では賣の音に漢音バイ呉音マイを挙げ、「売り歩く」の意味の賣にヰクの音を挙げている

477　莫獨屏處

日相・山家・嵯峨　ビョウ（本）ショ　慈海　ビョウ（新）ショ

479　随義観法

日相　カンホウ　慈海・山家・嵯峨　カンボウ

【訓】「義に随って法を観じ」

480　若口宣説

【連声】山家　ニャック

480　若讀経時

【連声】慈海・山家　ドッキョウ

【注】以降の「讀経」もすべて同じ

481　及経典過

日相　ギッキョウデン　嵯峨　ギュウキョウデン

481　好悪長短

日相・慈海　ヂョウ（本）タン　山家　チョウダン（新）　嵯峨　ヂョウ（新）タン

【補闕】「長、平聲濁音なり」

【注】以降の「長短」もすべて同じ

481　怨嫌之心

日相・山家・嵯峨　オンケン　慈海　オンゲン（本）

481 **諸有聴者**

日相　チョウシャ　慈海・山家・嵯峨　チョウジャ

【訓】「諸の聴くこと有らん者の」

【注】『補闕』は「者」に濁点を付ける

482 **於清淨地**

日相　ショウジョウチ　山家・嵯峨　ショウジョウヂ（本）

【注】ここの地の字のみ、日相本は清音に読む。再版本も清点・チとする。他所はすべて本濁ヂである

482 **澡浴塵穢**

【連声】山家　ジンネ（左）

482 **著新淨衣**

日相・慈海　チャクシン　山家・嵯峨　ヂャクシン

【補闕】「著、清音」

【訓】「新淨の衣を著て」

482 **内外倶淨**

日相・山家・嵯峨　クジョウ

482 **安處法座**

日相・山家・嵯峨　アンジョ（新）　慈海　アンショ

【補闕】「處、上聲新濁なり」

【訓】「法座に安處せよ」

483 **除嬾惰意**

日相・慈海・嵯峨　ランダ　山家　ラ（左ラン）ダ

【随音句】「嬾はランとこれを讀むべき」

483 **及懈怠想**

日相・嵯峨　ギュウケダイ

484 **安樂供養**

【連声】慈海・山家　アンラックヨウ

484 **妙法華経**
日相・山家　ミョウホケキョウ　慈海・嵯峨　ミョウホウケキョウ　94頁参照

484 **心無嫉恚**
【連声】慈海　ジッチ（左）　山家　シッチ（左）
【注】以降の「嫉恚」もすべて同じ

485 **亦無擯出**
全本　ヒンジュツ　158頁参照

485 **説不能盡**
【連声】山家　セップ

485 **斯経典者**
日相・山家・嵯峨　キョウデンシャ

485 **諂誑之心**
【連声】慈海　テンオウ（左ノウ）　山家　テンノウ（左）
【注】以降の「諂誑」もこれに準ずる

486 **求聲聞者**
日相・慈海・嵯峨　ショウモンシャ　山家　ショウモンジャ
【訓】「聲聞を求むる者」

487 **有所諍競**
日相　ジョウ（新）キョウ　慈海　ジョウ（新）ギョウ（本）　山家　ジョウ（本）キョウ　嵯峨　ショウキョウ　72頁参照

487 **以順法故**
日相・嵯峨　ジュンホウ　山家　ジュンポウ
【補闕】「法、清んで讀むべし。濁って讀む人あり。不可なり」
【訓】「法に順ずるを以ての故に」

487 **乃至深愛法者**
【連声】慈海・山家　ジンナイ（左）

488 **是第三安樂行者**
日相　ギョウシャ　山家・嵯峨　ギョウジャ
【訓】「第三の安樂行を成就することあらん者」

488 **得好同学**
【連声】慈海・山家　トッコウ
【注】以降の「得好」もこれに準ずる

488 **説已能書**
【連声】慈海・山家　セッチ（左）
【注】以降の「説已」もすべて同じ

489 **不軽蔑於人**
日相　メツオ　慈海　メット（左）　山家　ベツト（左）　嵯峨　メチオ
【随音句】「蔑、メツは呉、ヘツは漢なり。常には漢音に讀みつけたれども、ただ等類の滅の字の如くメツと是を讀むべし。改めて障りなき故なり」

489 **亦不戯論法**
日相・慈海　ケロンホウ　山家　ケロンボウ
【補闕】「法の字、清んで讀むべし」
【訓】「亦た法を戯論せざれ」

490 **第三法如是**
日相・慈海　ダイサンホウ　山家・嵯峨　ダイサンボウ
【補闕】「法、清んで讀むべし」
【訓】「第三の法、是くの如し」

490 **有受持法華経者**
日相　ホケキョウシャ　慈海・嵯峨　ホッケキョウジャ　山家　ホケキョウジャ
【補闕】「者、清んで讀むべし」
【訓】「法華経を受持すること有らん者は」

490 **於在家出家人中・於非菩薩人中**
全本　ニンヂュウ

【補闕】「中、濁って讀むべし」
【訓】「〜の人の中に於いて」

491 **住是法中**
日相・慈海　ホウチュウ　山家・嵯峨　ホッチュウ
【補闕】「法、ツムベからず」
【訓】「是の法の中に住すること」

492 **為聴法故**
日相　チョウホウ　慈海・山家・嵯峨　チョウボウ
【訓】「法を聴かんが為の故に」

492 **空閑林中**
全本　リンヂュウ
【補闕】「中、濁って讀むべし」
【訓】「空閑林中に」

492 **有人来欲難問者**
日相　ナンモンシャ　慈海・山家・嵯峨　ナンモンジャ
【訓】「人有りて来たって難問せんと欲せば」

493 **能令聴者**
全本　チョウジャ
【訓】「能く聴かん者をして」（頂妙寺本「能く聴者をして」）

493 **皆得歓喜**
【連声】慈海　トッカン

493 **降伏諸国**
全本　ゴウ（本）ブク（本）

494 **時轉輪王**
【連声】慈海・山家　リンノウ（左）
【注】以降の「轉輪王」もすべて同じ

494 王見兵衆

日相　ヒョウジュ　慈海・山家・嵯峨　ヒョウシュ
【訓】「王、兵衆の戦うに功ある者を見て」
【注】496見諸兵衆も同じ

494 戦有功者

【連声】慈海・山家　センヌ（左）

494 嚴身之具

日相　ゴンシン　慈海・山家・嵯峨　ゴンジン（新）
【訓】「嚴身の具を」
【注】以降の「嚴身之具」「嚴身具」もこれに準ずる

494 唯髻中明珠

日相　ケ（左カイ呉）チュウ　慈海・山家・嵯峨　ケチュウ
【随音句】「計・繫・髻、皆ケの音に讀み来れり。今更改め難し。讀み来れるに従うべし」
【補闕】「髻、吉詣の切。呉音はカイ、漢音はケイなり。韻字の詣は呉はカイ、漢はケイなれば、これにて呉漢を分かち知るべし。然れども昔よりケチュウとよみ来たれり。今更に改めがたし」
【注】以降の「髻中」もこれに準ずるが、日相本は「肉髻」はすべてケイの音で読む

495 如来賢聖諸将

全本　ゲン（本）ジョウ（新）
【補闕】「賢・聖、共に濁って讀むべし」
【注】497見賢聖軍も同じ

495 心亦歓喜

【連声】慈海　シンヤッカンギ　山家　シンニャク（左）カンギ

495　**於四衆中**　日相　シシュチュウ　慈海・山家　―ヂュウ　嵯峨　シシュヂュウ

【訓】「四衆の中に於いて」

495　**令其心悦**　【連声】山家　シンネツ（左）

496　**涅槃之城**　日相・山家　ネハン　嵯峨　ネツハン

496　**而今與之**　【連声】山家　コンニョ（左）

497　**而今説之**　日相・嵯峨　コンセツ　山家　コンゼツ

498　**第一之説**　日相・慈海・山家　ダイイチシセツ

498　**於諸経中**　日相・慈海　ショキョウチュウ　山家・嵯峨　ショキョウヂュウ

【補闕】「中の字、清んで讀むべし」

【訓】「諸経の中に於いて」

499　**佛所讃経**　日相　サンキョウ　山家・嵯峨　サンギョウ

【訓】「佛の所讃の経を」

499　**持此経者**　日相　キョウシャ　慈海・山家・嵯峨　キョウジャ

【訓】「此の経を持たん者は」

500　**兵戦有功**　【連声】山家　センヌ（左）

500　**賞賜諸物**　日相・嵯峨　ショモツ　山家　ショモチ

【注】500　奴婢財物も同じ

500　**種種珍寶**　全本　チンボウ（新）

502　**讀是経者**

日相　ゼキョウシャ　山家・嵯峨　ゼキョウジャ

【訓】「是の経を讀む者は」

502　**顔色鮮白**

日相　ガンシキ　慈海・嵯峨　ゲンシキ　山家　ゲンジキ

【注】日相本はここの顔の字のみガンとし、他所は全てゲンとする。再版本はゲンと読む

502　**如慕賢聖**

日相　ニョボ（本・左モ呉）　慈海・山家・嵯峨　ニョボ（本）

【補闕】「慕は呉音はモ漢音はボの聲なり。今も呉音にモと讀みたきことなれども、往古より恋慕レンボ等と讀み来たれり。今更改め難し。古訓に順ずるのみ」

503　**若人悪罵**

日相・山家・嵯峨　オメ　慈海　アク（左オ）メ　90頁参照

【訓】「若し人、悪（にく）み罵らば」

503　**口則閉塞**

日相　ヘイ（左ハイ呉）ゾク（新）　慈海・山家・嵯峨　ヘイソク

【補闕】「閉は漢音はヘイ、呉音はハイなり。然らばここもハイソクとよむべき事なれども、讀便も宜しからず。その上、古より先哲も漢音によみ給えば、今更改め難し」

504　**聞法歓喜**

日相　モンホウ　慈海・山家・嵯峨　モンボウ

【補闕】「法、清んで讀むべし」

【訓】「法を聞いて歓喜し」

505　**廣大無比**

日相・山家・嵯峨　ムビ（本）　慈海　ムビ（新）　46頁参照

【補闕】「比、去聲濁音なり」
【訓】「廣大なること比いなく」

505 **合掌聴法**
日相・嵯峨　チョウホウ　慈海・山家　チョウボウ
【補闕】「法、清んで讀むべし」
【訓】「掌を合わせて法を聴く」

505 **在山林中**
日相・慈海　センリンチュウ　山家・嵯峨　センリンヂュウ
【補闕】「中、清んで讀むべし」
【訓】「山林の中に在って」

505 **修習善法**
全本　ゼンボウ
【補闕】「法、濁って讀むべし」

505 **聞法為人説**
日相　モンホウイニンセツ　慈海・嵯峨　モンボウイニンセツ　山家　モンボウイニンゼツ
【補闕】「法、清んで讀むべし」
【訓】「法を聞いて人の為に説かん」

505 **行詣於道場**
全本　ギョウケイ

506 **起而轉法輪**
日相　テンホウリン　慈海・山家・嵯峨　テンボウリン
【訓】「起って法輪を転ず」

506 **説是第一法**
日相・慈海　ダイイチホウ

【補闕】「一をツムべからず」

従地涌出品　第十五

506 **従地涌出品** 【連声】山家　ユジュッポン

507 **過八恒河沙數** 日相・慈海・山家　カハチ

508 **佛説是時** 日相・嵯峨　セツゼ　山家　セチゼ

509 **此界虚空中住** 日相・慈海　コクウチュウ　山家・嵯峨　コクウヂュウ

【補闕】「虚空中住の中、清んで讀むべし」

【注】527 此界虚空中住も同じ

510 **況復一千。一百。乃至一十** 日相・慈海　イッセン・イチヒャク・イチジュウ

511 **如是等比** 日相・山家・嵯峨　トウビ（本）　慈海　トウビ（新）　46頁参照

【補闕】「比、濁音」

511 **従地出已** 【連声】慈海・山家　シュッチ（左）

511 **各詣虚空** 【連声】山家　カッケイ

512 **右繞三帀** 日相・慈海・嵯峨　サンソウ　山家　サンゾウ（新）

512 **種種讃法** 日相・慈海・山家　サンボウ　嵯峨　サンホウ

【訓】「種種の讃法を以て」

512 而讃於佛
【連声】山家　サンノ（左）

513 是菩薩衆中
日相　シュチュウ　慈海　—チュウ　山家　—ヂュウ　嵯峨　シュヂュウ
【訓】「是の菩薩衆の中に」

513 於其衆中
日相　シュチュウ　慈海・山家　—ヂュウ　嵯峨　シュヂュウ
【訓】「其の衆中に於いて」

514 生疲労耶
日相・山家・嵯峨　ヒロウ　慈海　ビ（本）ロウ
【注】515 無有疲労も同じ

516 即皆信受
【連声】慈海・山家　ソッカイ

518 願両足尊説
日相・嵯峨　ソンセツ　山家　ソンゼツ

519 以何因縁集
日相・山家・嵯峨　インネンシュウ　慈海　インネンジュウ（本）

519 巨身大神通
日相・山家・嵯峨　コシン　慈海　ゴ（本）シン

520 一千一百等
日相・慈海　イッセン・イチヒャク
【注】520 一千及一百も同じ

520 乃至於半億
【連声】慈海・山家　ハンノク（左）

522 我於此衆中
日相・嵯峨　シシュチュウ　慈海　—チュウ　山家　—ヂュウ

524 且待須臾
日相・嵯峨　シャダイ（本）　山家　シャタイ　153参照

524 阿逸多
日相・慈海　アイツタ　山家　アイッタ　嵯峨　アイチタ

【注】以降の「阿逸多」もすべて同じ

525 顕發宣示
日相・慈海・嵯峨　ケンホツ　山家　ケンボツ（新）

525 汝今出信力
日相・慈海・嵯峨　スイシンリキ　山家　シュッシンリキ
【訓】「汝、今、信力を出して」

525 昔所未聞法
日相　ミモンホウ　慈海・山家・嵯峨　ミモンボウ
【補闕】「法、清んで讀むべし」
【訓】「昔より未だ聞かざる所の法」

526 所得第一法
日相・慈海　ダイイチホウ

526 汝等昔所未見者
日相・嵯峨　ミケンシャ　山家　ミケンジャ
【訓】「汝等が昔より見ざる所の者」

529 下方空中住
全本　クウヂュウ
【注】538於下空中住も同じ

530 汝等一心信
日相・慈海・山家　シンシン　嵯峨　シンジン

531 出於釋宮
日相・慈海　シャククウ　山家　シャクグウ（新）　嵯峨　シャクグウ（本）
【随音句】「宮は清音。宮殿の時も清んで讀む。しからば今も字躰の如く清音にこれを讀むべし」

532 斯等久遠已来
【連声】山家　クオンニ（左）ライ

533 善入出住
日相・山家・嵯峨　ニュウシュツ　慈海　ニッシュツ

534　集諸善法

【注】再版本・『随音句』・『補闕』ともに、ニツシュツの仮名を付ける

日相　シッショゼンボウ　慈海　ジュウショゼンボウ　山家・嵯峨　シュウショゼンボウ

【補闕】「習諸（シッショ）善法。習、當時現行の印本には皆、集に作る。然れども文句ならびに高麗の本に習に作る故に、今改めて習に作るなり。たとい集に作る本なりとも、訓讀の時は「諸の善法をならい」と讀む上は、習が正字とみえたり」

【注】慈海本も「習諸善法」とする。

534　人中之寶

全本　ニンヂュウ

535　佛所出言

日相・慈海　スイゴン　山家・嵯峨　シュツゴン

【訓】「佛の所出の言（みこと）」

536　不染世間法

日相・慈海　セケンホウ　山家・嵯峨　セケンボウ

【補闕】「法、清んで讀むべし」

【訓】「世間の法に染まらざること」

537　譬如少壯人

全本　ショウショウニン

537　志固無怯弱

【注】嵯峨本は「志固無怯若」

538　生疑不信者

日相・嵯峨　フシンシャ　慈海・山家　フシンジャ

【訓】「疑いを生じて信ぜざること有らん者は」

如来壽量品　第十六

541 三請不止　日相・慈海・嵯峨　サンショウ　山家　サンジョウ（新）

【補闕】「請、上聲清音」

541 出釋氏宮　日相・慈海・嵯峨　シャクシクウ　山家　シャクシグウ（新）　173頁参照

【随音句】「宮は清音」

542 抹為微塵　【連声】慈海・山家　マッチ（左）

543 可得思惟校計　日相　キョウケイ（左カイ呉音）　山家・嵯峨　キョウケ　88頁参照

543 非算數所知　全本　サンジュ（新）

543 知其限數　全本　ゲンシュ

544 若著微塵　日相・慈海　チャクミジン　山家・嵯峨　ヂャク（本）ミジン

【随音句】「著、清んでこれを讀むべし。清音は、被服なり、置くなりの両訓あり。今は置くなりの訓、相い符するか」　29頁参照

【注】544　及不著者も同じ

544 盡以為塵　【連声】慈海・山家　ジンニ（左）

545 我説然燈佛等　全本　ネンドウ（新）

546 徳薄垢重者　【連声】山家　ハック

548 **見於三界**
【連声】慈海・山家　ケンノ（左）

549 **未曾暫廃**
【連声】山家　ザンパイ

549 **今猶未盡**
【連声】山家　コンニュ（左）

550 **而懐厭怠**
日相・慈海　エンダイ（本）　山家・嵯峨　エンタイ

550 **難遭之想**
全本　ナンゾウ（新）

550 **難可値遇**
日相・山家・嵯峨　チグ（本）　慈海　ヂ（本）グ（本）

551 **心懐恋慕**
日相　レンボ（本・左モ呉音）　慈海・山家・嵯峨　レンボ（本）
【補闕】「慕、漢音はボ、呉音はモなり。然らば是もレンモと讀むべき事なれども、往古よりレンボと讀み来れば、今新たに改め難し」　169頁参照

552 **譬如良醫**
全本　ロウイ

552 **善治衆病**
日相・山家・嵯峨　ゼンヂ（本）　慈海　ゼンヂ
【注】慈海本は清点を付け、ヂの仮名を振る

552 **宛轉于地**
全本　エンデン
【補闕】「宛、漢音はヱン、呉音はヲンなり。然らばここをもヲンデンと讀みたきことなれども、先哲、改め給わずして漢音に讀みたまえば今更改め難し」

552 **或失本心**
日相　シツホンシン　慈海・山家　―ジン　嵯峨　シチホンシン
【訓】「或いは本心を失える」
【注】554 失本心故もこれに準ずる

553 **善安穏帰**
553 **依諸経方**
554 **不失心者**
554 **餘失心者**
554 **雖亦歓喜問訊**
554 **然與其薬**
554 **毒気深入**
555 **勿憂不差**
555 **遺使還告**
556 **聞父背喪**
556 **心遂醒悟**
556 **色香味美**

【連声】慈海・山家　ゼンナン（左）ノン（左）キ
全本　キョウボウ（新）
【訓】「諸経の方に依って」（頂妙寺本「諸の経方に依って」）
日相・慈海　シツシンシャ　山家　シツシンジャ　嵯峨　シチシンジャ
【訓】「心を失わざる者の」
日相・慈海　シツシンシャ　山家　シツシンジャ　嵯峨　シチシンシャ
【訓】「餘の心を失える者は」
【連声】山家　ヤッカンギ
【連声】山家　ネンニョ（左）
日相・山家　ドクケ　慈海・山家　ドッケ　嵯峨　ドクキ
【連声】慈海・山家　モッツ（左）　全本　フサイ　77頁参照
【随音句】「差、いゆるは去聲サイなり。たがうはシとシャとサイと、みな平聲なり」
日相　ケンシゲン（本）ゴウ（新）　山家・嵯峨　ケンシゲン（本）ゴウ（本）
【補闕】「遺、清音」
日相・山家・嵯峨　ハイソウ　慈海　バイ（本）ソウ
日相・山家・嵯峨　シンスイ　慈海　シンズイ（本）
【注】日相本のみ「色香美味」と表記する。兜木前掲本では「江戸時代流布版では日亨本と日相本にだけ美味とあり、その他の版経では味美とする。では日亨本、日相

本はまちがえて美味としたのかというと、そうとはいえない。なぜなら、中国の古経にその用例があるからである。」（三四六頁）と指摘する。遠沾院日亨上人は日相上人の兄弟子であるから、この一門内にこうした相伝があったとも考えられている

557　**虚妄罪不。不也**
日相　ホツヤ　慈海　ホッチャ　山家・嵯峨　フヤ
【補闕】「上の不は可不の不なり。下の不は不可なり」　73頁参照

559　**時我及衆僧**
全本　シュゾウ（新）
【訓】「時に我れ及び衆僧」
【注】日相本はシュゾウ・シュソウ両例あり。　183頁参照

559　**現有滅不滅**
【連声】慈海・山家　ゲンヌ（左）

559　**但謂我滅度**
【連声】慈海・山家　タンニ（左）

560　**衆生所遊樂**
日相・慈海　ユラク　嵯峨　ユウラク　72頁参照

560　**諸天擊天鼓**
全本　キャクテンク

561　**勿於此生疑**
【連声】慈海・山家　モット（左）

分別功徳品　第十七

563　**分別功徳品**
日相・慈海　フンベツ（新）　山家・嵯峨　フンベツ（本）　34頁参照
【隨音句】「分の字、清音なり。別の字、また清音なるべし。常に濁るは恐らくは新

濁か」

563 **長遠如是**
日相・慈海・山家　ギョウ（本）オン　嵯峨　ギョウ（新）オン
【注】以降の「長遠」もこれに準ずる

564 **得無生法忍**
日相・慈海・嵯峨　ムショウボウニン　山家　ムショウホウニン
【注】以降の「無生法忍」もこれに準ずる。嵯峨本はホウ・ボウの両例有り、一定しない

564 **復有一世界**
日相・慈海　イッセカイ

564 **微塵數菩薩摩訶薩**
全本　ミジンジュ（新）
【注】以降、「微塵數の」と訓読する場合はすべて同じ

564 **得樂説無礙辯才**
全本　ベンザイ（本）

566 **三生當得阿耨多羅三藐三菩提**
日相・慈海　サンショウ　山家・嵯峨　サンジョウ
【補闕】「三生、生を濁るは不可なり」

567 **微塵數衆生**
【隨音句】「一本に衆生を菩薩に作るは非なり」180頁参照

567 **於虛空中**
日相・慈海　コクウチュウ　山家・嵯峨　コクウヂュウ
【補闕】「中、清んで讀むべし。下の文またこれに同じ」

568 **及久滅度**
日相・山家・嵯峨　ギュウクメツド

568 **及四部衆**
日相・嵯峨　ギュウシブシュ

568　又雨千種天衣

日相・慈海　センシュ　山家　センジュウ（新）　嵯峨　センジュ（新）
【連声】山家　テンネ（左）
【注】『随音句』は種の字に濁点をつける。再版本は濁点・ジュとする。以降の「天衣」もすべて同じ

568　偏於九方

【連声】慈海・山家　ヘンノ（左）

568　衆寶香爐

日相　シュホウ　慈海　―ホウ　山家　―ボウ　嵯峨　シュウボウ
【随音句】「已下の衆寶、みな寶を清むべし」29頁参照

569　世尊有大力

【連声】慈海・山家　ソンヌ（左）

570　歓喜充徧身

日相・慈海・嵯峨　ヘンシン　山家　ヘンジン
【訓】「歓喜身に充徧す」

570　或有大千界

全本　センガイ
【注】以降の「大千界」「中千界」「小千界」もすべて同じ

570　餘各八生在

【連声】慈海・山家　ハッショウ

571　微塵數衆生

【注】春日版の鎌倉時代の刊記本には、「衆生」を「菩薩」とするものがあるといわれる（兜木前掲本　三四六頁）

572　繽粉而乱墜

日相　ヒンフンニランツイ　慈海　ヒンフンニランヅイ（本）　山家・嵯峨　ヒンブン（新）ニランツイ
【随音句】「粉は清音なり。清んで之を讀むべし。心空本もしかなり。若し濁るは新

572 供散於諸佛

濁と知るべし」

【補闕】「墜はもと濁音なり。然れども人皆清んで讀めり。改めがたしといえどもここは連聲なれば、たとい清む字なりとも濁って不可なし。況や本濁なり。濁って讀むべし」　45頁参照

【注】粉の字、日相本は清点・ブンとするが、再版本は清点・フンとする。墜の字、日相本の仮名と『補闕』の解説とが齟齬する

572 天鼓虚空中

【連声】慈海・山家　サンノ（左）

日相・慈海　コクウチュウ　山家・嵯峨　コクウヂュウ

【補闕】「中、清んで讀むべし」

572 自然出妙聲

日相・慈海・嵯峨　スイミョウショウ　山家　シュツミョウショウ

【補闕】「出、去聲」

【訓】「自然に妙なる聲を出だして」

572 旋轉而来下

日相・山家・嵯峨　センデン（新）　慈海　ゼン（本）テン

574 檀波羅蜜

全本　ダンバ（新）

574 禅波羅蜜

全本　ゼンバ（新）

574 比前功徳

日相・慈海　ヒゼン　山家・嵯峨　ビゼン　46頁参照

【随音句】「タクラフルは上聲清音なり」

【訓】「前の功徳に比ぶるに」

第一部　法華経読み音の四本対照

581	581	580	579	578	578	578	577	577	577	576	576	576	576	575

575　不及其一
日相　ゴイチ

576　珍異之飲食
【連声】慈海・山家　チンニ（左）

576　梅檀立精舎
全本　リッショウジャ

576　若復持禁戒
日相　キン（左コン呉）カイ　慈海・山家・嵯峨　キンカイ

576　住於調柔地
日相　ヂョウ（新）ニュウ　山家　ヂョウ（本）ニュウ　嵯峨　チョウニュウ

577　住於空閑處
日相　クウゲン（新）ショ　山家・嵯峨　クウゲン（本）ジョ
【訓】「空閑の處に住して」

577　除睡常攝心
全本　セッシン

577　持此一心福
【連声】山家　シンプク

578　是人於百千
【連声】慈海　ニンノ（左）

578　萬億劫數中
日相・慈海・山家　コッシュチュウ　嵯峨　コッシュヂュウ

578　長壽度衆生
日相・慈海・山家　ヂョウ（本）ジュ　嵯峨　ヂョウ（新）ジュ

579　一切所尊敬
日相・山家・嵯峨　ソンキョウ

580　若教人聞
【連声】慈海・山家　ニャッキョウ

581　常在耆闍崛山
【注】以降の「若教」もすべて同じ
日相・山家　ギシャクツセン　慈海　ギシャクッセン　嵯峨　キシャクセン　13頁参照

581　閻浮檀金
全本　ダン（本）ゴン（新）

581 **以界八道**　日相・慈海・山家　ハツドウ　17頁参照

581 **諸臺樓観**　日相・慈海・嵯峨　ロウカン　132頁参照

【補闕】「樓、呉はル、漢はロウなり。然れども古よりロウクハンと讀み来れり。これを改むべからず」

581 **若有能如是観者**　日相・慈海・嵯峨　カンシャ　山家　カンジャ

【訓】「若し能く是くの如く観ること有らん者は」

582 **及作僧坊**　日相・嵯峨　ギュウサ

582 **以四事供養衆僧**　日相　シュソウ　慈海・山家・嵯峨　シュゾウ

583 **及衆寶鈴**　全本　ギッシュ

583 **種種舞戯**　日相　ム（左ブ漢）ケ　慈海・山家・嵯峨　ブ（本）ケ

【補闕】「呉音はム、漢音はブなり。古より漢音にブと讀み来たれども、改めて妨礙なき者なれば、今これを改む」

584 **高八多羅樹**　【連声】慈海・山家　ハッタラ

584 **経行禅窟**　日相・慈海・嵯峨　ゼンコツ　山家　ゼンクツ

【随音句】「窟、コツの音なり」

【注】以降の窟の字も、すべて同じ

586 **東西南北**　日相・慈海・山家　トウザイ（新）　嵯峨　トウサイ

587 **攝諸善法**　全本　セッショゼンボウ

588 **便應起塔**
【連声】慈海・山家　ベンノウ（左）

589 **表刹甚高廣**
日相　ヒョウゼツ（新）　慈海・山家・嵯峨　ヒョウセツ
【訓】「表刹、甚だ高廣にして」
【注】以降の「表刹」もすべて同じ

589 **風動出妙音**
日相・慈海　スイミョウオン　山家・嵯峨　シュツミョウオン
【補闕】「動・出の二字、共に去聲なり」
【訓】「風の動かすに妙なる音を出だす」

590 **上膳妙衣服**
日相・山家・嵯峨　ジョウゼン（本）　慈海　ジョウセン
日相　エフク　山家・嵯峨　エブク（本）
【注】ここの服の字に限って、日相本は清点・フクとする。再版本は濁点・ブク

591 **及供養経巻**
日相・嵯峨　ギュウクヨウ

591 **散華香抹香**
日相・慈海　サンケ　山家・嵯峨　サンゲ
【訓】「華香、抹香を散じ」

591 **以須曼瞻蔔**
日相・慈海　シュマセンボク（本）　山家・嵯峨　シュマンセンブク（本）
【随音句】「蔔、ブクとは讀まざれ」
【注】「須曼」は193頁参照。以降の「瞻蔔」もこれに準ずる

591 **阿提目多伽**
日相・慈海・山家　モクタカ　嵯峨　モクタガ（本）

591 **薫油常然之**
【連声】山家　クンニュ（左）

591 **如是供養者**　日相・山家　クヨウシャ　嵯峨　クヨウジャ

【訓】「是の如く供養せん者は」

591 **遠離自高心**　日相・嵯峨　ジコウシン　山家　ジゴウ（本）シン

592 **天衣覆其身**　日相・慈海・嵯峨　フゴシン　山家　フ（左フク）ゴシン　104頁参照

【補闕】「覆、去聲。此の経の中に入聲フクの音なし」

【訓】「天衣を其の身に覆うべし」

592 **莊嚴令妙好**　全本　ミョウコウ　63頁参照

随喜功徳品　第十八

593 **得幾所福**　【連声】慈海・山家　トッキ

【注】以降の「得幾」もすべて同じ

594 **若長若幼**　全本　ニャクチョウ

594 **若城邑巷陌**　日相　コウビャク（本）　慈海　ゴウ（本）バク（本）　山家・嵯峨　コウバク（新）

【補闕】「陌、呉音にミャクなること疑いなし。然れども古よりミャクと讀む人なし。剰え漢音にハクと讀めり。甚だ不可なり。殊に等類に百の字を出せり。陌・百・白の字、漢音はハク呉音はビャクなれば、陌もビャクと讀むべきなり」

595 **善友知識**　【連声】慈海　ゼンウ（左ヌ）　山家　ゼンヌ（左）　93頁参照

595 復行轉教
全本　テンギョウ（新）
【注】595 亦随喜轉教も同じ

596 卵生
日相・慈海　ランジョウ（新）　山家・嵯峨　ランショウ

596 濕生
全本　シッショウ

597 髪白面皺
全本　メンジュ（新）
【注】605 髪白而面皺も同じ

597 宣布法化
日相　センフホウケ　山家　センブ（新）――　嵯峨　センフホッケ

598 斯陀含道
日相・山家・嵯峨　シダゴン　慈海　シダゴン（左ガン）　111頁参照
【注】阿那含道も同じ

598 具八解脱
日相・慈海・山家　ハチゲダツ

598 但施衆生
日相・慈海・嵯峨　タンセ　山家　タンゼ（新）

600 不可得比
日相・慈海　トクヒ　山家・嵯峨　トクビ（本）　46頁参照
【訓】「比することを得べからず」

601 轉身所生
日相・慈海　テンシン　山家・嵯峨　テンジン
【訓】「身を転じて生まれん所には」
【注】以降の「轉身」もすべて同じ

601 及乗天宮
全本　テングウ（新）

601 於講法處坐
全本　コウボウ

【訓】「講法の處に於いて坐せん」
【注】608 若於講法處も同じ

601 若分座令坐
日相・慈海　フンザ　山家・嵯峨　ブン（本）ザ　38頁参照
【随音句】「分、清音なり」
【訓】「若しは座を分かって坐せしめん」

601 有経名法華
全本　ホッケ

602 百千萬世
日相・山家・嵯峨　マンゼ（新）　慈海　マンセ

602 終不瘖瘂
【連声】慈海　オンア（左ナ）　山家　オンナ（左）

602 不差不曲
全本　フシ　77頁参照
【訓】「差（たが）わず、曲がらず」

602 脣不下垂
日相・山家・嵯峨　シンフ　慈海　ジン（本）フ
【注】以降の脣の字も、慈海本は本濁ジンに読む

602 亦不褰縮
日相・山家・嵯峨　ケンシュク　慈海　ケシク

602 不麁澀
全本　ソシュウ

602 不瘡胗
日相　ソウシン（右内）・キン（右外）　慈海　ソウシン（左キン）　山家　ソウキン（左シン）　嵯峨　ソウシン
【補闕】「胗の字、シンとキンと二音あり」

603 亦不缺壊
日相・慈海　ケツエ　山家　ケッテ（左）　嵯峨　ケチエ

603　**亦不喎邪**
日相　ケジャ　慈海　ケ（左クウ）ジャ　山家　カジャ　嵯峨　クウジャ
【随音句】「喎、呉はケ、漢はクワイなり」

603　**不厚不大**
日相・山家・嵯峨　フコウ　慈海　フゴウ（本）
【補闕】「厚、コウの音なり。快倫の音義にもコウの假名とす」

603　**亦不黧黒**
日相・山家・嵯峨　リコク　慈海　リ（右レイ）コク
【補闕】「黧、諸師の指南の如く、尤もレイの音もあれども、古より讀み来たれるはリの聲なり。今これに順ずべし」

603　**無諸可悪**
全本　カオ　90頁参照
【補闕】「悪、去聲オの音なること分明なり。或る寺の小僧、カアクと入聲に讀みしは誤りなり」
【訓】「諸の悪（にく）むべきこと無けん」
【注】607無有可悪相も同じ

603　**鼻不匾㔸**
日相　ヘンタイ　慈海　ヘンタイ（左テイ）　山家・嵯峨　ヘンダイ（本）

603　**亦不狭長**
日相　キョウヂョウ　慈海　ギョウ（本・左ゴウ）ヂョウ　山家・嵯峨　キョウチョウ
【随音句】「狭字、カフの音なり。然れどもケフと讀み来り、及び天下通同して廣狭（コウキョウ）と云う故、ケフとこれを讀むべし。長は濁音なり。清むべからず。下の而長、これに同じ」

【補闕】「長は平聲濁音なり。セハクナガカラズと讀むべし」
【注】日相本は狭の字を本濁ギョウと讀むが、この箇所に限って清音キョウとする
70頁参照

603 **亦不窊曲**
日相・山家・嵯峨　ワコク　慈海　ワ（左ア）コク
【随音句】「窊、ワの音なり」

603 **眉高而長**
全本　ミコウ　日相・慈海　ニヂョウ（本）　山家・嵯峨　ニチョウ

603 **額廣平正**
日相　ガク（本）コウ　慈海・山家　カッコウ　嵯峨　カクコウ
【注】607 額廣而平正も同じ

603 **見佛聞法**
日相　モンホウ　慈海・山家・嵯峨　モンボウ
【訓】「佛を見たてまつり法を聞いて」

604 **勧於一人**
【連声】慈海・山家　カンノ（左）

604 **令往聴法**
日相　チョウホウ　慈海・山家・嵯峨　チョウボウ
【補闕】「法、清んで讀むべし」
【訓】「往いて法を聞かしめたる」

605 **如是展轉教**
日相・慈海　テンデンキョウ　山家・嵯峨　テンデンギョウ
【訓】「是の如く展轉して教うること」

605 **見彼衰老相**
全本　ケンヒ

605 **歯疎形枯竭**
日相・山家・嵯峨　コカツ　慈海　コガツ（本）

605　我今應當教
日相　コンオウトウキョウ　山家　コンノウ（左）トウギョウ　嵯峨　コンオウトウギョウ
【訓】「我れ今、當に教えて」

605　如水沫泡焔
【連声】山家　マッポウ

605　汝等咸應當
【連声】山家　ゲンノウ（左）

607　優鉢華之香
日相・慈海　ウハツケ　山家　ウハッケ　嵯峨　ウバツ（新）ケ

607　後生天人中
日相・慈海　テンニンチュウ　山家・嵯峨　テンニンヂュウ
【補闕】「中、清んで讀むべし」
【訓】「後には天人の中に生まれて」

607　及乗天宮殿
全本　テンクウデン

608　若於講法處
日相・慈海・山家　コウボウショ　嵯峨　コウホウショ
【訓】「若し講法の處に於いて」

608　勧人坐聴経
日相・慈海・嵯峨　チョウギョウ　山家　チョウキョウ
【補闕】「経の字、清んで讀むべし」
【訓】「人を勧めて坐して経を聴かしめん」
【注】日相本の仮名と『補闕』の解説が齟齬する

法師功徳品　第十九

610 **果報生處**　全本　ショウジョ
【訓】「果報の生處を」

611 **悉見三千界**　全本　サンゼンガイ

611 **内外彌樓山**　日相　ミルセン　慈海　ミロウセン　嵯峨　ミロセン
【注】以降の「彌樓」もこれに準ずる。132頁参照

611 **上至有頂天**　日相・慈海・山家　ウチョウデン　嵯峨　ウチョウテン
【注】以降の「有頂天」もすべて同じ

612 **語言音聲**　全本　オンジョウ
【補闕】「聲の字、上の字に引かれて濁ること、ウ・ムの下は濁ると山門にも約束する故なり。但し象聲より佛聲に至るまで四十四箇の聲は皆な清んで讀むべし」

612 **啼哭聲**　日相・山家・嵯峨　タイコク　慈海　ダイ（本）コク

612 **愁歎聲**　日相・嵯峨　シュウタンショウ　慈海・山家　シュウタンジョウ

612 **法聲。非法聲**　日相・慈海・嵯峨　ホウショウ
【随音句】「此の一段の内、前後の聲の字、みな清むべし」

612 **聖人聲**　日相・慈海・嵯峨　ショウニンショウ　山家　ショウニンジョウ

613 **聲聞聲**
日相・慈海　ショウモンショウ　山家・嵯峨　ショウモンジョウ

614 **三千世界聲**
日相・山家・嵯峨　サンゼンセカイ　慈海　サンゼンゼカイ

614 **琴瑟箜篌聲**
日相　キン（左コン呉）ジツ（新）　慈海　ギン（本）シツ　山家・嵯峨　キンシツ　55
頁参照

615 **聴之而不著**
全本　フヂャク（本）
【補闕】「著、濁音」

615 **無數種人聲**
日相・慈海　シュニンショウ　山家　シュウニンジョウ　嵯峨　シュニンジョウ
【訓】「無數種人の聲」

615 **又聞諸天聲**
日相・慈海　ショテンショウ　山家・嵯峨　ショテンジョウ
【訓】「又、諸の天の聲」

615 **山川険谷中**
日相・山家・嵯峨　ケンコク

615 **餓鬼飢渇逼**
【連声】山家　カッピツ

615 **出于大音聲**
日相・慈海　スイウ　山家　シュッツ（左）　嵯峨　シュツウ
【訓】「大音聲を出だすをも」

616 **如是説法者**
日相・慈海　セッポウジャ　山家・嵯峨　セッポウシャ
【訓】「是の如く説法者は」

616 **若為佗人説**
日相・慈海　タニンセツ　山家・嵯峨　タニンゼツ
【訓】「若しは佗人の為に説くとも」

617 **讀誦於経法**

【注】617 若為佗人説・622 為佗人説も同じ

日相・山家　キョウボウ

617 **撰集解其義**

日相・山家　センジュウ（新）　慈海　ゼン（本）ジュウ（本）　嵯峨　センシュウ

618 **持是法華者**

全本　ホッケシャ

【補闕】「者、清んで讀むべし」

618 **但用所生耳**

【連声】慈海　タンユウ（左ニュウ）　山家　タンニョウ（左）

618 **聞於三千大千世界**

【連声】慈海・山家　モンノ（左）

618 **須曼那華香**

全本　シュマナ

【補闕】「曼をマとよむこと、末那識等の例なり。梵文は多く半音に呼ぶこと多し」

618 **末利華香**

日相・慈海・嵯峨　マツリケ　山家　マリケ

619 **及千萬種和香**

日相・嵯峨　ギュウセン

619 **又復別知**

日相・慈海　ヘツチ　山家　ベッチ　嵯峨　ベチチ

【補闕】「別、清音なり。分別の時濁るは新濁なり」

620 **及草木叢林香**

日相・嵯峨　ギュウソウモク

620 **波利質多羅**

日相・慈海　シツタラ　山家　シッタラ　嵯峨　シチタラ

【注】以降の「波利質多」もすべて同じ

620 **拘鞞陀羅樹香**

日相　クベイ　慈海　クビ（左ベイ）　山家　クビ　嵯峨　クヒ　87頁参照

【随音句】「鞞、ベイの音決然なり。ビと讀み来るといえども、諸師の指南、尤もこれに従うべき」

621　**和合所出之香**　日相・慈海　ショスイ　山家・嵯峨　ショシュツ
【訓】『倭點法華経』には訓点が記されていない。頂妙寺本は「和合して出だす所の香」

622　**然於鼻根**　【連声】慈海・山家　ネンノ（左）

623　**若香若臭物**　【連声】慈海・山家　ニャッコウ

623　**沈水及桂香**　日相・嵯峨　ギュウケイコウ

623　**及知衆生香**　日相・嵯峨　ギュウチ　慈海・山家　ギッチ

623　**説法者遠住**　日相・慈海・山家　セッポウジャ　嵯峨　セッポウシャ
【訓】「説法者は遠く住して」

623　**小轉輪及子**　日相・嵯峨　ギュウシ　山家　ギッシ

623　**群臣諸宮人**　日相・慈海　ショクウニン　山家・嵯峨　ショグウ（新）ニン

623　**身所著珍寶**　日相・慈海　ショチャク　山家・嵯峨　ショヂャク
【随音句】「著、清んでこれを讀むべし。下の天女所著衣これに同じ」
【訓】「身に著たる所の珍寶」
【注】627天女所著衣も同じ

624　**及蘇油香気**　日相・嵯峨　ギュウソユ

624　**持経者住此**　全本　ジキョウジャ

624 **諸山深嶮處**

【補闕】「者、濁って讀むべし。次下の持経者これに同じ」
【注】624 持経者聞香・628 爾是持経者も同じ
日相・慈海　ジンケンショ　山家・嵯峨　ジンケンジョ（新）
【訓】「諸山の深く嶮しき處」

625 **曠野険隘處**

日相　ケンエ（左アイ漢）ショ　慈海　ケンアイ（左ナイ）ショ　山家　ケンナイジョ
嵯峨　ケンアイジョ
【補闕】「隘は漢音はアイ、呉音はエの音なること分明なり。然れども上古より先達も吟味を遂げたまわず、漢音に讀み来たれり。然れども改めて妨礙無き者をば改むべき由なれば、今これを改むるのみ」

625 **若有懐妊者**

日相・慈海　エニンシャ　山家　カイニンジャ　嵯峨　カイニンシャ
【随音句】「懐、エとクワイと呉漢の異なり。上古よりクワイと讀み来れども、近代の諸僧、寶塔の闕鑰、薬王の容顔等、みな上古の讀みを改めて呉音に従う。今この例に準ずる。ただエの音にこれを讀むべし。既に餘文に於いてみなエとこれを讀む。何ぞこの文に限って漢音を用いん。すべてその理なし。唯これを改むべし。次の知其初懐妊、これに同じ」
【訓】「若し懐妊せる者有りて」

625 **安樂産福子**

日相・慈海　センフクシ　山家　センプクシ　嵯峨　センブクシ
【補闕】「心空の音義に、此の文をばセンフクシとよみ、譬諭品の「孚乳産生」をばサンショウとよみ分けること、其の謂れなし。唯一部一同に呉音によむべき者なり」

625 **染欲痴恚心**
【連声】慈海　ゼンニョク（左）

626 **地中衆伏蔵**
全本　ブク（本）ゾウ

626 **天園林勝殿**
【連声】山家　テンノン（左）

627 **諸天若聴法**
日相　チョウホウ　慈海・山家・嵯峨　チョウボウ
【補闕】「法、清んで讀むべし」
【訓】「諸天の若しは法を聴き」

627 **乃至於梵天**
日相・山家・嵯峨　ボンデン（新）慈海　ボンテン

627 **及讀誦経法**
日相・慈海・山家　キョウボウ　嵯峨　キョウホウ

628 **専精而坐禅**
日相・慈海　センショウ　山家・嵯峨　センジョウ（新）
【訓】「専精して坐禅するを」

628 **愍衆而説法**
日相　ミンシュ　嵯峨　ミンジュ

628 **聞経皆歓喜**
日相・山家・嵯峨　モンキョウ　慈海　モンギョウ
【訓】「経を聞いて皆、歓喜し」

628 **無漏法生鼻**
日相・嵯峨　ホウショウ　慈海　ホッショウ
【随音句】「法をツムべからず」
【訓】「無漏の法より生ずる鼻を」

629 **若好若醜**
【連声】山家　ニャッコウ

629 **如天甘露**
日相・慈海・嵯峨　テンカンロ　山家　テンガン(新)ロ
【訓】「天甘露の如くにして」(頂妙寺本「天の甘露の如くにして」)

629 **出深妙聲**
日相・慈海　スイジン　山家・嵯峨　シュツジン
【訓】「深妙の聲を出だして」

630 **為聴法故**
日相・嵯峨　チョウホウ　慈海・山家　チョウボウ
【訓】「法を聴く為の故に」

631 **七寶千子**
日相・慈海　センシ　山家・嵯峨　センジ(新)

631 **倶来聴法**
日相　チョウホウ　慈海・山家・嵯峨　チョウボウ
【補闕】「法、清んで讀むべし」
【訓】「倶に来って法を聴かん」
【注】633 而共来聴法も同じ

632 **又能出於深妙法音**
日相・慈海　スイオ　山家　シュット(左)　嵯峨　シュツオ
【訓】「又能く深妙の法音を出ださん」

632 **以諸因縁諭**
【連声】慈海・山家　ネンニュ(左)

633 **聞者皆歓喜**
日相・嵯峨　モンシャ　慈海・山家　モンジャ
【訓】「聞く者、皆歓喜して」

633 **偏満三千界**
日相・慈海・山家　サンゼンガイ　嵯峨　サンゼンカイ

633 **及千子眷属**
日相・嵯峨　ギュウセン　日相・慈海・嵯峨　センシ　山家　センジ

635　**悉於中現**
【連声】慈海・山家　シット（左）
【注】以降の「悉於」もすべて同じ

635　**彌樓山。摩訶彌樓山等**
日相　ミルセン　慈海　ミロウセン　山家・嵯峨　ミロセン　191頁参照

635　**皆於身中**
全本　シンヂュウ
【注】636皆於身中現も同じ

636　**菩薩於淨身**
【連声】慈海　サット（左）

637　**諸佛及聲聞**
日相・嵯峨　ギュウショウモン
【注】日相本は他の「及聲聞」は、ギッショウモンと促音で読む

637　**法性之妙身**
全本　ホッショウ
【訓】「法性の妙身」

638　**至於一月四月**
日相・嵯峨　イチガツシガツ　山家　イチガツシ（左シン）ガツ
【随音句】「或る流の相傳とて、四の字をシンとハネて讀むこと、その謂れなきか」
【注】640月四月至歳も同じ

639　**若説俗間経書**
【連声】慈海・山家　ゾッケン　日相　キョウジョ（新）　慈海・山家・嵯峨　キョウショ
【訓】「俗の間の経書」

640　**亦是先佛**
日相　センブツ　慈海　ゼン（新）ブツ　山家・嵯峨　ゼン（本）ブツ　50頁参照

640 **経中所説**

【注】以降の「先佛」もすべて同じ
日相　キョウチュウ　慈海・山家・嵯峨　キョウヂュウ
【補闕】「中、清んで讀むべし」
【訓】「経中の所説」（頂妙寺本「経の中の所説」）

640 **次第如法説**

日相・慈海・嵯峨　ニョホウセツ
【補闕】「法の字、ツムべからず」

641 **其在六趣中**

日相・慈海　ロクシュチュウ　山家・嵯峨　ロクシュヂュウ
【訓】「其れ六趣の中に在って」

641 **所念若干種**

日相　ニャクカンシュ　慈海　ニャッカンシュ　山家　ニャカンジュウ　嵯峨　ニャクカンジュウ
【訓】「念う所の若干の種なるを」

641 **悉知諸法相**

日相・慈海　ショホウソウ　山家・嵯峨　ショホッソウ
【訓】「悉く諸法の相を知って」

642 **持法華経者**

日相　ホケキョウシャ　慈海　ホッケキョウジャ　山家・嵯峨　ホケキョウジャ
【訓】「法華経を持たん者は」
【注】以降の「持法華経者」もこれに準ずる

642 **先有如是相**

【連声】慈海　センヌ（左）

642 **歓喜而愛敬**

日相・慈海・嵯峨　アイキョウ　山家　アイギョウ（新）

常不軽菩薩品　第二十

643 **常不軽菩薩品**　【連声】山家　サッポン

643 **持法華経者**　日相　ホケキョウシャ　慈海　ホッケキョウシャ　山家　ホケキョウジャ　嵯峨　ホウケキョウジャ　前頁参照
【補闕】「者、清んで讀むべし」

644 **有佛名威音王**　【連声】慈海・山家　オンノウ（左）
【注】以降の「～音王」もすべて同じ

644 **為求聲聞者**　日相・慈海　ショウモンシャ　山家・嵯峨　ショウモンジャ
【補闕】「者、清んで讀むべし」
【訓】「聲聞を求むる者の為には」

645 **説應十二因縁法**　日相・慈海　インエンホウ　山家・嵯峨　インネンボウ
【補闕】「法、清んで讀むべし。上の四諦法に準ずる故なり」
【訓】「應ぜる十二因縁の法を説き」

647 **凡有所見**　【連声】慈海・山家　ボンヌ（左）

649 **我等不用**　日相・慈海・嵯峨　フユウ　山家　フヨウ　58頁参照

650 **於虚空中**　日相・慈海・嵯峨　コクウチュウ　山家　コクウヂュウ

【補闕】「中、清んで讀むべし」

651 **廣為人説**
日相　ニンセツ　山家・嵯峨　ニンゼツ
【訓】「廣く人の為に説き」

651 **樂説辯力**
日相・山家　ベン（本）リキ　嵯峨　ヘンリキ

652 **於其法中**
日相・慈海　ホウチュウ　山家　ホウチュウ（左ホッ）　嵯峨　ホッチュウ
【補闕】「法をツメて讀むは不可なり。次下の諸佛法中これに準ず」
【訓】「其の法の中に於いて」

652 **於此諸佛法中**
日相・慈海・嵯峨　ホウチュウ
【訓】「此の諸佛の法の中に於いて」
【注】653 亦於諸佛法中も同じ

653 **種諸善根**
日相・山家・嵯峨　ゼンゴン　慈海　ゼンコン

654 **為人説故**
日相・嵯峨　イニンセツ　山家　イニンゼツ
【訓】「人の為に説くが故に」

655 **不聞法。不見僧**
日相　フモンホウ。フケンソウ　慈海・山家・嵯峨　フモンボウ。フケンソウ
【補闕】「法僧二字、清んで讀むべし」

655 **畢是罪已**
日相・慈海・山家　ヒツゼザイ　嵯峨　ヒチゼザイ　153頁参照

656 **五百比丘。尼思佛等。五百優婆塞。**
【注】この部分、サンスクリット語写本では、「師子月等の五百人の女性出家者（比

丘尼）たち、思佛等の五百人の女性在家者たち」となっていて、現行の漢訳本と区切りが異なっていることは周知のとおりである。日相・山家・嵯峨各本は伝統的な漢訳本の句読を採用するが、慈海本は「五百比丘尼思佛等」を区切らず一節とし扱っている。因みに、日蓮聖人の『災難対治鈔』には「尼思佛等の不軽菩薩を打ちて阿鼻の炎を招くも」とあり、聖人も伝統的な区切りに従って読まれていたことが伺える

656　不退轉者是
日相・山家・嵯峨　フタイテンシャ　慈海　フタイテンジャ
【訓】「退轉せざる者、是れなり」

658　諸著法衆
全本　ショヂャク　日相　ホウシュ　嵯峨　ホッシュ
【補闕】「著、濁音。向の如し」

659　聴法者是
日相・嵯峨　チョウホウ　慈海・山家　チョウボウ
【補闕】「法、清んで讀むべし」
【訓】「法を聴く者、是れなり」

659　我於前世
全本　ゼンゼ（新）

660　第一之法
日相・慈海　ダイイチシホウ

660　是故行者
日相・慈海・山家　ギョウジャ　嵯峨　ギョウシャ
【補闕】「者、濁って讀むべし」

如来神力品　第二十一

661 **爾時千世界**
日相　センセカイ　山家・嵯峨　センゼカイ

662 **舊住娑婆世界**
日相・山家・嵯峨　クジュウ　慈海　グ（本）ジュウ

663 **出廣長舌**
日相・慈海　スイコウヂョウゼツ　山家　シュツコウチョウゼツ　嵯峨　シュツコウヂョウゼツ
【補闕】「出、去聲。長、平聲濁音」
【注】以降の「出廣長舌」もすべて同じ

663 **上至梵世**
全本　ボンゼ

663 **皆悉偏照**
全本　ヘンジョウ

664 **一時謦欬**
日相・慈海　キョウガイ（新）　山家　キョウガイ（本）　嵯峨　ギョウ（新）ガイ（本）
【随音句】「欬、新濁なり」

664 **倶共弾指**
全本　タンジ（新）

665 **及見釋迦牟尼佛**
全本　ギッケン

665 **於虚空中**
日相・慈海　コクウチュウ　山家・嵯峨　コクウヂュウ
【補闕】「中、清んで讀むべし。次下の聞虚空中これに準ず」
【注】666 聞虚空中聲已も同じ

667　譬如雲集
日相・山家　ウンジュウ（新）　慈海　ウンジュウ（本）　嵯峨　ウンシュウ

667　偏覆此間
日相・慈海・嵯峨　ヘンフ　山家　ヘンプ

669　若於園中
日相・慈海・嵯峨　オンチュウ　山家　オンヂュウ

669　若於林中
日相・慈海　リンチュウ　山家・嵯峨　リンヂュウ
【補闕】「若於園中若於林中。中、清んで讀むべし」
【訓】「若しは園の中に於いても、若しは林の中に於いても」（頂妙寺本「若は園中に於いても、若しは林中に於いても」）

670　若山谷曠野
【連声】山家　センゴッコウヤ

671　身放無數光
【連声】山家　シンポウ

671　及弾指之聲
全本　ギュウタンジ

671　於無量劫中
全本　コウチュウ

672　能持是経者
日相　ゼキョウシャ　慈海・山家・嵯峨　ゼキョウジャ
【補闕】「者の字、清んで讀むべし。以下これに準ず」
【訓】「能く是の経を持たん者は」

672　亦見亦供養
【連声】慈海・山家　ヤック

673　如風於空中
全本　クウヂュウ

673　能除諸幽冥
日相・慈海　ユミョウ　山家　ヨウミョウ　嵯峨　ユウミョウ

嘱累品　第二十二

674 **修習是難得**

日相・慈海・山家　ナンドク（新）　嵯峨　ナントク

【補闕】「得は連聲にて濁って讀むべし」

【注】日相本は、この箇所以外の「難得」はすべてナントクと読む

677 **餘深法中**

全本　ジンボウ

677 **益加恭敬**

【連声】慈海・山家　ヤッカ

677 **曲躬低頭**

日相　コクグウ（新）テイ（左タイ呉）ヅ　慈海　コクグウ（新）テイヅ　山家　コクグ（本）テイヅ　嵯峨　コクグウ（本）テイヅ　95頁参照

【補闕】低、テイは漢音、タイは呉音なれども、上古より漢音に讀み来れり。今更改めがたし

678 **唯然世尊**

日相　イイネン　嵯峨　ユイネン　47頁参照

【注】梅本鳳泰・落井良英両師　昭和五十四年発行『日相本妙法蓮華経並開結』では、当箇所の唯の字に手書き文字で「ユイ」の振り仮名が付けられている。これは恐らく、元の日相本初版の「唯」の振り仮名イイが、右隣の「低」の左側に施されている振り仮名「タイ呉」と重なって判別しにくくなっているため、その部分を消去して、後から新たに加筆したものと思われる

678 **如是三反**　日相・慈海・山家　サンベン（新）　嵯峨　サンヘン

薬王菩薩本事品　第二十三

683 **盡一箭道**　日相・慈海　イッセン　山家・嵯峨　イチゼン（本）
【随音句】「箭、清んでこれ讀むべし。しからば一の字をツメて讀むべきなり」

683 **及衆菩薩**　全本　ギッシュ

683 **樂習苦行**　日相・山家・嵯峨　ギョウシュウ　慈海　ギョウジュウ（本）

684 **得現一切色身三昧**　日相・山家・嵯峨　シキシンザン（新）マイ　慈海　シキシンサンマイ
【注】以降の「色身三昧」もすべて同じ

684 **於虚空中**　日相・慈海　コクウチュウ　山家・嵯峨　コクウヂュウ
【補闕】「中、清んで讀むべし。次下の満虚空中これに同じ」

【注】685満虚空中も同じ

685 **此香六銖**　日相・山家・嵯峨　ロクシュ　慈海　ロクジュ（本）

686 **兜樓婆畢力迦**　日相　トルバヒツリキカ　慈海　トロバヒツリキカ　山家　トロバヒリカ　嵯峨　トロハヒチリキカ

686 **沈水膠香**　日相・慈海・嵯峨　キョウコウ　山家　キョウ（左ケイ）コウ

686 **以天寶衣**　日相・慈海　テンホウエ　山家・嵯峨　テンボウエ

686 **而自纏身已**

【訓】「天の寶衣を以て」

日相・慈海・山家　デン（本）シン　嵯峨　テンジン（新）

687 **是名眞法**

日相・慈海　シンホウ　山家・嵯峨　シンボウ

【随音句】「法供養において眞の言を加う。法の字、清んでこれ讀むべし」

【訓】「是れを眞法をもって如来を供養すと名づく」（頂妙寺本「是れを眞の法をもって～」『法華譯和尋跡抄』も同じ）

687 **及海此岸栴檀之香**

日相・嵯峨　ギュウカイ

689 **現諸身三昧**

日相・山家　シンザンマイ　慈海　シンサンマイ

690 **甄迦羅**

日相・嵯峨　ケンカラ　慈海・山家　ケンガ（新）ラ

【補闕】「甄、古よりケンの音を用い来たれり。これに随うべし。清音なり。濁って讀むは不可なり」

【注】迦の字、日相本は清点・ガとするが、再版本は濁点・ガ

690 **頻婆羅**

日相・慈海　ビン（本）バラ　山家・嵯峨　ヒンバラ

690 **阿閦婆等偈**

日相・山家　アシュク　慈海・嵯峨　アシク　127頁参照

690 **高七多羅樹**

【連声】慈海　シッタラ

【注】以降の「七多羅」もこれに準ずる

690 **合十指爪**

【連声】日相・慈海・山家　ジッシ

690 **容顔甚奇妙**

日相・慈海　ユウゲン　山家　ヨウガン（左ゲン）　嵯峨　ユウガン

【随音句】「容は呉はユウ、漢はヨウなり。故に今ユウと之を讀むべし。また顔はゲンは呉、ガンは漢なり」

690 我適曾供養
日相・慈海・嵯峨　ガシャク　山家　ガシャク（左チャク）　36頁参照

691 汝可安施牀座
日相・慈海・嵯峨アンセ　山家　アンゼ（左ジ）
【訓】「汝、牀座を安施すべし」

691 我於今夜
【連声】山家　コンニャ（左）

692 及給侍諸天
日相・嵯峨　ギュウキュウジ　山家　ギッキュウジ
【注】再版本はギッキュウジとする

692 悉付於汝
【連声】山家　シップ

692 廣設供養
日相・慈海・嵯峨　コウセツ　山家　コウゼツ
【随音句】「廣説に濫るべからず。故に設の字、清むべし」
【訓】「廣く供養を設け」

692 敕一切衆生喜見菩薩已
【連声】慈海・山家　ボサッチ（左）

693 収取舍利
日相・山家　シュシュ　嵯峨　シュジュ（本）
【随音句】「収は呉はシュ、漢はシュウなり」

693 作八萬四千寶瓶
日相・山家・嵯峨　ホウビョウ（本）　慈海　ホウヒョウ

693 高三世界
全本　サンセカイ

694 **心猶未足**
【連声】慈海・山家　シンニュ（左）

694 **及天龍夜叉等**
日相・嵯峨　ギュウテンリュウ

695 **令無數求聲聞衆**
日相・慈海　ショウモンシュ　山家　ショウモンジュウ　嵯峨　ショウモンジュ
【訓】「無數の聲聞を求むる衆」

695 **發阿耨多羅三藐三菩提心**
【連声】山家　ホッタ（左）

696 **立此誓言**
日相　リュウシ　慈海・山家・嵯峨　リッシ

696 **還復如故**
日相・慈海・嵯峨　ゲンブク（本）　山家　ゲンブク（新）
【補闕】「復は去聲と入聲に入る。去聲の時はブの音にてマタと讀むなり。入聲はフクの音にてカヘル、カサヌ、マタスルと讀むなり。今文は入聲フクの聲なり」
【注】696自然還復も同じ

698 **諸珍寶物**
日相・慈海・山家　チンボウモツ　嵯峨　チンホウモツ

698 **而供養者**
日相・慈海・山家　クヨウシャ　嵯峨　クヨウジャ
【訓】「供養したてまつらん者に」

698 **乃至一四句偈**
【連声】慈海・山家　イッシ
【注】以降の「一四句偈」もすべて同じ

699 **所説経中**
日相・嵯峨　キョウチュウ　慈海・山家　キョウヂュウ
【補闕】「中、清んで讀むべし。次下の於諸経中・於衆経中・諸経中王・凡夫人中、みな中の字清んで讀むべし」
【訓】「所説の経の中に」
【注】699於諸経中・700於衆経中・701・703諸経中王も同じ

699　及十寶山
日相　ジツホウゼン　慈海　ジッポウゼン　山家　ジッポウセン　嵯峨　―セン

700　諸経法中
全本　ショキョウボウチュウ
【補闕】「法、濁って讀むべし。ツムべからず」
【訓】「諸の経法の中に」
【注】以降の「諸経法中」もすべて同じ

700　又如日天子
日相・慈海・山家　ニッテンジ　嵯峨　ニチテンジ

700　又如諸小王中
日相・慈海・嵯峨　ショウオウチュウ　山家　ショウオウヂュウ

701　於三十三天中王
日相　サンジュウサンテン　慈海・山家・嵯峨　サンジュウサンデン
【訓】「三十三天の中に於いて」

701　及發菩薩心者之父
日相・慈海・嵯峨　ボサツシンシャ　山家　ボサツシンジャ
【訓】「及び菩薩の心を發せる者の父なり」

701　一切凡夫人中
日相　ニンチュウ　慈海・山家・嵯峨　ニンヂュウ
【訓】「一切の凡夫の人の中には」

703　如寒者得火
日相　カンシャ　慈海　ガン（本）ジャ　山家・嵯峨　カンジャ
【連声】慈海・山家　トッカ

704 **如賈客得海**
【補闕】「者、清んで讀むべし」
【訓】「寒者の火を得たるが如く」（頂妙寺本「寒き者の火を得たるが如く」）
【連声】慈海・山家　トッカイ

705 **瞻蔔油燈**
日相・慈海・嵯峨　センボク　山家　センブク

705 **須曼那油燈**
日相・慈海・山家　シュマナ　嵯峨　シュマンナ　193頁参照

705 **聞是薬王菩薩本事品者**
日相・慈海　ホンジホンシャ　山家・嵯峨　ホンジホンジャ
【訓】「是の薬王菩薩の本事品を聞かん者は」

707 **得是忍已**
【連声】慈海・山家　ニンニ（左）

707 **汝能於釋迦牟尼佛法中**
日相・嵯峨　ホウチュウ
【補闕】「法の字、ツムべからず」
【訓】「汝、能く釋迦牟尼佛の法の中に於いて」

708 **諸餘怨敵**
日相　オンヂャク（本・左テキ漢音）　慈海　オンヂャク（本）　山家　オンヂャク（新・左テキ）　嵯峨　オンデキ（新）
【隨音句】「敵、本濁なり。古よりもチャクと讀む流ありと舊書に記せり。テキは漢、ヂャクは呉なれば今、呉に従うべし。但し訓讀の時は、テキと讀むべきなり」
【補闕】「敵を古の人テキと讀みしは不可なり。テキは漢音、チャクは呉音なり」

709 **是人現世口中**　日相・慈海・山家　ゲンゼ（新）　嵯峨　ゲンセ

709 **常出青蓮華香**　日相・慈海　ジョウスイ　山家・嵯峨　ジョウシュツ

【訓】「常に青蓮華の香を出だし」

【注】709 常出牛頭栴檀之香も同じ

709 **身毛孔中**　全本　モウクチュウ

【注】『補闕』は中の字に濁点を付ける

710 **得其便也**　【連声】山家　ベンニャ（左）

711 **散已作是念言**　【連声】慈海・山家　サンニ（左）

711 **撃大法鼓**　日相・慈海　ダイホウク　山家・嵯峨　ダイホック

【訓】「大法鼓を撃って」（頂妙寺本「大法の鼓を撃って」）

712 **於寶塔中**　日相・山家　ホウトウチュウ　慈海・嵯峨　ホウトウヂュウ

【訓】「寶塔中に於いて」（頂妙寺本「寶塔の中（う）ちに於いて」）

妙音菩薩品　第二十四

713 **妙音菩薩品**　【連声】山家　ボサッポン

713 **肉髻光明**　日相　ニクケイ　慈海・山家・嵯峨　ニッケ　167頁参照

713 **及放眉間白毫相光**　日相・嵯峨　ギュウホウ

715 **無縁三昧**
日相・嵯峨　ムエンサンマイ　慈海・山家　ムエンザンマイ
【随音句】「無縁三昧・智印三昧・解一切衆生語言三昧・荘嚴王三昧・日旋三昧　是れをば三の字濁るべし。その餘は清むべし」
【補闕】「無縁三昧・智印三昧・解一切衆生語言三昧・荘嚴王三昧・日旋三昧。随音句に曰く此の五箇の三昧をば濁るべし。その餘は清むべし」
【注】日相本は「無縁三昧」の三の字に清点を付すが、再版本は濁点を付す。上記の「三昧」のうち、智印三昧・荘嚴王三昧・日旋三昧は全本ともにザンマイと読む。その他は以下のとおりである

715 **解一切衆生語言三昧**
日相・山家・嵯峨　ザンマイ　慈海　サンマイ

716 **荘嚴王三昧**
【連声】慈海・山家　ゴンノウ（左）
【注】以降の「嚴王」もすべて同じ

716 **淨光明三昧**
日相・慈海・嵯峨　サンマイ　山家　ザンマイ

717 **及見文殊師利法王子菩薩**
日相・山家　ギッケン　慈海・嵯峨　ギュウケン

717 **汝莫軽彼国**
【連声】山家　マッキョウ
【注】718 莫軽彼国も同じ

718 **佛身卑小**
日相・山家　ヒショウ　嵯峨　ヒツショウ

718 **百千萬福**
【連声】山家　マンプク

718 **及国土**
日相・山家・嵯峨　ギュウコクド

718 **我今詣娑婆世界**
日相・山家・嵯峨　コンケイ　慈海　コンゲイ（本）

719 **閻浮檀金為茎**
全本　ダンゴン（新）

719 **甄叔迦寶**
日相　ケンシュク　慈海・山家・嵯峨　ケンシク

721 **亦欲供養**
【連声】慈海・山家　ヨック

721 **是菩薩種何善本**
日相・嵯峨　ゼンホン　山家　ゼンポン　32頁参照

722 **威儀進止**
日相・慈海　シンシ　山家・嵯峨　シンジ（新）

723 **於彼国沒**
【補闕】「歿と沒、相通ずといえども、死歿の時は歿の字を書くべし」　97頁参照
【注】全本、沒の字を用いる

723 **百千天樂**
全本　テンガク
【補闕】「樂は入聲なり。清濁二音に分かれたり。清音は洛音にて、タノシムと讀む。濁音はガクの音にて、妓樂・音樂なり。今の文、濁音ガクの音なり」

723 **百千萬月**
日相・嵯峨　マンガツ

723 **身眞金色**
日相・慈海・嵯峨　シンシン　山家　シンジン
【補闕】「眞、濁るべからず」
【訓】「身は眞金の色にして」

724 **而来詣此娑婆世界**
日相　ライゲイ（新）　慈海　ライゲイ（本）　山家・嵯峨　ライケイ
【訓】「此の娑婆世界の耆闍崛山に来詣す」

725 **無不孝父母。不敬沙門。邪見不善心。不攝五情不。**

全本　フキョウブモ

【注】日相本・山家本の句読は上の通り。慈海本は「無不孝父母。不敬沙門。邪見不善心不。攝五情不。」、嵯峨本は「無不孝父母。不敬沙門。邪見不善心不攝五情不。」とそれぞれ句読する。

『倭點法華経』は「父母に孝せず、沙門を敬わずして、邪見なること無しやいなや。善心なりやいなや。五情を攝すやいなや」と訓じ、頂妙寺本や『法華譯和尋跡抄』は、「父母に孝せず、沙門を敬わずして、邪見不善の心にして、五情を攝めざること無しやいなや」と訓読する

725 **諸魔怨不**

【連声】山家　オンプ

726 **来聴法不**

日相　チョウホウ　慈海・山家・嵯峨　チョウボウ

【補闕】「聴法の法、清んで讀むべし」

【訓】「来って法を聴きたまわんやいなや」

727 **及聴法華経**

日相・慈海・嵯峨　ギッチョウ

728 **以十萬種伎樂**

日相・慈海　マンジュ（新）　山家　マンジュウ（新）　嵯峨　マンジュ（本）

728 **上八萬四千七寶鉢**

日相・慈海　シツホウハツ　山家　―ハツ　嵯峨　―ホウバツ（本）

【補闕】「鉢を濁るは不可なり」

728 **今生淨華宿王智佛国**

日相・嵯峨・山家　コンジャウ（新）　慈海　コンショウ

729 **或現梵王身**

【補闕】「生、清んで讀むべし」（補闕）
【訓】「今、浄華宿王智佛の国に生まれて」
【注】日相本の仮名と『補闕』の解説とが齟齬する
日相　ボンオウシン　山家　ボンモウ（左・ノウ併記）ジン（新）　嵯峨　ボンオウジン（新）
【補闕】「身の字、みな清んで讀むべし」
【注】以下の「或現〜身」の身の字、日相本・慈海本は全て清音。山家本・嵯峨本は、自在天身・大自在天身・天大将軍身・毘沙門天王身・轉輪聖王身・諸小王身・宰官身・婆羅門身を濁る。

730 **或現毘沙門天王身**

全本　ビシャモンデン（新）

731 **及衆難處**

全本　ギッシュ　日相・慈海・山家　ナンジョ（新）　嵯峨　ナンショ
【補闕】「處は去聲、新濁なり」
【訓】「及び衆の難處」

731 **乃至於王後宮**

日相　ゴグウ（新）　慈海・山家・嵯峨　ゴクウ
【隨音句】「宮の字、餘處にては皆、清音に讀むべし。後宮と熟して用ゆ故に、新濁に讀むべし」
【補闕】「宮は清音なれども連聲にて濁るなり。後、呉音はゴ、漢音はコウなり。訓讀の時は、コウグウと、後の字清んで讀むべきなり」

731 **変為女身**
【連声】山家　ヘンニ（左）

735 **皆得現一切色身三昧**
日相・山家・嵯峨　シキシンザンマイ　慈海　シキシンサンマイ

737 **得現一切色身三昧**
日相・山家　シキシンザンマイ　慈海・嵯峨　シキシンサンマイ

737 **来往品時**
日相　ライオウボン（新）　山家・嵯峨　ライオウホン
【訓】「是の妙音菩薩の来往品を説きたもう時に」

観世音菩薩普門品　第二十五

739 **観世音菩薩普門品**
日相・慈海　フモンボン（新）　山家　フモンポン　嵯峨　フモンホン

739 **爾時無盡意菩薩**
【連声】慈海・山家　ジンニ（左）

740 **即得浅處**
日相・慈海　センショ　山家・嵯峨　センジョ（新）
【補闕】「處、去聲清音なり」
【訓】「即ち浅き處を得ん」

741 **琥珀**
日相・山家　クハク　慈海・嵯峨　コハク　96頁参照

741 **吹其船舫**
日相　センホウ　慈海　ビン（本）ホウ　山家・嵯峨　センボウ（新）
【注】慈海本のビンは、恐らくゼンの誤記であろう

742 **尋段段壊**
【連声】山家　ダンネ（左）
【注】759 刀尋段段壊も同じ

742 **若三千大千国土満中**
日相・慈海　マンチュウ　山家・嵯峨　マンヂュウ
【訓】「若し三千大千国土に、中に満てらん」

742 **悪眼視之**
日相・慈海　ジ（本）シ　山家・嵯峨　シシ　43頁参照
【随音句】「視、濁音なること必定なり。一部の内にあるところの視の字、みな濁ってこれを讀むべし」

743 **杻械枷鎖**
日相　チュカイ　慈海　チュウガイ（本）山家・嵯峨　チュウカイ
【補闕】「杻、漢音はチウなり。呉音はチュなり」
【注】『随音句』は右にチュ、左にチュウの仮名を振る。759 手足被杻械も同じ

743 **検繫其身**
日相　ケンゲイ（新）慈海・山家　ケンゲ（新）嵯峨　ケンケ　133頁参照

743 **皆悉断壊**
【連声】山家　ダンネ（左）

743 **満中怨賊**
日相・慈海　マンチュウ　山家・嵯峨　マンヂュウ
【補闕】「中、清んで讀むべし。満なりの訓なり」
【訓】「中に満てらん怨賊」

743 **勿得恐怖**
【連声】慈海　トック　山家　モットクク

746 **設欲求男**
【連声】慈海・山家　セッチョク（左）
【注】746 設欲求女も同じ

746 **便生福徳智慧之男**
日相・山家・嵯峨　ベンショウ
【補闕】「生の字、清んで讀むべし」

746 **便生端正有相之女**
全本　タンジョウ

746 **衆人愛敬**
日相・慈海・嵯峨　アイキョウ　山家　アイギョウ（新）

746 **福不唐捐**
日相・山家・嵯峨　トウエン　慈海　ドウ（本）エン

747 **是二人福**
全本　ニニンフク
【随音句】「二人を続くように讀むべきなり。句の中の句、一切みな爾なり」

749 **應以佛身**
【注】以下の三十五個の身の字について、日相・慈海は全て清音で読む。山家・嵯峨は、ウ・ンのいわゆる空点に続く身の字は新濁で読む。（声聞・梵王・自在天・大自在天・天大将軍・毘沙門・小王・宰官・婆羅門）

755 **即解頸**
全本　ゲキョウ
【随音句】「頸、呉はキョウ、漢はケイ、常の事なり」

755 **衆寶珠瓔珞**
日相　シュホウシュ　慈海・山家　―ボウ（新）シュ　嵯峨　シュウホウシュ
【訓】「衆の寶珠瓔珞の」（頂妙寺本「衆寶珠の瓔珞の」）
【注】嵯峨本は「即解頸衆。寶珠瓔珞」と句読する

755 **價値百千両金**
全本　ヒャクセンリョウコン

755 **仁者**
日相・山家　ニンジャ（新）　嵯峨　ニンシャ
【補闕】「者、濁って讀むべし」

755 **受此法施**
全本　ホッセ
【補闕】「法の字、ツメて讀むべし」

755 及四衆
日相・嵯峨　ギュウシシュ

756 分作二分
日相・慈海・嵯峨　フンサニブン（本）山家　ブン（本）サニブン（本）
【随音句】「上の一の分は清み、下の三分は濁るなり」
【訓】「分かって二分になして」
【注】「分作」の分の字、日相本は清点・ブンとするが、再版本は清点・フン

757 我今重問彼
全本　モンヒ

757 善應諸方所
【連声】慈海・山家　ゼンノウ（左）日相・慈海・嵯峨　ホウジョ（新）山家　ホウショ
【訓】「善く諸の方所に應ずるを」

757 弘誓深如海
日相・慈海　グゼイ（本）山家・嵯峨　グゼイ（新）28頁参照

757 歴劫不思議
【連声】慈海・山家・嵯峨　リャッコウ

758 聞名及見身
日相・嵯峨　ギュウケンシン

758 推落大火坑
日相・嵯峨　スイラク　慈海・山家　スイ（左タイ）ラク
【補闕】「推にスイとタイと二音有り。いずれも不可なしといえども、古より讀み来たるが如くスイと讀むべし」

758 念彼観音力
全本　ネンビ（新）

758 或漂流巨海
日相・山家・嵯峨　コカイ　慈海　ゴ（本）カイ

758 龍魚諸鬼難
日相・慈海　リュウゴ（本）山家　リュウギョ（本・左ゴ）嵯峨　リュウギョ（本）

758 **或在須彌峯**
758 **為人所推墮**
758 **或被悪人逐**
759 **或遭王難苦**
759 **臨刑欲壽終**
759 **或囚禁枷鎖**
759 **呪詛諸毒薬**
759 **所欲害身者**

【補闕】「魚、ギョは漢音にして拗音なり。ゴは呉音にして直音なり」
日相・山家・嵯峨　シュミブ（本）　慈海　シュミブ（新）
日相・山家・嵯峨　スイダ　慈海　スイ（左タイ）ダ
日相・山家・嵯峨　アクニンチク　慈海　アクニンヂク（本）
全本　オウナンク
【補闕】「苦、濁って讀む、不可なり」
日相・山家・嵯峨　ジュジュウ（本）　慈海　ジュジュウ（新）
日相・慈海　ジュ（本）キン　山家・嵯峨　シュキン　99頁参照
【随音句】「囚の字、濁音なり」
日相　シュソ（左ショ）　慈海・嵯峨　シュソ　山家　シュショ
【随音句】「詛はショと讀むべきに似たり。然れども古より多くソと讀み来れり。大體、呉の方は多く直音を用い、漢の方は多く拗音に従うに似たり。去（コ・キョ）・居（コ・キョ）・據（コ・キョ）・挙（コ・キョ）・御（ゴ・ギョ）等類これなり。しからば終には、ソもショも強いて不可あるべからずか。心空にはショと付けたり」
【補闕】「詛の字、ソは漢音、ショは呉音の様に人皆思えども、さには非ず。ソは直音、ショは拗音とおぼえたり。然らば、人常に呼び来たるが如く、シュソと讀むべきか」
日相・嵯峨　シンシャ　慈海・山家　シンジャ

760 **若悪獣圍繞**

【補闕】「者、濁って讀むべからず」
【訓】「身を害せんと欲せられん者の」
全本　アクシュ
【補闕】「獣は清音」

760 **利牙爪可怖**

日相　ゲショウ　慈海・山家・嵯峨　ゲソウ　55頁参照
【補闕】「爪、漢音はサウ、呉音はセウなり。改めて呉音に讀むべきなり」

760 **蚖蛇及蝮蠍**

日相・慈海　フクカツ　山家　フク（左フ）カツ　嵯峨　フカツ
【随音句】「蝮は福音」

760 **衆生被困厄**

【連声】山家　コンニャク（左）

760 **無利不現身**

日相・山家・嵯峨　ムセツフ　慈海　ムショウフ

761 **諍訟経官處**

日相・慈海　ジョウ（新）ジュウ（本）　山家・嵯峨　ジョウ（本）ジュ（本）
【随音句】「訟は呉はジュウ、漢はジョウなり。然も濁音なり。南都には頌なども皆、ジュウと引いてこれを讀むなり。書写流の書にもシュウと付けたり」
【補闕】「諍は清音なり。清んで讀むべき事なれども古より濁って讀み来たれり。今更改め難し。訟は濁音なり。常に訴訟（ソショウ）というは誤りか。清濁の誤りは古より多き事なり。論ずるに足らず」

762 **梵音海潮音**

日相・山家・嵯峨　カイチョウオン　慈海　カイヂョウ（本）オン

762 **勝彼世間音**

【連声】慈海・山家　セケンノン（左）

762 **慈眼視衆生**

日相・慈海・嵯峨　ジゲンジ（本）　山家　ジゲンシ

【随音句】「視、濁音。上の如し」

762 **聞是観世音菩薩品**

【連声】山家　ボサッポン

763 **佛説是普門品時**

日相・慈海　フモンボン　山家　フモンポン　嵯峨　フモンホン

763 **衆中八萬四千衆生**

日相　シュヂュウ（新）　慈海・山家　—ヂュウ　嵯峨　シュウヂュウ

【訓】「衆中の八萬四千の衆生」

763 **皆發無等等**

全本　ムトウドウ（新）

陀羅尼品　第二十六

764 **法華経者**

日相　ホケキョウシャ　慈海　ホッケキョウジャ　山家・嵯峨　ホケキョウジャ

【訓】「能く法華経を受持すること有らん者の」

【注】以下の「〜受持。法華経者」もこれに準ずる

765 **我今當與説法者**

日相・慈海　セッポウジャ　山家・嵯峨　セッポウシャ

【訓】「我れ今、當に説法者に陀羅尼呪を與えて」

765 【注】陀羅尼神呪については、各本において読み音がかなり相違する。便宜上、それぞれの読み音のみを抽出して列記する。

日相本　薬王呪　アニ　マニ　マネイ　ママネイ　シレイ　シャリテイ　シャミャ　シャビタイ　センテ

イ　モクテイ　モクタビ　シャビ　アイシャビ　ソウビ　シャビ　シャエイ　アシャエイ　アギニ　センテイ　シャビ　ダラニ　アロキャバサイハシャビシャニ　ネイビテイ　アベンタラネイビテイ　アタンタハレイシュダイ　ウクレイ　ムクレイ　アラレイ　ハラレイ　シュキャシ　アサンマサンビ　ボツダビキリヂッテイ　ダルマハリシテイ　ソウギャネツクシャネイ　バシャバシャシュタイ　マンタラ　マンタラシャヤタ　ウロタウロタ　キョウシャリャ　アシャラ　アシャヤタヤ　アバロ　アマニャナタヤ

勇施呪　ザレイ　マカザレイ　ウク（左ウツ）キ　モク（左モツ）キ　アレイ　アラハテイ　ネツレイテイ　ネツレイタハテイ　イチニ　イチニ　シチニ　ネツレイチニ　ネツリチハチ

毘沙門呪　アリ　ナリ　トナリ　アナロ　ナビ　クナビ

持国呪　アキャネイ　キャネイ　クリ　ケンダリ　センダリ　マトウギ　ジョウグリ　ブロシャニ　アツチ

十羅刹女呪　イデイビ　イデイビン　イデイビ　アデイビ　イデイビ　デイビ　デイビ　デイビ　デイビ　デイビ　ロケイ　ロケイ　ロケイ　ロケイ　タケイ　タケイ　タケイ　トケイ　トケイ

慈海本　薬王呪　アデイ（左ネイ）マデイ（左ネイ）マデイ（左ネイ）ママデイ（左ネイ）シレイ（左テイ）シャリテイ　シャビャ（左ミャ　下ビ・ベイ）シャビ（左ミ）タイ　センテイ　ボク（左モク）テイ　ボク（左モク）タビ　シャビ　アイシャビ　ソウビ　シャビ　シャエイ　アシャエイ　アギニ（左ヂ）センテイ　シャビ　ダラニ　アロキャバサイハシャビシャニ（左ヂ）デイ（左ネイ）ビタイ（左テイ）アベンタラデイ（左ネイ）ビタイ（左テイ）アタン（左テン）タハリ（左レイ）シュダイ　ウ（左オウ）クレイ　ボウ

（左ム）クレイ　アラレイ（左ダイ　下デイ）ハラレイ（左ダイ　下デイ）シュキャシ　アサンマサンビ　ボダビキリヂッテイ　ダルマハリシテイ　ソウギャヂ（左ニ）クシャデイ（左ネイ）バシャバシャシュダイ　マンタラ　マンタラシャヤタ　ウロタ　ウロタキョウシャリャ　アシャラ　アシャヤタヤ　アバロ　アマニャナタヤ

勇施呪　ザレイ　マカザレイ　ウ（左オ）キ　ボク（左モツ）キ　アレイ　アラバテイ　ヂリ（左レイ）テイヂリ（左レイ）タバテイ　イチニ　イチニ　シチニ　ヂリ（左レイ）ヂニ　ヂリヂバチ

毘沙門呪　アリ　ナリ　ト（左ドウ）ナリ　アナロ　ナビ　クナビ

持国呪　アギャデイ（左ネイ）ギャデイ（左ネイ）グリ　ゲンダリ　センダリ　マトウギ　ジョウグリ　ブロシャニ　アツチ

十羅刹女呪　イテイビ　イテイビン（左ミン）イテイビ　アテイビ　イテイビ　デイビ　デイビ　デイビデイビ　デイビ　ロケイ　ロケイ　ロケイ　ロケイ　タケイ　タケイ　タケイ　トケイ　トケイ

山家本　薬王呪　アンニ　マンニ　マネイ　ママン（左マ）ネイ　シレイ　シャリテイ　シャミャ（左メイ）シャビタイ　センデイ　モキテイ　モキタビ　シャビ　アイサビ　ソウビ　シャビ　キサエイ　アキサエイ　アギシニ　センデイ　シャビ　タランチ　アロキャハサイハシャビキサニ　ネイビテイ　アベンタラネイビテイ　アダンタハレイシュ（左シュウ）タイ　ウ（左ク）クレイ　モクレイ　アラレイ　ハラレイ　シュキャキシ　アサンマサンビ　ボダビキリチテイ　ダルマハリキシテイ　シギャニリクザネイ　ハシャハシャシュタイ　マンタラ　マンタラキサヤタ　ウロタウロタ　キョウシャリャ　アキサラ　アキ

サヤタヤ　アバロ　アマニャナタヤ

勇施呪　ジバレイ　マカジバレイ　オクケイ　モクケイ　アレイ　アラハテイ　ニレイテイ　ニレイタハテイ　イチニ　イチニ　シチニ　ニレイチニ　ニレイチハテイ（左チ）

毘沙門呪　アリ　ナリ　トナリ　アナロ　ナリ　クナリ

持国呪　アキャネイ　キャネイ　クリ　ケンダリ　センダリ　マトウギ　ジョウグリ　ボロシャニ　アチ

十羅刹女呪　イテイビ　イテイミン　イテイビ　アテイビ　イテイビ　ニビ　ニビ　ニビ　ニビ　ニビ　ロケイ　ロケイ　ロケイ　ロケイ　サダケイ　サダケイ　サダケイ　サドケイ　サドケイ

嵯峨本　薬王呪　アニ　マニ　マネイ　ママネイ　シレイ　シャリテイ　シャメイ　シャビタイ　センテイ　ボクテイ　ボクタビ　シャビ　アイシャビ　ソウビ　シャビ　シャエイ　アシャエイ　アギニ　センテイ　シャビ　ダラニ　アロキャバサイバシャビシャニ　ネイビテイ　アベンダラネイビテイ　アタンダハレイシュタイ　ウクレイ　モクレイ　アラレイ　ハラレイ　シュキャシ　アサンマサンビ　ボツダビキリリチテイ　ダルマハリシテイ　ソウギャネツクシャネイ　バシャバシャシュタイ　マンダラ　マンダラシャヤタ　ウロタウロタ　キョウシャリャ　アシャラ　アクシャヤタヤ　アバロ　アマニャナタヤ

勇施呪　サレイ　マカサレイ　ウキ　モツキ　アレイ　アラハテイ　ネツレイテイ　ネツレイタハテイ　イチニ　イチニ　シチニ　ネツレイチニ　ネツリチバチ

毘沙門呪　アリ　ナリ　トナリ　アナロ　ナビ　クナビ

持国呪　アキャネイ　キャネイ　クリ　ケダリ　センダリ　マトウギ　ジョウグリ　ブロシャニ　アンチ

十羅刹女呪　イデイビ　イデイミン　イデイビ　アデイビ　イデイビ　デイビ　デイビ　デイビ　デイビ　デイビ　ロケイ　ロケイ　ロケイ　ロケイ　タケイ　タケイ　タケイ　トケイ　ドケイ

765 **安爾　曼爾**　【随音句】「安の字もアンと讀むべき様なり。然れども唯だアと讀むこと、梵語は半音に讀む例多し。今の安もアと讀むと好まし。曼の字、また字の如くならばマンと讀むべき様なり。然れどもマとこれ讀むこと、安の字の例なり」

765 **旨隷**　【補闕】「隷、呉音はライ、漢音はレイなり。呪の中には漢音に呼ぶ字多し。古音に従うべし」

766 **賖咩**　【随音句】「咩、音マイ・メイ、羊の鳴くなり。呉はミャ又はマイ、漢はビャ又はベイと見えたり」

766 **賖履**　【随音句】「履、呉はミ、漢はビなり。然るに、前後の呪の讀み来れるところの音、呉漢あい交れり。呉音は勿論なり。その漢音に讀むところのものは、隷レイ・提テイ・帝テイ・樓ロ、等これなり。今の履、また昔より多くヒと讀み来れり。濁って讀むべし」

【補闕】「呪は多く漢音に讀み来れり。古より讀み来たれるに任せてヒと讀むべし」

766 **阿耆膩**　【補闕】「耆、濁音なり。清んで讀むべからず」

766 **簸蔗毘叉膩**　【補闕】「簸、清音なり。濁って讀む人有り。不可なり」

767　阿亶哆波隷輸地

767　首迦差

767　佛駄毘吉利袠帝

767　僧伽涅瞿沙禰

768　郵樓哆

768　悪叉邏

【随音句】「前後の哆字、みな清んでこれ讀むべし」

【補闕】「哆、清音なり。地は途賣の反、タイの音なり」

【注】日相本は地の字に濁点を付けダイの仮名を振る。反切として挙げる父字の途、母字の賣にも濁点を付けている

【随音句】「迦は清音なり。濁るべからず」

【補闕】「佛駄、ブツダと讀むは不可なり。ボツダと讀むべきなり」

【補闕】「涅、随音句にネツと之を讀むべしと云々。遠師指南の如くならばツメて讀むべき様なり。然れども悉曇の自音成他・他音属自の連聲を考えるに、ツメて悪しき處はツムべからず。涅槃等の如し。ネツハンと呼ぶべき字なれども、口内穏便ならざるゆえにネハンと呼ぶなり。今の文も亦斯くの如し。ツムれば誦文穏便ならず。然らばソウギャネと讀むべし。入聲のフツクチキの捨て假名を用いず。入聲の字を去聲に讀むことは南天の用音なり」

【注】日相本はソウギャネツと仮名を振っている。以下の涅の字についても同様である。これは16頁の『補闕』の解説にもあるように、仮名にはソウギャネツと書くが、唱える時はソウギャネと読むということであろう

【随音句】「郵、呉はウ、漢はユウなり」

【補闕】「今の悪の字もアの音に讀むが好し。或いはアクと讀み、アキと讀むは非なり。悉曇にてこれを言わば、中天の用音には悪を入聲と見てアクと呼ぶなり。南天

の用音には悪を去聲と見て下のフックの捨て假名を呼ばずただアと唱えるなり。是則ち南天の用音なり。呪の中には多分は南天の用音、少分中天の音を用いるなり」

768 **是陀羅尼神呪**

全本　ジンシュ

【注】以降の「神呪」もすべて同じ

769 **若有侵毀**

日相・慈海・山家　シンキ　嵯峨　シンギ（新）

【注】以降の「侵毀」もすべて同じ

770 **若吉蔗**

日相　ニャクキシャ　慈海　ニャッキッシャ　山家　ニャクキッシャ　嵯峨　ニャクキチシャ

【注】以降の「若吉蔗」もすべて同じ

770 **若鳩槃荼**

【連声】慈海　ニャック

770 **無能得便**

日相・嵯峨　トクベン　山家　トクベン（左ビン）

【注】以降、「便り」の意の便の字については、すべて同じ

770 **郁枳　目枳**

【補闕】「山門には四種の連聲あり。第一第二、且く置く。三には自音成他の連聲。四には他音屬自の連聲なり。此の二種の連聲。讀経の要樞なり。夫れ自他の字とは、二字連なる時、上の字を他となし、下の字を自となす。二字相連なる時、上の字に空點・涅槃點の響きこれ有る時、右の連聲を用いるなり。抑も佗音屬自の連聲とは、下の自音にひかれて、上の佗の音を轉ずるなり。今の郁ウッ枳キ、目モッ枳キ、釋シャ迦カ、涅ネ槃ハンの類是なり。今の呪も字の如くならば、ウクキ、モクキなれ

ども、讀む時は下の自音にさそわれて、上の他字音を變じて、ウッキモッキと讀む
なり。郁を他字となし、枳を自字となす。釋迦も文字の如くならば、シャクカと讀
むべし。自字の迦にさそわれて、上の他字の釋入聲のクの假名を失ってシャカと呼
ばれるなり。然れども假名を付けるときは本體の文字のごとくウクキモクキと書く
べし。讀むときはウッキモッキと讀むべきなり」（第三部　三、へ、連声　参照）

771　涅隷第　【随音句】「ニリと讀み、チリと讀む相伝の義あれども、然るべからず」
【補闕】「涅は呉音はネツ、漢音はテツなり。ネッとつめて音便良き故にツメて讀む
べし」

771　涅犁墀婆底　【補闕】「底は常にはテイの音なり。呪の中にてはチの音なり」

772　毘沙門天王護世者　日相・慈海・山家　ビシャモンデン（新）　嵯峨　ビシャモンテン
日相　ゴセジャ（新）　山家・嵯峨　ゴセシャ
【補闕】「者の字、濁って讀むべし」

772　㝹那犂　【補闕】「序品、阿㝹樓駄、アヌルダと讀めり。今、呪の中にはトの音に讀むべきこ
と、必せり。その上、古よりなべてトナリと讀み来るものをや」

773　持国天王　日相　ジコクデン（新）　山家・嵯峨　ジコクテン

774　浮樓莎柅　【随音句】「浮の字、濁音なり」

775　五名黒歯　日相・慈海・嵯峨　コクシ　山家　コクシ（左シュ）

775　十名奪一切衆生精気　日相・慈海　ショウケ　山家・嵯峨　ショウゲ（新）

775　**及眷属**
日相・嵯峨　ギュウケンゾク
【注】以降の「及眷属」もすべて同じ

776　**法師短者**
日相　タンシャ　慈海・山家・嵯峨　タンジャ
【訓】「若し法師の短を伺い求むること有らん者をば」

776　**伊提泯**
【随音句】「履をミと読むときは泯をもミンと読み、履をビと読むときは泯をもビンと読むべきなり。その中には、読み来れるが如くビと読むが勝すべきか。然らば泯をもビンとこれ読むべし」

777　**樓醯**
「醯は、漢はケイ呉はカイなり。然れども呪の中は多分、漢音を用いたり。そのうえ古より読み来たるに任すべし」

777　**若犍駄**
【連声】慈海　ニャッケンダ

777　**若烏摩勒伽**
日相　ウマロギャ（本）　慈海・山家・嵯峨　ウマロキャ
【随音句】「勒は半音にてロと読むなり」
【補闕】「伽の字、遠師、カと読めと指南し給えども、梵文の法を考えるに、カの拗音を取ってキャと呼ぶべきなり。ウマロガと読めば舌内穏便ならず。故に伽の拗音を取ってウマロギャと読めば口内に滞りなし。これ則ち梵音の法式なり。伽は濁音なり。濁って読むべし」

777　**若阿跋摩羅**
日相・慈海・嵯峨　アバツマラ　山家　アバ（左バッ）マラ

777　**若夜叉吉蔗。若人吉蔗**

778　若熱病

日相・慈海・山家　キッシャ　嵯峨　キチシャ

日相・慈海・山家　ネツビョウ　嵯峨　ネチビョウ　83頁参照

【注】778　若常熱病も同じ

778　若四日

日相・慈海　シニチ

【補闕】「昔、無智なる僧、死の聲を忌みてヨニチと讀まれしとなり。愚癡なることなり」

778　悩乱説法者

日相・慈海　セッポウジャ　山家・嵯峨　セッポウシャ

【訓】「説法者を悩乱せば」

779　如殺父母罪

全本　シブモ

【補闕】「殺の字あまた音あり。シ・サイ・セツ・サツ等なり。今は去聲シの音なり。殺は弑シと同じ。父母主君、我より尊長の人を殺すを弑というなり」

779　亦如壓油殃

日相・山家　ヨウ（左オウ）ユ　慈海　オウユ　嵯峨　ヨウユ

【補闕】「壓に二音あり。アフの音、エフの音、ともに入聲なり。意樂に随ってこれを讀むべし」

【注】『隨音句』では右にアフ、左にエフの仮名を振っている

779　斗秤欺誑人

日相　トウショウ　慈海・山家・嵯峨　トショウ

779　調達破僧罪

日相　ヂョウ（新）ダツ　山家・嵯峨　ヂョウ（本）ダツ

779　修行是経者

日相　ゼキョウシャ　慈海・山家・嵯峨　ゼキョウジャ

【訓】「是の経を受持し讀誦し修行せん者を」

780 **瞻蔔華**　日相・慈海・嵯峨　センボク　山家　センブク
【補闕】「世にセンブクケと讀む人多き故に、この指南あり」

780 **優鉢羅華**　日相・慈海・嵯峨　ウハツラケ　山家　ウハラケ
【補闕】「ウハツラケと讀む人多けれども、梵文の法に任せば、入聲のツメ假名を除いてウハラケと讀むべきなり」

【注】日相本の仮名と『補闕』の解説が齟齬する
780 **百千種供養者**　日相・慈海　センジュ（新）　山家　センジュウ（新）　嵯峨　センジュ（本）

妙荘嚴王本事品　第二十七

781 **妙荘嚴王本事品**　【連声】慈海・山家　ゴンノウ（左）

782 **彼佛法中有王**　日相・嵯峨　ブツホウチュウ　山家　ブッポウチュウ
【補闕】「或る寺の小僧、ホッチュウと讀みしは不可なり」
【訓】「彼の佛の法の中に王有り」

782 **所謂檀波羅蜜**　日相・慈海・山家　ダンバ（新）ラミツ　嵯峨　ダンハラミツ

783 **禅波羅蜜**　日相・慈海・山家　ゼンバラミツ　嵯峨　ゼンバラミチ

783 **日星宿三昧**　日相　ニチショウシュク（左シウ）　慈海　ニッショウシク　山家　ニッショウシュ

ク　嵯峨　ニチショウシュク

【補闕】「宿にシウ・シュクの二音あれば、シウと讀んでもシュクと讀んでも不可なしといえども、一部一同なるべし。星宿の時はシウと讀み、止宿の時はシュクと讀み分けるは誤りなり。今、世間の人、一部の内、大抵入聲に讀めり。然らばここも入聲に讀むべきか。とにかく、シウにてもシュクにても、一部一同に讀むべし」

783　淨光三昧

日相・山家　サンマイ　嵯峨　ザンマイ

【注】783淨照明三昧も同じ

783　長莊嚴三昧

日相・慈海　ヂョウショウゴンザンマイ　山家　チョウショウゴンサンマイ　嵯峨　チョウショウゴンザンマイ

【隨音句】「長莊嚴三昧ザンマイ、餘の三昧はみな清んでこれを讀むべし」

【補闕】「長、濁音なり。三、濁って讀むべし」

784　合十指爪掌白言

日相・慈海・山家　ジッシ

784　於一切天人衆中

日相　テンニンジュチュウ　嵯峨　テンニンシュヂュウ

【補闕】「衆、濁って讀むべし。下もこれに同じ」

【訓】「一切の天人衆の中に於いて」

【注】787天人衆中も同じ

785　深著婆羅門法

日相　バラモンホウ　慈海・山家・嵯峨　バラモンボウ

【補闕】「著、濁音なり。法の字、清んで讀むべし」

【訓】「深く婆羅門の法に著せり」

785 **我等是法王子**

全本　ホウオウジ（新）

【補闕】「子の字、清んで讀むべきか。法王の子ミコと讀む故なり。文殊を法王子ホウオウジと云うとは少し異なり」

【訓】「我等は是れ法王の子（ミコ）なり」

【注】日相本の仮名と『補闕』の解説が齟齬する

785 **若得見者**

日相・嵯峨　ケンシャ　山家　ケンジャ

【訓】「若し見ることを得ば」

785 **心必清淨**

【連声】山家　シンピツ

786 **於虚空中**

日相・慈海　コクウチュウ　山家・嵯峨　コクウギュウ

【補闕】「中、清んで讀むべし」

786 **身上出水**

日相・慈海　スイスイ　山家・嵯峨　シュツスイ

【隨音句】「四箇の出、みなスイの音なり」

【注】身下出火・身下出水・身上出火も同じ

786 **滿虚空中**

日相・山家・嵯峨　コクウギュウ　慈海　コクウチュウ

【補闕】「中の字、濁って讀むべし。下の於空中滅、これに同じ。上の於虚空中とは別なり。今この中の字、中央の義にもあらず、内なりの訓にもあらず。今は滿なりの訓にして、虚空中に遍滿する義なり。然らば濁って讀むべきこと明けし。滿なりの訓とは京中、田舎中という時の中に満つるの訓というなり」

786　履水如地
全本　リスイ
【補闕】「或る新發意、ブスイと讀みしは不可なり」

788　従空中下
全本　クウヂュウ
【補闕】「中、濁って讀むべし」

789　脱諸難亦難
【連声】山家　ナンニャク（左）

790　又如一眼之亀
日相・嵯峨　イチゲン　山家　イチガン（左ゲン）

790　値浮木孔
日相　チブ（本）　慈海　ヂ（本）ブ（本）　山家・嵯峨　チフ
【連声】慈海・山家　モック
【補闕】「浮、濁音なり」

790　而我等宿福深厚
日相・山家　ジンコウ　慈海・嵯峨　ジンゴウ（本）

790　後宮八萬四千人
日相・嵯峨　ゴグウ（新）　慈海・山家　ゴクウ
【補闕】「宮は清音なれども、連聲にて濁なり」
【注】792　與後宮采女眷属倶も同じ

791　其王夫人
日相　ブ（新）ニン　山家・嵯峨　ブ（本）ニン
【補闕】「夫は清濁二音あり。丈夫・夫人などの時は清音なり。丈夫の時、濁るは連聲なり。儒書にフジンと呼ぶ、尤も聞こえたり。佛家にブニンと呼ぶは連聲ともいわれず、新濁とも言い難し。不審云々。但し、儒書の清音を佛書には濁って讀むこと、その例多しか」

792 一時共詣佛所

日相・慈海・山家　グケイ　嵯峨　グゲイ（新）

792 繞佛三帀

日相・慈海　サンソウ　山家・嵯峨　サンゾウ（新）

【随音句】「帀の字、濁ってこれを讀むべからず」

792 王大歓悦

【連声】山家　カンネツ（左）

793 化成四柱寶臺

日相　シチュ　慈海　シヂュウ（本）　山家・嵯峨　シチュウ　69頁参照

794 於我前合掌立不

日相・山家・嵯峨　リュウフ　慈海　リッフ

794 此王於我法中

日相・慈海　ホウチュウ　山家・嵯峨　ホッチュウ

【補闕】「法をツムべからず」

【訓】「此の王は我が法の中に於いて」

794 號娑羅樹王

日相・慈海・嵯峨　シャラジュオウ　山家　サラジュオウ

【注】794 其娑羅樹王佛も同じ

794 以国付弟

日相　フダイ（新）　慈海　フダイ（本）　山家・嵯峨　フテイ

【補闕】「弟、テイは漢音、タイは呉音なり。故にダイと讀むべし。然るに古より弟子（デシ）と呼び来たるは相違なれども、昔より呼び来たれば改め難し」

795 於佛法中

日相　ブツホウチュウ　山家　ブッポウチュウ　嵯峨　ブツホッチュウ

【訓】「佛法の中に」

795 得一切淨功徳荘嚴三昧

日相・慈海　ショウゴンザンマイ　山家・嵯峨　ショウゴンサンマイ

795 **轉我邪心**
日相・慈海　ジャシン　嵯峨　シャシン

798 **頂上肉髻**
日相　ニクケイ　慈海・山家　ニッケ　嵯峨　ニチケ　167頁参照

798 **光明顯照**
日相　ケンショウ　山家・嵯峨　ケンジョウ
【訓】「光明顯照す」

798 **其眼長廣**
日相　ヂョウコウ　山家・嵯峨　チョウコウ
【補闕】「長、濁音」

798 **白如珂月**
日相　カガツ　山家　カゲツ（左ガツ）　嵯峨　カガチ

798 **歯白齊密**
日相　サイミツ　慈海　ザイ（本）ミツ　山家・嵯峨　サイミチ

798 **脣色赤好**
日相　シンシキシャクコウ　慈海　ジン（本）シキシャッコウ　山家　シンジキ（新）シャッコウ　嵯峨　シンジキ（新）シャクコウ

799 **無量百千萬億功徳已**
【連声】山家　ノッ（左）クドク

800 **及諸眷属故**
【連声】慈海・山家　ケンゾッコ

800 **於彼中生**
日相・慈海　チュウショウ　山家・嵯峨　チュウジョウ
【訓】「彼の中に於いて生ぜり」

801 **於諸法中**
日相・慈海　ショホウチュウ　山家・嵯峨　ショホッチュウ
【補闕】「ホッチュウと讀むは不可なり」
【訓】「諸法の中に於いて」

普賢菩薩勧發品　第二十八

802 **普賢菩薩勧發品** 日相・慈海　カンボツ（新）ホン　山家　カンボッ（新）ポン　嵯峨　カンホツホン

802 **第二十八** 日相　ニジュウハチ　山家　ニジュウハツ　17頁参照

803 **耆闍崛山中** 日相　ギシャクセンチュウ　山家　ギシャクセンヂュウ　嵯峨　ギシャックセンヂュウ　13頁参照

803 **右繞七帀** 日相　シツソウ　慈海　シチソウ

804 **三者入正定聚** 日相　サンシャ　慈海・山家・嵯峨　サンジャ
【連声】慈海・山家　ニッショウ

805 **必得是経** 【連声】山家　ヒットク

806 **若為魔所著者** 日相・慈海・山家　ショヂャクシャ　嵯峨　ショチャクシャ
【補闕】「著、濁音」

806 **若羅刹** 日相　ラセツ　山家・嵯峨　ラセチ
【連声】慈海　ニャック　日相・山家・嵯峨　クハンダ（本）慈海　クハンタ

806 **若鳩槃荼** 日相　ノウニンシャ　山家・嵯峨　ノウニンジャ
【補闕】「者、清んで讀むべし」
【訓】「諸の人を悩ます者の」

806 **諸悩人者**

807 **爾時我復**　日相・山家　ガブ（本）嵯峨　ガフ

807 **有所忘失**　日相　モウシツ　山家　モウシチ　嵯峨　ホウシチ

808 **於三七日中**　日相・慈海・嵯峨　ニチチュウ　山家　ニッチュウ

【随音句】「於三七日中・満三七日已、日をニチと讀むべし」

808 **満三七日已**　全本　サンシチニチイ

【注】**普賢呪の各本の読み音**

日相本　アタンダイ　タンダハタイ　タンダハテイ　タンダクシャレイ　タンダシュダレイ　シュダレイ　シュダラハチ　ボツダハセンネイ　サルババダラニ・アバタニ　サルババシャ・アバタニ　シュアバタニ　ソウギャハビシャニ　ソウギャネツ・キャダニ　アソウギ　ソウギャハギャタイ　テイレイアダ・ソウギャトリャ・アラテイ・ハラテイ　サルバソウギャ・サンマヂ・キャランダイ　サルバダルマ・シュハリセツテイ　サルバサツタ・ロダキョウシャリャ・アトギャタイ　シンアビキリタイテイ

慈海本　アダンダイ　ダンダハチ　ダンダバテイ　ダンダクシャレイ（左リ）　ダンダシュダレイ（左リ）　シュダレイ（左リ）　シュダラハチ　ボダハセンデイ（左ネイ）　サルバダラニ・アバタニ　サルババシャ・アバタニ　シュアバタニ　ソウギャハリシャニ　ソウギャヂギャダニ　アソウギ　ソウギャハギャタイ（左チ）　テイ（左チ）レイ（左リ）アダ・ソウギャトリャ・アラテイ・ハラテイ　サルバソウギャ・サンマヂ・キャランタイ（左チ）　サルバダルマ・シュハリセチ（左シ）テイ　サルバサツタ・ロダキョウシャリ

ャ・アドギャタイ（左チ）　シンア（左ナ）ビキリヂテイ

山家本　アダンタイ　ダンダハリ（左ハ）タイ　ダンダハリテイ　ダンダクシャレイ　ダンダソダレイ　ソダレイ　ソダラハチ　ボダハセンネイ　サルバダラニ・アバリタニ　サルバハシャアバリタニ　ソアバリタニ　シギャハリキサニ　シギャニリギャダニ　アシゲイ　シギャハギャタイ　タレイアトベイシギャトリャ・アラテイハラテイ　サルバシギャ・サマタイキャランタイ　サルバダルマ・ソハリキシテイ　サルバサタバ・ロダキョウシャリャ・アヌギャタイ　シンナビキリチテイ

嵯峨本　アタンダイ　タンダハタイ　タンダハテイ　タンダクシャレイ　タンダシュダレイ　シュダレイ　シュダラハチ　ボツダハセンネイ　サツバダラニアバタニ　サツババシャアバタニ　シュアハタニ　ソウギャハビシャニ　ソウギャネツキャダニ　アソウギ　ソギャハギャタイ　テイレイアダソウギャトリャアラテイハラテイ　サツバソウギャサマダイキャランダイ　サツバタルマシュハリセチテイ　サルバサツタロダキョウシャリャアドギャタイ　シンアビキリタイテイ

810　**檀陀鳩賒隷**　【随音句】「鳩をキュウと讀むは非なり」

811　**僧伽涅伽陀尼**　【補闕】「涅、随音句にはツメて讀めとあれども、梵音の習いには口内の不穏便を嫌うが故に、ネと讀むべし」

811　**三摩地**　【随音句】「この句はヂと讀むが然るべきか」

【補闕】「この呪の中に七箇の地の字あり。この三摩地を除いて、餘の六字はタイの音に呼ぶとは、句解の指南なり。遠師の私に非ず。」

811 **阿毘伽地**

【随音句】「毘は清音なり。清んで讀むべし」

813 **當生忉利天上**

日相・嵯峨　トウショウ　山家　トウジョウ（新）

813 **而来迎之**

日相　ライゴウ（本）　慈海・山家・嵯峨　ライコウ

【補闕】「迎、漢音はケイ、呉音はキャウと見えたり。ガウの音なきに似たり。カウは直音、キャウは拗音なり。故に呼び来たるが如くカウと讀むべし」

【注】日相本はゴウと本濁に読むが、『補闕』は清音を指示している。ただ、『補闕』で各音韻書の反切例を挙げる中で、疑京（ギキョウ）・魚京（ゴキョウ）・疑慶（ギキョウ）と、いずれも父字に濁音を当てていることから、濁音を意図している可能性がある

813 **其人即著七寶冠**

日相・慈海　ソクチャク　山家・嵯峨　ソクヂャク

【随音句】「著は清音なり」

【訓】「其の人、即ち七寶の冠を著て」

814 **而於中生**

日相・慈海　チュウショウ　山家・嵯峨　チュウジョウ

【訓】「中に於いて生ぜん」

816 **則見釋迦牟尼佛**

【連声】慈海・山家　ソッケン

817 **経書手筆**

日相　キョウジョ（新）　山家・嵯峨　キョウショ

817　若畜猪羊鷄狗

全本　チクチョヨウケイク

【補闕】「畜、キウとかキクとか讀むべき事なれども、古よりチクの音に讀み来れり。今更改め難し」　75頁参照

817　若獵師

日相・慈海・嵯峨　レッシ　山家　リョウシ

【補闕】「獵師、レフシと讀むべき事なり。況や獵師（レフシ）は世俗使い慣れたる言なり。然れども先哲も改め給わず。今更改たむること能わず」

817　若衒賣女色

日相・山家・嵯峨　ケンマイ　慈海　ゲン（本）マイ　162頁参照

818　是人心意質直

【連声】慈海・山家　シンニ（左）　日相　シツジキ　慈海・山家・嵯峨　シチジキ

【注】この「質直」のみ、日相本・再版本ともにシツジキと読む。『補闕』にも理由は示されていない

819　轉法輪

日相　テンホウリン　慈海・山家・嵯峨　テンボウリン

【補闕】「法輪の法、清んで讀むべし」

【訓】「法輪を転じ」

819　撃法鼓

全本　ホック

【補闕】「法鼓の法、ツムべからず。下の法の螺に対して法の鼓と讀む故に、法を長聲に引いて讀むべし」

【訓】「法鼓を撃ち、法螺を吹き」（頂妙寺本「法の鼓を撃ち、法の螺を吹き」）

【注】日相本の仮名と『補闕』の解説が齟齬する。再版本はホフクとする

819 是人不復貪著　日相・慈海・山家　トンヂャク　嵯峨　トンチャク

819 亦於現世　日相・慈海・山家　ゲンゼ　嵯峨　ゲンセ

820 汝狂人耳　日相・慈海・山家　オウニン　嵯峨　キョウニン

820 當於今世　日相・慈海・山家　コンゼ　嵯峨　コンセ

820 出其過悪　日相・慈海　スイゴカアク　山家・嵯峨　シュツゴカアク

【訓】「其の過悪を出ださん」

820 牙歯疎缺　日相・慈海・山家　ソケツ　嵯峨　ソケチ

820 醜脣平鼻　日相・慈海・嵯峨　ビョウ（本）ビ　山家　ヒョウビ

820 手脚繚戻　全本　リョウライ

820 眼目角睞　【連声】慈海　モッカク

821 身體臭穢　日相・山家・嵯峨　シンダイ

【注】日相本は清点・ダイとするが、再版本は濁点・ダイ

821 悪瘡膿血　日相・慈海・嵯峨　アクソウノウケツ　山家　アク（左オ）ソウノウケチ

821 諸悪重病　日相　ヂュウビョウ　山家　ヂュウ（左ヂョウ）ビョウ　嵯峨　チュウビョウ

821 當起遠迎　日相　オンゴウ（本）　慈海・山家・嵯峨　オンコウ　242頁参照

821 勧發品時　【連声】山家　カンボッポン

822 妙法蓮華経巻第八　日相　ダイハチ　山家　ダイハツ　17頁参照

第二部　単漢字音表

凡　例

この部では、法華経に用いられる主な単漢字について、諸橋轍次著『大漢和辞典』に記載されている字音を転記した。

※単漢字の掲載順序は日相本の読み音での五十音順とした。見出しに日相本の読み音を挙げている。

※「漢」は漢音、「呉」は呉音、「慣」は慣用音を示す。漢音・呉音についての概説は第三部に掲載してある。慣用音とは主に日本国内で慣れ用いられている字音をいう。

※それぞれの漢字について、日相・慈海・山家・嵯峨模刻の各本で主に用いられている音を記載した。「全本」とあるのは、四本ともに同じ音であることを意味している。

※『大漢和辞典』の本文はすべて旧仮名遣いであるが、第一部同様ここも便宜上、現代仮名遣いで表記した。

※入声に属する漢字のうち字音がフで終わるものは、現代仮名遣いでは表記されないので、「フ入声」

と記しておいた。

※各本において、本来的に濁音で読みながら新濁点を付している場合があり、その場合は（新濁）と注記しておいた。

アイ　**靉**　漢・呉　アイ　全本　アイ　「靉靆」は雲のくらいさま

アク　**悪**　①わるい　漢・呉　アク
②にくむ　③いずくんぞ　漢　ヲ　呉　ウ

アン　**暗**　漢　アン　呉　オン　全本　アン

闇　漢　アン　呉　オン　全本　アン

イ　**已**　漢・呉　イ　全本　イ　山家本の一部にシの例あり　「やむ・やめる」

恚　漢・呉　イ　全本　イ　「いかる」

イチ　**一**　漢　イツ　呉　イチ　日相・慈海・嵯峨　イチ　山家　イチ・イツ両例有り

イツ　**逸**　漢　イツ　呉　イチ　日相・慈海　イツ　山家・嵯峨　イチ　「はしる・なくなる」

溢　漢　イツ　呉　イチ　日相・慈海　イツ　山家・嵯峨　イツ・イチ両例有り　「あふれる」

ウ　**友**　漢　ユウ　呉　ウ　全本　ウ

郵　漢　ユウ　呉　ユ　全本　ウ

憂　漢　ユウ　呉　ウ　全本　ウ

傴　漢・呉　ウ　全本　ウ　「かがむ」

エ

衣　漢　イ　呉　エ　全本　エ
依　漢　イ　呉　エ　全本　エ
隘　漢　アイ　呉　エ　日相　エ　慈海・山家・嵯峨　アイ　「せまい・けわしい」
畫　漢　カイ　呉　ゲ　慣　ガ　全本　エ　「えがく・絵」
懐　漢　カイ　呉　エ　全本　エ　「懐妊」は山家・嵯峨　カイ
膾　漢　カイ　呉　ケ　全本　エ　「なます」
穢　漢　ワイ　呉　エ　慣　アイ　全本　エ　「けがれ」

エイ

衛　漢　エイ　呉　エ　日相　エイ　慈海・山家・嵯峨　エ

エツ

悦　漢　エツ　呉　エチ　日相・慈海　エツ　山家・嵯峨　エツ・エチ両例有り

エン

宛　漢　エン　呉　オン　全本　エン　「ねころぶ」
咽　漢・呉　エン　慣　イン　全本　エン　「のど」
捐　漢・呉　エン　全本　エン　「すてる」
掩　漢・呉　エン　日相・慈海・嵯峨　エン　山家　アン　「おおう」
蜿　漢　エン　呉　オン　全本　エン　「虫のうねり曲がるさま」
厭　漢・呉　エン　全本　エン　「あく」

オウ

邑　フ入声（イフ・オフ）　漢　ユウ　呉　オウ　全本　オウ　「みやこ・むら」
狂　漢　キョウ　呉　ゴウ　全本　オウ　嵯峨本にキョウの例有り
殃　漢　ヨウ　呉　オウ　全本　オウ　「とがめ」

雄　漢　ユウ　呉　ユ　全本　オウ

横　漢　コウ　呉　オウ　全本　オウ

誑　漢　キョウ　呉　コウ　全本　オウ　「あざむく」

擁　漢　ヨウ　呉　ユ　全本　オウ　「だく・まもる」

壓　フ入声（アフ・エフ）　漢　オウ・ヨウ　呉　ヨウ　慣　アツ　日相・山家　オウ・ヨウ併記
慈海　オウ　嵯峨　ヨウ　「おさえる・しめる」

オツ

越　漢　エツ　呉　オチ　全本　オツ

オン

洹　漢　エン　呉　オン　全本　オン

怨　漢　エン　呉　オン　全本　オン

飲　漢　イン　呉　オン　全本　オン

瘖　漢　イン　呉　オン　全本　オン

慇　漢　イン　呉　イン・オン　全本　オン　「いたむ・ねんごろ」

カ

伽　漢　キャ　呉　ガ　慣　カ　全本　カまたはキャ　「梵語のカ（ka・kha）またはガ（ga・gha）
を表す語」

寡　漢　カ　呉　ケ　日相・慈海　カ　山家・嵯峨　ガ

駕　漢　カ　呉　ケ　慣用　ガ　全本　カ　「車を馬につける」

ガ

何　漢　カ　呉　ガ　全本　ガ

河　漢　カ　呉　ガ　全本　ガ

カイ

荷　漢　カ　呉　ガ　日相・慈海　ガ　山家・嵯峨　カ

欬　漢・呉　カイ　慣　ガイ　日相・慈海　カイ　山家・嵯峨　ガイ　「せき」

姟　漢・呉　カイ　日相・慈海　カイ　山家・嵯峨　ガイ　「数の名、百兆」

械　漢　カイ　呉　ガイ　日相・山家・嵯峨　カイ　慈海　ガイ　「てかせ・あしかせ」

蓋　漢・呉　カイ　慣　ガイ　全本　カイ　「かさ・おおい・けだし」

憒　漢・呉　カイ　全本　カイ　「みだれる・くらい」

鎧　漢・呉　カイ　慣　ガイ　日相・慈海　カイ　山家・嵯峨　ガイ　「よろい」

ガイ

害　漢　カイ　呉　ガイ　慣　ガイ　全本　ガイ　嵯峨にカイの例あり

啀　漢　ガイ　呉　ゲ　全本　ガイ　「犬がかみあう」

カク

客　漢　カク　呉　キャク　日相　カク　慈海・山家・嵯峨　キャク

覚　①さとる・さとり　漢・呉　カク　全本　カク

②さめる・さます　漢　コウ　呉　キョウ　日相・慈海・嵯峨　カク　山家　キョウ

脚　漢　キャク　呉　カク　日相・山家・嵯峨　カク　慈海　キャク

ガク

楽　①がく、おんがく　漢・呉　ガク　全本　ガク

②たのしむ・よろこぶ　漢・呉　ラク　全本　ラク

③このむ・ねがう　漢　ゴウ　呉　ギョウ　全本　ギョウ

額　漢　ガク　呉　ギャク　日相　ガク　慈海・山家・嵯峨　カク

壑　漢・呉　カク　慣　ガク　日相　ガク　慈海・山家・嵯峨　カク　「みぞ・たに」

カツ

活　漢　カツ　呉　ガチ　日相・山家・嵯峨　カツ　慈海　ガツ

蝎　漢　ケツ　呉　ゲチ　日相・山家・嵯峨　カツ　慈海　ガツ「かれる・つきる」

ガツ

月　漢　ゲツ　呉　ガチ　慣　ガツ　日相・山家・嵯峨　ガツ・ガチ両例有り　慈海　ガツ

カン

甘　漢　カン　呉　カン・コン　日相・慈海　カン　山家・嵯峨　ガン

乾　①いぬい　漢　ケン　呉　ゲン「乾闥婆」は全本　ケン
②かわく　漢・呉　カン　全本　カン

寒　漢　カン　呉　ガン　日相・山家・嵯峨　カン　慈海　ガン

堪　漢　カン　呉　コン　慣　タン　全本　カン「たえる」

龕　漢　カン　呉　コン　慣　ガン　日相・慈海　カン　山家・嵯峨　ガン「塔下の室」

ガン

願　漢　ゲン　呉　ガン　全本　ガン

キ

豈　漢　キ　呉　ケ　慣　ガイ　全本　キ「いずくんぞ・なんで」

匱　漢　キ　呉　ギ　日相・山家・嵯峨　キ　慈海　ギ「とぼしい」

ギ

偽　漢・呉　キ　全本　ギ「いつわる」

キク

掬　漢・呉　キク　全本　キク「すくう・たなごころ」

キツ

吉　漢　キツ　呉　キチ　日相・慈海　キツ　嵯峨　キチ

キャク

撃　漢　ケキ　呉　キャク　慣　ゲキ　全本　キャク

獲　漢　カク　呉　ワク　全本　ギャク

ギャク

劇　漢　ケキ　呉　ギャク　慣　ゲキ　日相・慈海　ギャク　山家・嵯峨　キャク

キュウ
ギュウ
キョウ

給　フ入声（キフ・コフ）　漢　キュウ　呉　コウ　日相・慈海・山家　キュウ　嵯峨　ギュウ
汲　フ入声（キフ・コフ）　漢　キュウ　呉　コウ　日相・嵯峨　ギュウ　慈海・山家　キュウ
交　漢　コウ　呉　キョウ　全本　キョウ
孝　漢　コウ　呉　キョウ　全本　キョウ
茎　漢　コウ　呉　ギョウ　慣　ケイ　日相・山家・嵯峨　キョウ　慈海　ギョウ
肴　漢：コウ　呉：ギョウ　日相・山家・嵯峨　キョウ　慈海　ギョウ　「さかな・つけもの」
廻　漢・呉：カイ　日相・山家・嵯峨　キョウ　慈海ギョウ　「廻に同じ。はるかに」
校　漢：コウ　呉：キョウ　全本　キョウ
頃　漢：ケイ　呉：キョウ　全本　キョウ
敬　漢：ケイ　呉：キョウ　全本　キョウ　「恭敬」は全本とも新濁ギョウに読む
軽　漢：ケイ　呉：キョウ　全本　キョウ
傾　漢：ケイ　呉：キョウ　全本　キョウ
慶　漢：ケイ　呉：キョウ　全本　キョウ
憍　漢・呉：キョウ　全本　キョウ　「ほこる」
膠　漢：コウ　呉：キョウ　全本　キョウ　「にかわ」
曉　漢・呉：キョウ　慣：ギョウ　全本　キョウ
頸　漢：ケイ　呉：キョウ・ギョウ　全本　キョウ　「くび」
謦　漢：ケイ　呉：キョウ　日相・慈海・山家　キョウ　嵯峨　ギョウ　「謦欬」はせきばらい

ギョウ

競　漢：ケイ　呉：ギョウ　慣：キョウ　日相・山家・嵯峨　キョウ　慈海　ギョウ
驚　漢：ケイ　呉：キョウ　全本　キョウ
巧　漢：コウ　呉：キョウ　全本　ギョウ
形　漢：ケイ　呉：ギョウ　全本　ギョウ
狭　フ入声（カフ・ゲフ）漢：コウ　呉：ギョウ　慣：キョウ　日相　ギョウ（一例キョウ）慈海　ギョウ・ゴウ両例有り　山家・嵯峨　キョウ

キン

荊　漢：ケイ　呉：キャウ　日相・山家・嵯峨　ギョウ　慈海　キョウ「いばら」
琴　漢：キン　呉：ゴン　日相・山家・嵯峨　キン　慈海　ギン
禽　漢：キン　呉：ゴン　日相・山家・嵯峨　キン　慈海　ギン「鳥・けもの」
禁　漢：キン　呉：コン　慣：ゴン　全本　キン

ク

九　漢：キュウ　呉：ク　全本　ク
口　漢：コウ　呉：ク　全本　ク
久　漢：キュウ　呉：ク　全本　ク
孔　漢：コウ　呉：ク　日相・慈海・嵯峨　ク　山家　クウ
功　漢：コウ　呉：ク　全本　ク
休　漢：キュウ　呉：ク　全本　ク
朽　漢：キュウ　呉：ク　全本　ク「くちる」
究　漢：キュウ　呉：ク　全本　ク

グ

供　漢：キョウ　呉：ク　全本　ク

垢　漢：コウ　呉：ク　全本　ク

恭　漢：キョウ　呉：ク　全本　ク

倶　漢・呉：ク　慣：グ　全本　ク　「ともに」

恐　漢：キョウ　呉：ク　全本　ク

救　漢：キュウ　呉：ク　全本　ク

琥　漢：コ　呉：ク　日相・山家　ク　慈海　コ・ク併記　嵯峨　コ・ク両例有り

鳩　漢：キュウ　呉：ク　全本　ク

鼓　漢：コ　呉：ク　全本　ク

舊　漢：キュウ　呉：グ　日相・山家・嵯峨　ク　慈海　グ

懼　漢：ク　呉：グ　日相・山家・嵯峨　ク　慈海　ク・グ両例有り　「おそれる・おどろき」

衢　漢：ク　呉：グ　日相・山家・嵯峨　ク　慈海　グ　「つじ・みち」

共　漢：キョウ　呉：グ　全本　グ

弘　漢：コウ　呉：グ　全本　グ

求　漢：キュウ　呉：グ　全本　グ

咎　漢：キュウ　呉：グ　日相・慈海　グ　山家・嵯峨　ク　「とが」

遇　漢・呉：グ　慣：グウ　全本　グ

クウ

宮　漢：キュウ　呉：ク　慣：グウ　全本　クウ

グウ

箜　漢：コウ　呉：ク　日相・慈海・山家　クウ　嵯峨　ク　「箜篌」は楽器の名

躬　漢：キュウ　呉：ク　日相　クウ・グウ両例有り　慈海　クウ　山家　グ　嵯峨　グウ
「からだ」

窮　漢：キュウ　呉：グ　日相・慈海　グウ　山家・嵯峨　グ・グウ両例有り

クン

君　漢・呉：クン　日相・慈海・山家　クン　嵯峨　グン

ケ

気　漢：キ　呉：ケ　日相・慈海・山家　ケ　嵯峨　ケ・キ両例有り

希　漢：キ　呉：ケ　全本　ケ

快　漢：カイ　呉：ケ　全本　ケ

怪　漢：カイ　呉：ケ　全本　ケ

佳　漢：カイ　呉：ケ　慣：カ　全本　ケ

咼・喎　漢：カイ　呉：ケ　日相・慈海　ケ　山家　カ　嵯峨　クウ　「口がゆがむ」

悔　漢・呉：カイ　慣：ゲ　全本　ケ

家　漢：カ　呉：ケ　全本　ケ

華　漢：カ　呉：ゲ　全本　ケ

飢　漢・呉：キ　全本　ケ

假　漢：カ　呉：ケ　全本　ケ

瑕　漢：カ　呉：ゲ　日相・山家・嵯峨　ケ　慈海　ゲ　「瑕疵」はきず・欠点

罣　漢：カイ・ケイ　呉：ケ　日相・山家　ケ　慈海・嵯峨　ゲ　「さまたげる」

誨　漢・呉：カイ　全本　ケ　「おしえる」

魁　漢・呉：カイ　全本　ケ　「かしら」

戯　漢・呉：キ　慣：ゲ・ギ　全本　ケ

價　漢：カ　呉：ケ　全本　ケ　「あたい」

懈　漢：カイ　呉：ケ　日相・慈海　ケ　山家　ゲ　嵯峨　ゲ・ケ両例有り　「おこたる・つかれる」

ゲ

牙　漢：ガ　呉：ゲ　全本　ゲ

外　漢：ガイ　呉：ゲ　全本　ゲ

解　漢：カイ　呉：ゲ　全本　ゲ

礙　漢・呉：ガイ　全本　ゲ　「さまたぐ」

ケイ

計　漢・呉：ケイ　日相　ケイ・ケ両例有り　慈海・山家・嵯峨　ケ

詣　漢・呉　ゲイ　慣：ケイ　日相・山家　ケイ　慈海・嵯峨　ケイ・ゲイ両例有り

稽　漢・呉：ケイ　日相・慈海　ケイ　山家・嵯峨　ケ　「首を地に付け敬礼する」

髻　漢・呉：ケイ　日相　ケ・ケイ両例有り　慈海・山家・嵯峨　ケ　「もとどり」

繋　漢・呉：ケイ　日相　ケイ・ケ両例有り　慈海・山家・嵯峨　ケ　「つなぐ」

谿　漢・呉：ケイ　全本　ケイ　「たに」

雞　漢・呉：ケイ　全本　ケイ　「にわとり」

鬘　漢：ケイ　呉：ゲイ　日相　カイ・ケイ併記　慈海　ゲイ　山家・嵯峨　ケイ　「はつかね

ずみ」

ケツ

穴　漢：ケツ　呉：ゲチ　日相・山家・嵯峨　ケツ　慈海　ゲツ

血　漢：ケツ　呉：ケチ　日相・慈海　ケツ　山家　ケチ　嵯峨　ケチ・ケツ両例有り

決　漢：ケツ　呉：ケチ　日相・慈海　ケツ　山家　ケツ・ケチ両例有り　嵯峨　ケチ

缺　漢：ケツ　呉：ケチ　日相・慈海・山家　ケツ　嵯峨　ケチ「かける」

結　漢：ケツ　呉：ケチ　日相・慈海　ケツ　山家　ケチ　嵯峨　ケツ・ケチ両例有り

ゲツ

齧　漢：ゲツ・ケツ　呉：ゲチ・ケチ　慣：ケツ　日相・慈海　ゲツ　山家・嵯峨　ケツ「かむ」

ケン

見　漢：ケン　呉：ケン・ゲン　日相・慈海・山家　ケン　嵯峨　ケン・ゲン両例有り

券　漢：ケン　呉：カン　全本　ケン

倦　漢：ケン　呉：ゲン　日相・山家・嵯峨　ケン　慈海　ゲン「うむ・つかれる」

衒　漢・呉：ケン　慣：ゲン　日相・山家・嵯峨　ケン　慈海　ゲン「うる」

間　漢：カン　呉：ケン　全本　ケン「あいだ・すき」

嫌　漢：ケン　呉：ゲン　日相・山家・嵯峨　ケン　慈海　ゲン

遣　漢・呉：ケン　全本　ケン

慳　漢：カン　呉：ケン　全本　ケン「おしむ・しぶる」。「慳貪」は欲の深いこと

甄　漢・呉：ケン　全本　ケン「すえもの・瓦」

澗　漢：カン　呉：ケン　全本　ケン「たにがわ」

ゲン

褰　漢：ケン　呉：ケン・コン　日相・山家・嵯峨　ケン　慈海　ケ　「たたむ・ちぢめる」

覵　漢：カン　呉：ケン　日相　ケン　慈海・山家・嵯峨　カン　「くるしみ・なんぎ」

鬫　漢・呉：カン　日相・慈海・嵯峨　ケン　山家　カン　「かんぬき」

騫　漢：ケン　呉：ケン・コン　日相・慈海・嵯峨　ケン　山家　コン

咸　漢：カン　呉：ゲン　日相・慈海・山家　ゲン　嵯峨　ゲン・ガン両例有り　「ことごとく」

眼　漢：ガン　呉：ゲン　日相・慈海・嵯峨　ゲン　山家　ゲン・ガン両例有り

患　漢：カン　呉：ゲン　全本　ゲン

閑　漢：カン　呉：ゲン　日相　ゲン（新濁）　慈海　ゲン・ケン両例有り　山家・嵯峨　ゲン

賢　漢：ケン　呉：ゲン　全本　ゲン

還　漢：カン　呉：ゲン　全本　ゲン

顔　漢：ガン　呉：ゲン　日相　ゲン（安楽品のみガン）　慈海　ゲン　山家・嵯峨　ゲン・ガン両例有り

懸・縣　漢：ケン　呉：ゲン　日相・慈海・山家　ゲン　嵯峨　ケン・ゲン両例有り　「かける」

コ

己　漢・呉：キ　慣：コ　全本　コ

戸　漢：コ　呉：ゴ　日相・山家・嵯峨　コ　慈海　ゴ

乎　漢：コ　呉：ゴ　日相・山家・嵯峨　コ　慈海　ゴ　「語勢を強める助辞」

ゴ

巨　漢：キョ　呉：ゴ　慣：コ　日相・山家・嵯峨　コ　慈海　コ・ゴ両例有り
狐　漢：コ　呉：ゴ　日相・山家・嵯峨　コ　慈海　ゴ
怙　漢：コ　呉：ゴ　日相・山家・嵯峨　コ　慈海　ゴ「たのむ・たよる」
炬　漢：キョ　呉：ゴ　慣：コ　日相・山家・嵯峨　コ　慈海　ゴ「たいまつ・ともしび」
虚　漢：キョ　呉：コ　全本　コ
許　漢：キョ　呉：コ　全本　コ
渠　漢：キョ　呉：ゴ　日相・山家・嵯峨　コ　慈海　ゴ「みぞ」
賈　漢：コ　呉：ク　全本　コ「あきなう・あきんど」
牛　漢：ギュウ　呉：グ　慣：ゴ　全本　ゴ
後　漢：コウ　呉：ゴ　全本　ゴ
娯　漢・呉：グ・ゴ　全本　ゴ
魚　漢：ギョ　呉：ゴ　日相・慈海　ゴ　山家　ギョ・ゴ併記　嵯峨　ギョ
欺　漢・呉：キ　慣：ギ　日相・慈海　ゴ（新濁）　山家・嵯峨　ゴ「あざむく」
漁　漢：ギョ　呉：ゴ　慣：リョウ　日相・慈海　ゴ　山家・嵯峨　ギョ

コウ

劫　フ入声（ケフ・コフ）　漢：キョウ　呉：コウ　慣：ゴウ　全本　コウ「時間の単位」
怯　フ入声（ケフ・コフ）　漢：キョウ　呉：コウ　全本　コウ「おびえる・よわい」
幸　漢：コウ　呉：ギョウ　日相・山家・嵯峨　コウ　慈海　ゴウ
厚　漢：コウ　呉：グ　日相・山家・嵯峨　コウ　慈海　ゴウ

ゴウ

巷　漢：コウ　呉：ゴウ　日相・山家・嵯峨　コウ　慈海　ゴウ　「ちまた・むら」

晃　漢：コウ　呉：オウ　日相・山家・嵯峨　コウ　慈海　ゴウ

溝　漢：コウ　呉：ク　全本　コウ

篌　漢：コウ　呉：グ　日相　コウ　慈海・山家　ゴ　嵯峨　コ　「箜篌」は楽器の名

響　漢：キョウ　呉：コウ　全本　コウ

江　漢・呉：コウ　慣：ゴウ　全本　ゴウ

仰　漢：ギョウ　呉：ゴウ　慣：コウ　全本　ゴウ

迎　漢：ゲイ　呉：ギョウ　慣：ゴウ　日相　ゴウ　慈海・山家・嵯峨　コウ

告　漢：カウ　呉：コウ　慣：コク　全本　ゴウ

降　漢：コウ　呉：ゴウ・コウ　佛（仏教語として我が国だけに用いられる音）：ゴウ　全本　ゴウ

恒　漢：コウ　呉：ゴウ　全本　ゴウ

洽　フ入声（コフ・ゲフ）　漢：コウ　呉：ギョウ　全本　ゴウ　「うるおう」

強　漢：キョウ　呉：ゴウ　全本　ゴウ

嘷　漢：コウ　呉：ゴウ　日相・慈海　ゴウ　山家・嵯峨　コウ　「ほえる」

業　フ入声（ゲフ・ゴフ）　漢：ギョウ　呉：ゴウ　全本　ゴウ

鴿　フ入声（カフ・コフ）漢・呉：コウ　日相・山家・嵯峨　ゴウ　慈海　コウ　「いえばと」

コク

曲　漢：キョク　呉：コク　全本　コク

ゴク

極　漢：キョク　呉：ゴク　全本　ゴク

コツ
窟　漢：コツ　呉：コチ　慣：クツ　日相・慈海・嵯峨　コツ　山家　クツ　「あなぐら」

コン
金　漢：キン　呉：コン　全本　コン
恨　漢：コン　呉：ゴン　日相・山家・嵯峨　コン　慈海　ゴン
軒　漢：ケン　呉：コン　日相・慈海　コン　山家・嵯峨　カン
筋　漢：キン　呉：コン　全本　コン
献　漢：ケン　呉：コン　日相・慈海　コン　山家・嵯峨　ゴン

ゴン
欣　漢：キン　呉：コン　慣：ゴン　全本　ゴン　「よろこぶ」
近　漢：キン　呉：ゴン　全本　ゴン
含　漢：カン　呉：ゴン　慣：ガン　日相　ゴン　慈海・山家・嵯峨　ガン（含むの意）・ゴン
健　漢：ケン　呉：ゴン　全本　ゴン
勤　漢：キン　呉：ゴン　全本　ゴン
銀　漢・呉：ギン　全本　ゴン
慇　漢：キン　呉：ゴン　全本　ゴン　「つとめる・ていねい」
覲　漢：キン　呉：ギン　全本　ゴン　「まみえる・みる」
厳　漢：ゲン　呉：ゴン　全本　ゴン

サ
作　漢・呉：サク・サ　全本　サ

サイ
斉　漢：セイ　呉：ザイ　日相・山家・嵯峨　サイ　慈海　ザイ　「そろう」
済　漢：セイ　呉：サイ　全本　サイ　「すくう」

ザイ

歳　漢：セイ・セツ　呉：サイ・セチ　全本　サイ

才　漢：サイ　呉：ザイ　全本　ザイ

罪　漢：サイ　呉：ズイ　慣：ザイ　日相・慈海・山家　ザイ　嵯峨　ザイ・サイ両例有り

摧　漢：サイ　呉：ズイ　全本　ザイ　「くだく」

齰　漢：セイ　呉：ザイ　日相・慈海　ザイ　山家・嵯峨　サイ　「かむ」

齜　漢：サイ　呉：ジャ　日相・慈海　ザイ　山家・嵯峨　サイ　「はぎしり」

サツ

察　漢：サツ　呉：セチ　日相・慈海・山家　サツ　嵯峨　サチ

サン

湌　漢・呉：サン　日相　サン　慈海・山家・嵯峨　ザン　「餐の俗字。くらう・食事」

ザン

慙　漢：サン　呉：ザン　全本　ザン　「慙愧」は自ら恥じるを慙、人に発露するのを愧という

暫　漢：サン　呉：ザン　全本　ザン　「しばらく」

シ

次　漢・呉　シ　慣：ジ　全本　シ

疵　漢：シ　呉：ジ　日相・山家・嵯峨　シ　慈海　ジ　「きず」

ジ

滋　漢・呉　シ　慣：ジ　全本　シ　「しげる・そだつ」

士　漢：シ　呉：ジ　全本　ジ

字　漢：シ　呉：ジ　日相・慈海・山家　ジ　嵯峨　ジ・シ両例有り

示　漢：シ　呉：ジ　日相・慈海・山家　ジ　嵯峨　ジ・シ両例有り

似　漢：シ　呉：ジ　全本　ジ

侍　漢：シ　呉：ジ　日相・慈海・山家　ジ　嵯峨　ジ・シ両例有り

屍　漢・呉：シ　日相　ジ　慈海・山家・嵯峨　シ　「しかばね」

恃　漢：シ　呉：ジ　全本　ジ　「たのむ」

視　漢：シ　呉：ジ　日相・慈海　ジ　山家　シ　嵯峨　シ・ジ両例有り

シキ

測　漢：ショク　呉：シキ　慣：ソク　全本　シキ

飾　漢：ショク　呉：シキ　日相・慈海・山家　シキ　嵯峨　ジキ

ジキ

食　漢：ショク　呉：ジキ　全本　ジキ

植　漢：ショク・チョク・シ　呉：ジキ・ヂキ・ジ　日相・慈海　ジキ　山家・嵯峨　シキ

シチ

七　漢：シツ　呉：シチ

質　漢：シツ　呉：シチ　日相　シツ・シチ両例有り　慈海・山家・嵯峨　シチ

シツ

失　漢：シツ　呉：シチ　日相・慈海　シツ　山家・嵯峨　シチ

室　漢：シツ　呉：シチ　日相・慈海　シツ　山家　シツ・シチ両例有り　嵯峨　シチ

疾　漢：シツ　呉：ジチ　日相　シツ　慈海　ジツ　山家　シチ　嵯峨　シチ・シツ両例有り
「とく・やまい」

悉　漢：シツ　呉：シチ　日相・慈海　シツ　山家　シチ・シツ両例有り　嵯峨　シチ

嫉　漢：シツ　呉：ジチ　日相・山家　シツ　慈海　ジツ　嵯峨　シチ　「ねたむ」

瑟　漢：シツ　呉：シチ　全本　シツ　「大きな琴」

漆　漢：シツ　呉：シチ　日相・慈海・山家　シツ　嵯峨　シチ

膝　漢：シツ　呉：シチ　日相・慈海・山家　シツ　嵯峨　シチ

ジツ

實　漢：シツ　呉：ジチ　慣：ジツ　日相・慈海　ジツ　山家　ジツ・ジチ両例有り　嵯峨　ジチ

シャ

扠　漢：サイ　呉：シャ　全本　シャ　「うつ」

娑　漢・呉：サ　佛：シャ　慣：シャ　全本　シャ

差　①たがう・ちがい・えらぶ　漢：サ　呉：シャ　「差別」は全本シャ。「椽梠差脱」（譬喩）は全本シ

②ならべる・ひとしくない　漢・呉　シ　「不差不曲」（随喜功徳）は全本シ

③いえる　漢：サイ　呉：シャ　「勿憂不差」（寿量）は全本サイ

借　漢：シャ・セキ　呉：シャ・シャク　全本　シャ

蔗　漢・呉：シャ・ショ　全本　シャ　「さとうきび」

灑　漢：サイ　呉：シャ　全本　シャ

ジャ

邪　漢：シャ　呉：ジャ　日相・慈海・山家　ジャ　嵯峨　ジャ・シャ両例有り

斜　漢：シャ　呉：ジャ　日相・慈海・山家　ジャ　嵯峨　シャ

シャク

尺　漢：セキ　呉：シャク　全本　シャク

石　漢：セキ　呉：シャク　全本　シャク

赤　漢：セキ　呉：シャク　全本　シャク

昔　漢：セキ　呉：シャク　全本　シャク

索　漢：サク　呉：サク・シャク　全本　シャク　「もとめる」

捉　漢・呉：サク　慣：ソク　全本　シャク「とらえる」

惜　漢：セキ　呉：シャク　全本　シャク

責　漢：サク　呉：シャク　慣：セキ　全本　シャク

鉐　漢：セキ　呉：ジャク　日相・嵯峨　シャク　慈海　ジャク「鉱石の名」

適　①かなう　漢：セキ　呉：シャク　日相・慈海・嵯峨　シャク　山家　シャク・チャク両例有り

②かたき　漢：テキ　呉：チャク　慣：テキ

積　漢：セキ　呉：シャク　全本　シャク

錯　漢・呉：サク　全本　シャク「あやまる・みだれる」

ジャク

籍　漢：セキ　呉：ジャク　日相・山家・嵯峨　シャク　慈海　ジャク「ふみ・書物」

嚼　漢：ジャク　呉：ザク　日相・山家・嵯峨　シャク　慈海　ジャク「かむ」

鑿　漢：サク　呉：ザク　日相・山家・嵯峨　シャク　慈海　ジャク「うがつ」

席　漢：セキ　呉：ジャク　日相・慈海　ジャク　山家・嵯峨　シャク

寂　漢：セキ　呉：ジャク　全本　ジャク

シュ

収　漢：シュウ　呉：シュ　全本　シュ

周　漢：シュウ　呉：シュ　全本　シュ

取　漢：シュ　呉：ス　全本　シュ　嵯峨にジュの例有り

呪　漢：シュウ　呉：シュ　慣：ジュ　全本　シュ

ジュ

修　漢：シュウ　呉：シュ　慣：ス　全本　シュ

殊　漢：シュ　呉：ジュ　日相・山家・嵯峨　シュ　慈海　ジュ

悚　漢：ショウ　呉：シュ　日相・慈海　シュ　山家・嵯峨　ショウ　「おそれる」

須　漢：シュ　呉：ス　全本　シュ　「しばらく・すべからく」

衆　漢・呉　シュウ　日相　シュ　慈海・山家・嵯峨　シュウ・シュ両例有り

腫　漢：ショウ　呉：シュ　日相・慈海・嵯峨　シュ　山家　シュウ　「はれもの」

数　①かず、かぞえる　漢：ス　呉：シュ　慣：スウ　全本　シュ
②しばしば　漢・呉：サク　日相・慈海　サク　山家・嵯峨　ソク

種　漢：ショウ　呉：シュ　日相・慈海　シュ　山家　シュウ　嵯峨　シュ・ジュ両例有り

銖　漢：シュ　呉：ジュ　日相・山家・嵯峨　シュ　慈海　ジュ　「重さの単位」

獣　漢：シュウ　呉：シュ　慣：ジュウ　全本　シュ

皺　漢：シュウ　呉：シュ　全本　シュ　「しわ」

醜　漢：シュウ　呉：シュ　全本　シュ

鬚　漢：シュ　呉：ス　全本　シュ　「ひげ・ふさ」

囚　漢：シュウ　呉：ジュ　日相・慈海　ジュ　山家・嵯峨　シュ　「とらえる」

就　漢：シュウ　呉：ジュ　全本　ジュ

頌　漢：ショウ　呉：ジュ　日相　ジュ　慈海　ジュウ　山家　ジュ・ジュウ両例有り　嵯峨　ジュ・シュ両例有り　「ほめたたえる・のべる」

シュウ

聚　漢：シュ　呉：ジュ　全本　ジュ「あつめる」

誦　漢：ショウ　呉：ジュ　日相　ジュ　慈海・嵯峨　ジュ・ジュウ両例有り　山家　ジュウ

宗　漢：ソウ　呉：ス　慣：シュウ　日相・慈海・山家　シュウ　嵯峨　シュ「あがめる」

執　フ入声（シフ）　漢・呉：シュウ　慣：シツ・シュ　全本　シュウ

習　フ入声（シフ・ジフ）　漢：シュウ　呉：ジュウ　日相・山家・嵯峨　シュウ　慈海　ジュウ

集　フ入声（シフ・ジフ）　漢：シュウ　呉：ジュウ　日相・山家・嵯峨　シュウ　慈海　ジュウ

湿　フ入声（シフ）　漢・呉：シュウ　慣：シツ　全本　シュウ

愁　漢：シュウ　呉：ジュ　日相・嵯峨　シュウ　慈海　ジュ　山家　シュ「うれえる」

澀　フ入声（シフ）　漢・呉：シュウ　慣：ジュウ　全本　シュウ「しぶる・しぶい」

鐘　漢：ショウ　呉：シュ　日相・慈海・山家　シュウ　嵯峨　ショウ

ジュウ

終　漢：シュウ　呉：シュ　日相・山家　ジュウ　慈海　ジュウ（新濁）　嵯峨　ジュウ・シュウ両例有り

訟　漢：ショウ　呉：ジュ　日相・慈海　ジュウ　山家・嵯峨　ジュ「うったえる」

縦　漢：ショウ　呉：シュ　慣：ジュウ　日相・慈海　ジュウ（新濁）　山家・嵯峨　ジュウ「ゆるす・すてる・ほしいまま」

シュク

夙　漢：シュク　呉：スク　日相　シュク　慈海・山家・嵯峨　シク「つと・早朝」

叔　漢・呉：シュク　日相　シュク　慈海・山家・嵯峨　シク

宿　漢：シュク・シュウ　呉：スク・シュ　日相・山家・嵯峨　シュク　慈海　シク

閦　漢：シュク　呉：スク　日相・山家シュク　慈海・嵯峨　スク・シク両例有り

縮　漢：シュク　呉：スク　日相・山家・嵯峨　シュク　慈海　シク

蹙　漢・呉：シュク　日相　シュク・シク　慈海・嵯峨　シク　山家　シュク「しかめる」

シュツ

出　漢：シュツ・スイ　呉：シュチ・スイ

シュン

忖　漢・呉：ソン　日相・慈海　シュン　山家・嵯峨　ジュン「はかる・おもう」

村　漢・呉：ソン　日相　シュン　慈海・山家・嵯峨　ジュン　邨も同じ

ジュン

旬　漢：シュン　呉：ジュン　全本　ジュン

楯　漢：シュン　呉：ジュン　全本　ジュン「てすり」

ショ

疏　漢：ショ　呉：ソ　全本　ショ「しるす・手紙」

ショウ

爪　漢：ソウ　呉：ショウ　日相　ショウ　慈海・山家・嵯峨　ソウ

壮　漢：ソウ　呉：ショウ　全本　ショウ「おおきい・さかん」

青　漢：セイ　呉：ショウ　全本　ショウ

星　漢：セイ　呉：ショウ　全本　ショウ

清　漢：セイ　呉：ショウ　慣：シン　全本　ショウ

接　フ入声（セフ）漢・呉　ショウ　慣：セツ　全本　ショウ

詔　漢・呉：ショウ　日相・慈海　ショウ　山家・嵯峨　ジョウ「つげる・おしえる」

摂　フ入声（セフ）漢・呉　ショウ　慣：セツ　全本　ショウ

憔　漢：ショウ　呉：ジョウ　日相・山家・嵯峨　ショウ　慈海　ジョウ「憂い疲れる」

ジョウ

請　漢：セイ　呉：ショウ　慣：シン　全本　ショウ

醒　漢：セイ　呉：ショウ　全本　ショウ「さめる」

整　漢：セイ　呉：ショウ　全本　ショウ

聲　漢：セイ　呉：ショウ　全本　ショウ

籥　漢・呉：ショウ　全本　ショウ「しょうのふえ」

上　漢：ショウ　呉：ジョウ　全本　ジョウ　嵯峨の一部にショウ

争　漢：ソウ　呉：ショウ　日相・慈海　ジョウ（新濁）山家・嵯峨　ジョウ

承　漢：ショウ　呉：ジョウ　全本　ジョウ

尚　漢：ショウ　呉：ジョウ　日相・慈海　ジョウ　山家・嵯峨　ショウ

牀　漢：ソウ　呉：ジョウ　慣：ショウ　日相・慈海　ジョウ　山家・嵯峨　ショウ「こしかけ」

盛　漢：セイ　呉：ジョウ　慣：ショウ　全本　ジョウ

誠　漢：セイ　呉：ジョウ　全本　ジョウ

嘗　漢：ショウ　呉：ジョウ　全本　ジョウ「なめる・かつて」

静　漢：セイ　呉：ジョウ　日相・山家・嵯峨　ジョウ　慈海　ショウ

縄　漢：ショウ　呉：ジョウ　全本　ジョウ

諍　漢：ソウ　呉：ショウ　日相・慈海　ジョウ（新濁）山家　ジョウ　嵯峨　ショウ・ジョウ両例有り「あらそう」

シン

牆　漢：ショウ　呉：ゾウ　日相・慈海　ジョウ　山家・嵯峨　ショウ「かきね」

枕　漢・呉：シン　慣：チン　全本　シン

昣　漢・呉：シン・キン「くちひび・はれもの」

脣　漢：シュン　呉：ジュン　慣：シン　日相・山家・嵯峨　シン　慈海　ジン「くちびる」

ジン

臣　漢：シン　呉：ジン　全本　ジン

深　漢・呉：シン　慣：ジン　日相・慈海　ジン（新濁）山家・嵯峨　ジン

盡　漢：シン　呉：ジン　日相・慈海・山家　ジン　嵯峨　シン

スイ

垂　漢：スイ　呉：ズイ　日相　スイ　慈海　ズイ・ジ両例有り　山家・嵯峨　スイ・シ両例有り「たれる・ちかい」

悴　漢：スイ　呉：ズイ　日相・山家・嵯峨　スイ　慈海　ズイ「憂え悩む」

推　漢：タイ・スイ　呉：ツイ・スイ　全本　スイ　慈海・山家はタイも併記

遂　漢：スイ　呉：ズイ　日相　スイ（一例ツイ）山家・嵯峨　スイ　慈海　ズイ

睡　漢：スイ　呉：ズイ　日相・山家・嵯峨　スイ　慈海　ズイ

誰　漢：スイ　呉：ズイ　日相・山家・嵯峨　スイ　慈海　ズイ

邃　漢・呉：スイ　全本　スイ「ふかい・とおい」

ズイ

瑞　漢：スイ　呉：ズイ　日相・慈海　ズイ　嵯峨　スイ

髓　漢・呉：スイ　慣：ズイ　日相・慈海・山家　ズイ　嵯峨　スイ「髓脳」はのうみそ

セ

施　漢・呉：シ　慣：セ　全本　セ

セイ　**誓**　漢：セイ　呉：ゼイ　日相・嵯峨　セイ・ゼイ両例有り　慈海　ゼイ　山家　セイ

ゼイ　**逝**　漢：セイ　呉：セイ・ゼイ　日相　ゼイ　慈海　ゼイ（一例ダイ）　山家・嵯峨　セイ　「ゆく」

セツ　**切**　①切る　漢：セツ　呉：セチ　日相・慈海・山家　セツ　嵯峨　セツ・セチ両例有り

②一切　漢：セイ　呉：サイ　全本　サイ

刹　漢：サツ　呉：セチ　慣：セツ　日相・慈海　セツ　山家・嵯峨　セツ・セチ両例有り
「はたばしら・短い時間」

殺　①ころす　漢：サツ　呉：セチ　日相・慈海　セツ　山家　セチ　嵯峨　セツ・セチ両例有り

②臣子が君父を殺す　漢・呉：シ　全本　シ

設　漢：セツ　呉：セチ　日相・慈海　セツ　山家　セツ・セチ両例有り　嵯峨　セチ

ゼツ　**絶**　漢：セツ　呉：ゼチ　慣：ゼツ　日相・慈海　ゼツ　山家・嵯峨　ゼチ・ゼツ両例有り

セン　**山**　漢：サン　呉：セン　全本　セン　嵯峨の一部にサン

先　漢・呉：セン　日相・慈海　セン（「先世」はゼン）　山家・嵯峨　ゼン

泉　漢：セン　呉：ゼン　日相・嵯峨　セン　慈海・山家　ゼン

船　漢：セン　呉：ゼン　日相・山家・嵯峨　セン　慈海　ゼン

旋　漢：セン　呉：ゼン　日相・山家・嵯峨　セン　慈海　ゼン　「めぐる」

産　漢：サン　呉：セン　全本　セン

ゼン

尠　漢・呉：セン　全本　セン「すくない」
箭　漢・呉：セン　日相・慈海　セン　山家・嵯峨　ゼン「やだけ・矢」
賤　漢：セン　呉：ゼン　日相・山家・嵯峨　セン　慈海　ゼン「いやしい」
踐　漢：セン　呉：ゼン　日相・山家・嵯峨　セン　慈海　ゼン「ふむ」
撰　漢：セン　呉：セン・ゼン　日相・山家・嵯峨　セン　慈海　ゼン「えらぶ」
薦　漢・呉：セン　全本　セン「薦席」はむしろ
甎　漢・呉：セン　全本　セン「甎瓦」は煉瓦と瓦
瞻　漢・呉：セン　全本　セン「みる・みあげる」
全　漢：セン　呉：ゼン　全本　ゼン（「全身」は日相・嵯峨　セン）
染　漢：ゼン　呉：ネン　慣：セン　全本　ゼン
禅　漢：セン　呉：ゼン　日相・嵯峨　ゼン　山家　セン・ゼン両例有り
漸　漢：セン　呉：ゼン　全本　ゼン「しだいに」
膳　漢：セン　呉：ゼン　日相・山家・嵯峨　ゼン　慈海　セン・ゼン両例有り
饌　漢：サン　呉：ゼン　全本　ゼン「そなえもの・食べ物」
饍　漢：セン　呉：ゼン　日相・慈海・山家　ゼン　嵯峨　セン「そなえもの」

ソ

疽　漢・呉：ショ　慣：ソ　全本　ソ「悪いできもの」
詛　漢：ショ・シュ　呉：ソ・シュ　日相・慈海・嵯峨　ソ　山家　ショ「のろう・ちかう」
鼠　漢・呉：ショ　慣：ソ　日相・慈海・嵯峨　ソ　山家　ショ「ねずみ」

麤・麁　漢：ソ　呉：ゾ　全本　ソ　「あらい」

ゾ

咀　漢：ショ　呉：ジョ　慣：ソ　日相・慈海　ゾ　山家・嵯峨　ソ　「かむ」

ソウ

帀　フ入声（サフ）　漢・呉：ソウ　全本　ソウ　「めぐる」

唼　フ入声（サフ・セフ）　漢：ソウ　呉：ショウ　日相・慈海　ソウ　山家・嵯峨　ショウ　「ついばむ」

遭　漢・呉：ソウ　日相・慈海・山家　ソウ　嵯峨　ソウ・ゾウ両例有り　「あう・めぐりゆく」

憎　漢・呉：ソウ　慣：ゾウ　日相・慈海　ソウ　山家・嵯峨　ゾウ

瘡　漢：ソウ　呉：ショウ　全本　ソウ　「できもの」

叢　漢：ソウ　呉：ズ　日相・山家・嵯峨　ソウ　慈海　ゾウ　「くさむら」

ゾウ

曾　漢・呉：ソウ　全本　ゾウ　「かつて」

雑　フ入声（サフ・ザフ）　漢：ソウ　呉：ゾウ　慣：ザツ　全本　ゾウ

増　漢・呉：ソウ　慣：ゾウ　日相　ゾウ（新濁）　慈海　ゾウ（新濁）・ソウ　山家・嵯峨　ゾウ

繒　漢：ショウ・ソウ　呉：ゾウ・ソウ　日相・慈海・山家　ゾウ　嵯峨　ソウ　「繒纊」はきぬとわた

ソク

足　漢：ショク　呉：ソク　慣：スウ　全本　ソク

族　漢：ソク　呉：ゾク　日相　ゾク　嵯峨　ソク

触　漢：ショク　呉：ソク　全本　ソク

塞　漢・呉：ソク　全本　ソク「へだてる・とりで」

ゾン

蹲　漢：ソン　呉：ゾン　日相・慈海　ゾン　山家・嵯峨　ソン「うずくまる」

タ

佗　漢・呉：タ　全本　タ「他」と同義

ダ

茶　漢：タ　呉：ダ　日相・山家・嵯峨　ダ　慈海　タ

タイ

帝　漢：テイ　呉：タイ　全本　タイ・テイ両例有り

剃　漢：テイ　呉：タイ　全本　タイ

涕　漢：テイ　呉：タイ　日相・慈海　タイ　山家・嵯峨　テイ「なみだ・なく」

虒　漢：テイ　呉：タイ　日相・慈海　タイ　山家・嵯峨　ダイ「うすい」

堆　漢：タイ　呉：ツイ　日相・慈海・山家　タイ　嵯峨　ツイ「小さな丘」

啼　漢：テイ　呉：ダイ　日相・山家・嵯峨　タイ　慈海　ダイ「さけぶ・なく」

體　漢：テイ　呉：タイ　全本　タイ

ダイ

大　漢：タイ　呉：ダイ　全本　ダイ

弟　漢：テイ　呉：ダイ　日相　ダイ（新濁）　慈海　ダイ　山家・嵯峨　テイ

怠　漢：タイ　呉：ダイ・タイ　日相・慈海　ダイ　山家・嵯峨　タイ・ダイ両例有り

待　漢：タイ　呉：ダイ　日相・慈海　ダイ　山家・嵯峨　タイ・ダイ両例有り

逮　漢：タイ　呉：ダイ　日相・慈海　ダイ　山家・嵯峨　タイ「およぶ」

第　漢：テイ　呉：ダイ　全本　ダイ

提　漢：テイ　呉：ダイ　全本　ダイ　陀羅尼の中でデイの例有り

頽　漢：タイ　呉：ヅイ　日相・慈海　ダイ　山家・嵯峨　タイ　「くずれる」

靆　漢：タイ　呉：ダイ　日相・慈海　ダイ　山家・嵯峨　タイ　「靉靆」は雲のくらいさま

タク

宅　漢：タク　呉：ヂャク　日相・山家・嵯峨　タク　慈海　タク・ダク両例有り

澤　漢：タク　呉：ヂャク　日相・山家・嵯峨　タク　慈海　ダク

タツ

咄　漢：トツ・タツ　呉：トチ・タチ　日相・慈海　タツ　山家・嵯峨　ダツ　「しかる・呼びかけの声」

ダツ

脱　漢：タツ　呉：タチ　慣：ダツ　日相・慈海・山家　ダツ　嵯峨　ダチ・ダツ両例有り

達　漢：タツ　呉：ダチ　全本　ダツ　嵯峨の一部にタツ

タン

弾　漢：タン　呉：ダン　全本　タン

黮　漢：タン　呉：ドン　全本　タン　「くろい」

ダン

袒　漢：タン　呉：ダン　全本　ダン　「はだぬく」

噉　漢：タン　呉：ダン　全本　ダン　「くらう」

憺　漢：タン　呉：ダン　日相・慈海　ダン　山家・嵯峨　タン　「やすらか・しずか」

チ

池　漢：チ　呉：ヂ　日相・山家・嵯峨　チ　慈海　ヂ

底　漢：テイ　呉：タイ　陀羅尼では全本チ

値　漢：チ・チョク　呉：ヂ・ヂキ　日相・山家・嵯峨　チ　慈海　ヂ

馳　漢：チ　呉：ヂ　日相・山家・嵯峨　チ　慈海　ヂ

ヂ

褫　漢：チ　呉：ヂ　日相・山家・嵯峨　チ　慈海　ヂ　「はぐ・とりさる」
地　漢：チ　呉：ヂ　全本　ヂ
治　漢：チ　呉：ヂ　全本　ヂ
稚　漢：チ　呉：ヂ　日相　チ・ヂ両例有り　慈海　ヂ　山家・嵯峨　チ　「いとけない」
置　漢・呉：チ　日相　ヂ　慈海・山家・嵯峨　チ

ヂキ

直　漢：チョク　呉：ヂキ　全本　ヂキ

チク

畜　①たくわえる　漢・呉：チク　全本　チク
　②養う、飼う　漢・呉：キク　慣：チク　全本　チク
逐　漢：チク　呉：ヂク　日相・山家・嵯峨　チク　慈海　ヂク　「おう」

チャク

笛　漢：テキ　呉：ヂャク　日相・山家・嵯峨　チャク　慈海　ヂャク
滴　漢：テキ　呉：チャク　日相・慈海・山家　チャク　嵯峨　テキ
擇　漢：タク　呉：ヂャク　日相・山家・嵯峨　チャク　慈海　ヂャク　「えらぶ」
擲　漢：テキ　呉：ヂャク　日相・山家・嵯峨　チャク　慈海　ヂャク　「なげうつ」

ヂャク

著　①あらわす・おく・たくわえる　漢・呉：チョ　全本　チャク・ヂャク両例有り
　②つく・つける・きる　漢：チャク　呉：ヂャク　右に同じ
敵　漢：テキ　呉：ヂャク　日相・慈海　ヂャク　山家　チャク　嵯峨　テキ

チュ

注　①そそぐ　漢・呉：シュ
　②しるす　漢・呉：チュ　日相　チュ　慈海・山家・嵯峨　チュウ

チュウ

杻　漢：チュウ　呉：チュ　日相　チュ　慈海・山家・嵯峨　チュウ「てかせ」

柱　漢：チュ　呉：ヂュ　慣：チュウ　日相　チュ　慈海　ヂュウ　山家・嵯峨　チュウ

稠　漢：チュウ　呉：ヂュ　日相・山家・嵯峨　チュウ　慈海　ヂュウ「おおい」。「稠林」は繁った林

鍮　漢：トウ　呉：ツ　慣：チュウ　全本　チュウ「真鍮」

ヂュウ

蟲　漢：チュウ　呉：ヂュ　日相・山家・嵯峨　チュウ　慈海　ヂュウ「虫」に同じ

籌　漢：チュウ　呉：ヂュ　日相・山家・嵯峨　チュウ　慈海　ヂュウ「かずとり・数える」

重　漢：チョウ　呉：ヂュ　慣：ヂュウ　全本　ヂュウ

ヂョ

除　漢：チョ　呉：ヂョ　日相・慈海・山家　ヂョ　嵯峨　ヂョ・チョ両例有り

チョウ

打　漢：テイ　呉：チョウ　慣：ダ　全本　チョウ

長　①ながい　漢：チョウ　呉：ヂョウ
②としうえ・おさ　漢・呉：チョウ　46頁参照

貞　漢：テイ　呉：チョウ　慣：ヂョウ　全本　チョウ「ただしい・まこと」

輒　フ入声（テフ）　漢・呉：チョウ　日相・慈海　チョウ　山家・嵯峨　ヂョウ「すなわち」

潮　漢：チョウ　呉：ヂョウ　日相・山家・嵯峨　チョウ　慈海　ヂョウ

騁　漢：テイ　呉：チョウ　全本　チョウ「はせる」

鵰　漢・呉：チョウ　日相・慈海　チョウ　山家　ヂョウ　嵯峨　チョウ・ヂョウ両例有り「わし」

ジョウ

杖　漢：チョウ　呉：ヂョウ　全本　ヂョウ

定　漢：テイ　呉：ヂョウ　全本　ヂョウ

逃　漢：トウ　呉：ドウ　日相・山家・嵯峨　ヂョウ（デウ）　慈海　ドウ（ダウ）

調　漢：チョウ　呉：ヂョウ　日相　ヂョウ（新濁）　山家　ヂョウ　嵯峨　チョウ・ヂョウ両例有り

ヂョク

濁　漢：ダク　呉：ヂョク　全本　ヂョク

ヂン

沈　漢：チン　呉：ヂン　全本　ヂン

陳　漢：チン　呉：ヂン　全本　ヂン「のべる」

ツイ

墜　漢：ツイ　呉：ヅイ　日相・山家・嵯峨　ツイ　慈海　ヅイ

ヅイ

椎　漢：ツイ　呉：ヅイ　日相・慈海　ヅイ　山家・嵯峨　ツイ「うつ・たたく」

テイ

低　漢：テイ　呉：タイ　全本　テイ

デイ

泥　漢：デイ　呉：ナイ　全本　デイ

テツ

鉄　漢：テツ　呉：テチ　日相・慈海・山家　テツ　嵯峨　テチ「鉄圍山」は全本テチ

テン

展　漢・呉：テン　日相・慈海・山家　テン　嵯峨　チン

諂　漢・呉：テン　全本　テン「へつらう」。「諂曲」は他人にへつらい心を曲げる

デン

典　漢・呉：テン　日相・山家・嵯峨　デン　慈海　テン

畋　漢：テン　呉：デン　全本　デン「狩りをする」

纏　漢：テン　呉：デン　日相・慈海　デン　山家・嵯峨　テン「まとう」

ト

妬　漢：ト　呉：ツ　全本　ト「ねたむ」

屠　漢：ト　呉：ヅ　日相・山家・嵯峨　ト　慈海　ド「畜類を殺す」

覩　漢：ト　呉：ツ　全本　ト「みる」

ド

度　①わたる・さとる　漢：ト　呉：ヅ　慣：ド　全本　ド

②はかる　漢：タク　呉：ダク　慣：ド　日相・山家・嵯峨　タク　慈海　ダク

渡　漢：ト　呉：ヅ　日相・慈海・嵯峨　ド　山家　ト

トウ

斗　漢：トウ　呉：ツ　慣：ト　日相　トウ　慈海・山家・嵯峨　ト「ます」

唐　漢：トウ　呉：ドウ　日相・山家・嵯峨　トウ　慈海　ドウ「いたずらに・むなしい」

党　漢・呉：トウ　日相・慈海・山家　トウ　嵯峨　ドウ

盗　漢：トウ　呉：ドウ　日相・山家・嵯峨　トウ　慈海　ドウ

ドウ

稲　漢：トウ　呉：ドウ　全本　トウ

萄　漢：トウ　呉：ドウ　全本　ドウ「ぶどう」

幢　漢：トウ　呉：ドウ　全本　ドウ「はた」

蹈　漢：トウ　呉：ドウ　日相・慈海　ドウ　山家・嵯峨　トウ「ふむ」

ドク

特　漢：トク　呉：ドク　全本　ドク

読　漢：トク・トウ　呉：ドク・ヅ　全本　ドク

トン

貪　漢：タン　呉：トン　慣：ドン　全本　トン

ナイ

内　漢：ダイ・ダフ　呉：ナイ・ナフ　全本　ナイ「出内取与」（信解品）は全本ヌイ

ナン

南　漢：ダン　呉：ナン　全本　ナン　「南無」は全本ナ

軟　漢：ゼン　呉：ネン　慣：ナン　全本　ナン

暖　漢：ダン　呉：ナン　全本　ナン

ニ

耳　漢：ジ　呉：ニ　全本　ニ

児　漢：ジ　呉：ニ　全本　ニ　「こども」

ニク

肉　漢：ジク　呉：ニク　全本　ニク

辱　漢：ジョク　呉：ノク　慣：ニク　全本　ニク

蓐　漢：ジョク　呉：ニク　全本　ニク　「しとね・むしろ」

ニャク

若　①ごとし・もし　漢：ジャク　呉：ニャク　日相・慈海・嵯峨　ニャク　山家　ニャク・
ニャ・ヤの例有り
②わかい　　漢：ジャ　呉：ニャ

弱　漢：ジャク　呉：ニャク　全本　ニャク

ニュウ

入　フ入声（ジフ・ニフ）　漢：ジュウ　呉：ニュウ　慣：ジュ　全本　ニュウ

柔　漢：ジュウ　呉：ニュ　慣：ニュウ　全本　ニュウ

ニョ

女　漢：ヂョ　呉：ニョ　全本　ニョ

ニョウ

鬧　漢：ドウ　呉：ニョウ　全本　ニョウ　「さわぐ・みだれる」

寧　漢：ネイ　呉：ニョウ　全本　ニョウ　「ねんごろ・むしろ」

繞　漢：ジョウ　呉：ニョウ　全本　ニョウ　「めぐる」

饒　漢：ジョウ　呉：ニョウ　全本　ニョウ　「ゆたか・ます」

ニン

人　漢：ジン　呉：ニン　全本　ニン

仁　漢：ジン　呉：ニン　全本　ニン　「きみ」

賃　漢：ヂン　呉：ニン　慣：チン　全本　ニン　「やとう・やといしろ」

潤　漢：ジュン　呉：ニン　全本　ニン

ネツ

涅　漢：デツ　呉：ネチ　慣：ネツ・ネ　「涅槃」は日相・慈海・山家　ネハン　嵯峨　ネチハン・ネツハン両例有り

熱　漢：ゼツ　呉：ネチ　慣：ネツ　日相・慈海　ネツ　山家・嵯峨　ネチ・ネツ両例有り

ノウ

納　フ入声（ダフ・ナフ）　漢：ドウ　呉：ノウ　慣：トウ・ナ　全本　ノウ

能　①できる・よく　漢：ドウ　呉：ノウ　全本　ノウ
②たえる　漢：ダイ　呉：ナイ　日相・慈海　ノウ　山家・嵯峨　タイ

ノク

耨　漢：ドウ・ジョク　呉：ヌ・ノク　「阿耨多羅」は全本ノク

ハ

叵　漢・呉　ハ　全本　ハ　「できない」

琶　漢：ハ　呉：ベ　全本　ハ　「楽器の名」

頗　漢・呉：ハ　全本　ハ　「すこぶる」

バ

婆　漢：ハ　呉：バ　全本　バ

ハイ

背　①せ・うしろ　漢・呉：ハイ　全本　ハイ
②そむく・にげる　漢：ハイ　呉：バイ　日相・山家・嵯峨　ハイ　慈海　バイ

ハク

敗　漢：ハイ　呉：バイ　日相・山家・嵯峨　ハイ　慈海　バイ

排　漢：ハイ　呉：バイ　日相・山家・嵯峨　ハイ　慈海　バイ「おしのける」

怕　漢：ハク　呉：ヒャク・バク　全本　ハク「しずか」

薄　漢：ハク　呉：バク　日相・山家・嵯峨　ハク　慈海　バク

爆　漢・呉：ハク　慣：バク　全本　ハク

バク

撲　漢：ハク　呉：バク　慣：ボク　日相・慈海・嵯峨　バク　山家　ボク「うつ・すもう」

ハチ

八　漢：ハツ　呉：ハチ　全本　ハチ・ハツ両例有り

ハツ

鉢　漢：ハツ　呉：ハチ　日相・慈海・山家　ハツ　嵯峨　ハツ・ハチ・バツ

バツ

抜　漢：ハツ　呉：バチ　慣：バツ　日相・慈海・山家　バツ　嵯峨　バツ・バチ両例有り

跋　漢：ハツ　呉：バチ　慣：バツ　日相・慈海・山家　バツ　嵯峨　バチ・バツ両例有り
「ふむ・こえる」

鈸　漢：ハツ　呉：バチ　日相・慈海・山家　バツ　嵯峨　バチ

ハン

幡　漢：ハン　呉：ホン　慣：マン　日相・慈海　ハン　山家・嵯峨　バン「はた・のぼり」

ヒ

比　①くらべる　漢・呉：ヒ　日相・慈海　ヒ　山家・嵯峨　ビ
②ならぶ　たぐい　漢：ヒ　呉：ビ　全本　ビ

肥　漢：ヒ　呉：ビ　日相・山家・嵯峨　ヒ　慈海　ビ

卑　漢・呉：ヒ　日相・慈海・山家　ヒ　嵯峨　ヒ・ヒツ両例有り

被　漢：ヒ　呉：ビ　日相・山家・嵯峨　ヒ　慈海　ビ

ヒツ

疲　漢：ヒ　呉：ビ　日相・山家・嵯峨　ヒ　慈海　ヒ・ビ両例有り
臂　漢・呉：ヒ　全本　ヒ「ひじ」
必　漢：ヒツ　呉：ヒチ　日相・慈海　ヒツ　山家　ヒツ・ヒチ両例有り　嵯峨　ヒチ
畢　漢：ヒツ　呉：ヒチ　日相・慈海　ヒツ　山家　ヒツ・ヒチ両例有り　嵯峨　ヒチ「おわる」
筆　漢：ヒツ　呉：ヒチ　日相・慈海・山家　ヒツ　嵯峨　ヒチ
逼　漢：ヒョク　呉：ヒキ　慣：ヒツ　日相・山家　ヒツ　慈海　ヒキ　嵯峨　ヒチ

ヒャク

壁　漢：ヘキ　呉：ヒャク　日相・慈海　ヒャク　山家・嵯峨　ビャク

ビャク

白　漢：ハク　呉：ビャク　全本　ビャク
陌　漢：バク　呉：ミャク　慣：ハク　日相　ビャク　慈海　バク　山家・嵯峨　ハク「あぜみち・みち」

ビョウ

平　漢：ヘイ　呉：ビョウ　日相・慈海　ビョウ　山家・嵯峨　ヒョウ
并　漢：ヘイ　呉：ヒョウ　日相・慈海　ビョウ（新濁）山家　ビョウ　嵯峨　ヘイ・ヒョウ
屏　漢：ヘイ　呉：ビョウ　全本　ビョウ「ついたて」
竝　漢：ヘイ　呉：ビョウ　全本　ビョウ「並」に同じ
傡　漢：ヘイ　呉：ヒョウ・ビョウ　日相・山家　ビョウ（新濁）慈海　ヒョウ　嵯峨　ビョウ「物のさま」
瓶　漢：ヘイ　呉：ビョウ　慣：ビン　日相・山家・嵯峨　ビョウ　慈海　ヒョウ

ヒン

擯　漢・呉：ヒン　全本　ヒン「すてる・しりぞける」

繽　漢：ヒン　呉：ビン　全本　ヒン「さかん・みだれる」

ビン

貧　漢：ヒン　呉：ビン　全本　ビン

頻　漢：ヒン　呉：ビン　日相・慈海　ビン　山家・嵯峨　ヒン

顰　漢：ヒン　呉：ビン　日相・慈海　ビン　山家・嵯峨　ヒン「顔をしかめる・眉をひそめる」「顰蹙」は憂えて楽しまぬさま

フ

不　①打ち消しの辞　～ず　漢：ホツ・フツ・フウ　呉：ホチ・フチ・フ　全本　フ
②未定の辞　いなや　漢：フウ　呉：フ　慣：ブ　全本　フ
③『補闕』にいうところの「不可の義」（否なり）の場合、日相・慈海　ホツ　山家　フ　嵯峨　ホツ・フ両例有り。73頁参照
「上声の時はフの声にてイナヤと読む。可不の義なり。平声と同じ。入声の時はホツの音にてイナ也と読む。不可の義なり」（『補闕』巻第一）

夫　漢・呉：フ　慣：フウ　日相　フ　慈海・山家・嵯峨　ブ

附　漢：フ　呉：ブ　日相・山家・嵯峨　フ　慈海　ブ「つく・ちかづく」

阜　漢：フウ　呉：ブ　慣：フ　日相・山家・嵯峨　フ　慈海　ブ「おか」

豊　漢：フウ　呉：フ　慣：ホウ・ブ　日相　フ　慈海　ブ（新濁）山家　フウ・ブウ両例有り　嵯峨　ブ

腐　漢：フ　呉：ブ　日相・山家・嵯峨　フ　慈海　ブ

覆　①おおう・ひそかに　去声　漢：フウ　呉：フ　全本　フ
②くつがえる・繰り返す　入声　漢・呉：フク
「覆自念言」（信解）は日相・慈海　フ　山家・嵯峨　フク

ブ

父　漢：フ　呉：ブ　慣：ホ　全本　ブ
歩　漢：ホ　呉：ブ　全本　ブ
奉　漢：ホウ　呉：ブ　日相・慈海・嵯峨　ブ　山家　ブ・ブウ両例有り
負　漢：フウ　呉：ブ　慣：フ　日相・慈海　ブ　山家・嵯峨　フ
浮　漢：フウ　呉：ブ　慣：フ　日相・慈海　ブ　山家・嵯峨　フ
捕　漢：ホ・フ　呉：ブ・フ　日相・慈海　ブ　山家・嵯峨　フ
峯　漢：ホウ　呉：フ　日相・山家・嵯峨　ブ　慈海　ブ（新濁）
婦　漢：フウ　呉：ブ　慣：フ　全本　ブ
蒲　漢：ホ　呉：ブ　慣：フ　日相・慈海　ブ　山家・嵯峨　フ
蓬　漢：ホウ　呉：ブ　日相・慈海・嵯峨　ブ　山家　ブウ　「みだれる」

フウ

諷　漢：フウ　呉：フ　日相・山家　フウ　慈海・嵯峨　フ　「そらんずる」

ブク

伏　漢：フク　呉：ブク　全本　ブク
服　漢：フク　呉：ブク　全本　ブク　日相に一例フク
復　①かえる　漢：フク　呉：ブク　日相・慈海・嵯峨　ブク　山家　フク
②また・ふたたび　漢：フウ　呉：ブ　去声　全本　ブ

ブツ

蝮　漢：フク・ホク　呉：フク・ボク　日相　ブク　慈海・山家　フク　嵯峨　フク・フ両例有り「まむし」

佛　漢：フツ　呉：ブチ　慣：ブツ　全本　ブツ

フン

分　漢：フン　呉：ブン　慣：ブ　38頁参照
「分の字、清濁に依って義かわれり。平声清音の時は、ワクル、ワカツというよみあり。去声濁音の時は、ワカルル、ワカレタリとよませたり。」（『補闕』巻第一）

粉　漢・呉：フン　全本　フン

ヘイ

閉　漢：ヘイ　呉：ハイ　全本　ヘイ

弊　漢：ヘイ　呉：ベイ　日相・山家・嵯峨　ヘイ　慈海　ベイ「破れる・悪い」

蔽　漢・呉：ヘイ　全本　ヘイ「おおう」

ベイ

吠　漢：ハイ　呉：バイ　慣：ベイ　日相　ベイ　慈海・山家・嵯峨　バイ

陛　漢：ヘイ　呉：バイ　日相・慈海　ベイ　山家・嵯峨　ヘイ「きざはし・階段」

鞞　漢：ヘイ・ヒ　呉：ヒャウ・ヒ・ビ　日相　ベイ　慈海・山家　ビ　嵯峨　ヘイ「阿鞞跋致」は不退転

ヘツ

別　漢：ヘツ　呉：ヘチ・ベチ　慣：ベツ　日相・慈海　ヘツ　山家・嵯峨　ベチ・ベツ両例有り

ヘン

返　漢：ハン・ヘン　呉：ホン・バン　慣：ヘン　全本　ヘン

匾　漢・呉：ヘン　全本　ヘン「うすい」

ベン

弁　漢：ヘン　呉：ベン　日相・慈海・山家　ベン　嵯峨　ベン・ヘン両例有り

便　漢：ヘン・ベン　呉：ヒン・ビン　全本　ベン

ボ

慕　漢：ボ　呉：モ　全本　ボ

ホウ

保　漢・呉：ホウ　慣：ホ　全本　ホウ

舫　漢・呉：ホウ　全本　ホウ　「ふね・いかだ」

崩　漢・呉　ホウ　日相・慈海・山家　ホウ　嵯峨　ボウ

飽　漢：ホウ　呉：ヒョウ　日相　ホウ　慈海　ボウ（新濁）　山家・嵯峨　ボウ

暴　漢：ホウ　呉：ボウ　日相・慈海・嵯峨　ホウ　山家　ボ

謗　漢・呉：ホウ　慣：ボウ　全本　ホウ　「そしる」

ボク

僕　漢：ホク　呉：ボク　全本　ボク

蔔　漢：ホク　呉：ボク　慣：フク　日相・慈海　ボク　山家・嵯峨　ブク　「瞻蔔」はくちなしの花

ホツ

弗　漢：フツ　呉：フチ　慣：フ　「舎利弗」は全本ホツ。嵯峨にホチの例あり

発　漢：ハツ　呉：ホチ　慣：ホツ　日相・慈海・山家　ホツ　嵯峨　ホチ・ホツ両例有り

髪　漢：ハツ　呉：ホチ　日相・慈海・山家　ホツ　嵯峨　ホチ・ホツ両例有り

ボツ

㶿　漢：ホツ　呉：ボチ　日相・慈海　ボツ　山家・嵯峨　ホツ　「煙のおこるさま」

ホン

反　漢：ハン　呉：ホン　全本　ホン　「六反振動」（提婆）は全本ヘン

犯　漢：ハン　呉：ボン　全本　ホン

品　漢：ヒン　呉：ホン　全本　ホン

販　漢：ハン　呉：ホン　日相・慈海・山家　ホン　嵯峨　ボン

稟　漢：ヒン　呉：ホン　全本　ホン「あたえる・うける」

ボン

坌　漢：ホン　呉：ボン　日相・慈海　ボン　山家・嵯峨　フン「ちり・けがす」

焚　漢：フン　呉：ブン　全本　ボン

マイ

売　漢：バイ　呉：マイ　全本　マイ

マク

莫　漢：バク　呉：マク　全本　マク「なし・なかれ」

マン

曼　漢：バン　呉：マン　全本　マン

ミ

尾　漢：ビ　呉：ミ　日相　ミ　山家・嵯峨　ビ

微　漢：ビ　呉：ミ　全本　ミ

彌　漢：ビ　呉：ミ　全本　ミ「おおう」

靡　漢：ビ　呉：ミ　慣：ヒ　全本　ミ「なびく・ない」

ミツ

密　漢：ビツ　呉：ミチ　慣：ミツ　日相・慈海　ミツ　山家　ミツ・ミチ両例有り　嵯峨　ミチ

榓　漢：ビツ　呉：ミチ　慣：ミツ　日相・慈海　ミツ　山家・嵯峨　ミチ「木の名、じんこう」

蜜　漢：ビツ　呉：ミチ　慣：ミツ　日相・慈海・山家　ミツ　嵯峨　ミチ・ミツ両例有り

ミャ

咩　漢：ビ　呉：ミ　日相・慈海　ミャ　山家　ビャ　嵯峨　メイ「羊がなく声」

ミャク

ミョウ

覓　漢：ベキ　呉：ミャク　全本　ミャク　「さがす・もとめる」

苗　漢：ビョウ　呉：ミョウ　全本　ミョウ

命　漢：メイ　呉：ミョウ　全本　ミョウ

明　漢：メイ　呉：ミョウ　全本　ミョウ

冥　漢：メイ　呉：ミョウ　全本　ミョウ　「くらい・ふかい」

猛　漢：モウ　呉：ミョウ　全本　ミョウ

萌　漢：モウ　呉：ミョウ　慣：ホウ　日相　ミョウ　慈海・山家・嵯峨　モウ　「めばえ・愚かなさま」

鳴　漢：メイ　呉：ミョウ　全本　ミョウ

貌　漢：ボウ　呉：ミョウ　全本　ミョウ　「かたち」

廟　漢：ビョウ　呉：ミョウ　全本　ミョウ　「たまや・てら」

謬　漢：ビュウ　呉：ム　全本　ミョウ　「あやまる・あざむく」

ム

牟　漢：ボウ　呉：ム・モ　「釋迦牟尼」は日相・慈海・嵯峨　ム　山家　モ

茂　漢：ボウ　呉：モ　全本　ム

某　漢：ボウ・ボ　呉：モ　全本　ム

貿　漢：ボウ　呉：モ　全本　ム　「かえる・あきなう」

無　漢：ブ　呉：ム　全本　ム

【注】无　漢：ボ　呉：モ　「無に同じ。佛を拝する時の発声の詞」

蒙　漢：ボウ　呉：ム　慣：モウ　全本　ム　「こうむる」

舞　漢：ブ　呉：ム　日相　ム　慈海・山家・嵯峨　ブ

メ

馬　漢：バ　呉：メ　慣：マ　全本　メ

罵　漢：バ　呉：メ　全本　メ　「ののしる」

メツ

滅　漢：ベツ　呉：メチ　慣：メツ　日相・慈海　メツ　山家・嵯峨　メチ・メツ両例有り

蔑　漢：ベツ　呉：メチ　日相・慈海　メツ　山家　ベツ　嵯峨　メチ　「あなどる・さげすむ」

メン

勉　漢：ベン　呉：メン　全本　メン

眠　漢：ベン　呉：メン　慣：ミン　全本　メン

瞑　漢：ベン　呉：メン　全本　メン　「目をつぶる・くらい」

モ

母　漢：ボウ・ボ　呉：モ　慣：モ　全本　モ

モウ

忘　漢：ボウ　呉：モウ　全本　モウ　嵯峨にホウの例有り

望　漢：ボウ　呉：モウ　全本　モウ

モク

墨　漢：ボク　呉：モク　全本　モク

モツ

勿　漢：ブツ　呉：モチ　日相・慈海・山家　モツ　嵯峨　モツ・モチ両例有り　「なかれ・なし」

没　漢：ボツ　呉：モチ　慣：モツ　日相・慈海・山家　モツ　嵯峨　モツ・モチ両例有り

物　漢：ブツ　呉：モチ　慣：モツ　日相・慈海・嵯峨　モツ　山家　モツ・モチ両例有り

ヤク

厄　漢：アク　呉：ヤク　全本　ヤク　「わざわい」

易　①かわる・かえる　漢：エキ　呉：ヤク　全本　ヤク
　②やすらか・たやすい　漢・呉：イ　全本　イ

躍　漢・呉：ヤク　全本　ヤク　「おどる」

鑰　漢・呉：ヤク　全本　ヤク　「かぎ・かけがね」

ユ

由　漢：ユウ　呉：ユ　全本　ユ

幽　漢：ユウ　呉：ユ　日相・慈海　ユ　山家・嵯峨　ユウ・ヨウ両例有り　「ふかい・くらい」

勇　漢：ヨウ　呉：ユ　慣：ユウ　日相・慈海・嵯峨　ユ　山家　ユウ・ユ両例有り

涌　漢：ヨウ　呉：ユ　慣：ユウ　全本　ユ

猶　漢：ユウ　呉：ユ　全本　ユ　「なお・ゆったりするさま」

誘　漢：ユウ　呉：ユ　全本　ユ

踊　漢：ヨウ　呉：ユ　全本　ユ

諭　漢・呉：ユ　全本　ユ　「さとす」

牖　漢：ユウ　呉：ユ　日相・慈海・山家　ユ　嵯峨　ユウ・ヨウ両例有り　「まど」

ユイ

唯　①ただ・これ　平声　漢：イ　呉：ユイ　全本　ユイ
　②はい・応諾の辞　上声　漢：イ　呉：ユイ　日相　イイ　慈海・山家・嵯峨　ユイ

惟　漢：イ・ビ　呉：ユイ・ミ　全本　ユイ　「おもう・これ」

ユウ

用　漢：ヨウ　呉：ユ　日相・慈海　ユウ　山家　ヨウ　嵯峨　ユウ・ヨウ両例有り

容　漢：ヨウ　呉：ユ　日相・慈海　ユウ　山家・嵯峨　ヨウ

傭　漢：ヨウ　呉：ユ　日相・慈海　ユウ　山家・嵯峨　ヨウ　「やとう」

ヨ

輿　漢・呉：ヨ　全本　ヨ　「こし」

ヨウ

永　漢：エイ　呉：ヨウ　全本　ヨウ

栄　漢：エイ　呉：ヨウ　全本　ヨウ

盈　漢：エイ　呉：ヨウ　全本　ヨウ　「みたす・あふれる」

営　漢：エイ　呉：ヨウ　全本　ヨウ

葉　フ入声（エフ）　①木のは　漢・呉　ヨウ　全本　ヨウ
　フ入声（セフ）　②姓名　漢・呉　ショウ　「迦葉」は全本ショウ

纓　漢：エイ　呉：ヨウ　全本　ヨウ　「かざりひも」

ライ

戾　漢：レイ　呉：ライ　全本　ライ　「まがる」

睞　漢・呉：ライ　全本　ライ　「瞳の正しくないこと」

ラク

馲　漢・呉：ラク・タク　日相・山家・嵯峨　ラク　慈海　タク

ラン

嬾　漢・呉：ラン　日相・慈海・嵯峨　ラン　山家　ラ　「おこたる」

リ

詈　漢・呉：リ　全本　リ　「あてこすって悪口を言う」

履　漢・呉：リ　全本　リ　「ふむ」

黧　漢：レイ・リ　呉：ライ・リ　全本　リ　「くろい」

リツ

律　漢：リツ　呉：リチ　日相　リツ　山家・嵯峨　リチ

慄　漢：リツ　呉：リチ　日相・慈海・山家　リツ　嵯峨　リチ　「おののく」

リャク

歴　漢：レキ　呉：リャク　全本　リャク

リュウ

立　フ入声（リフ）　漢・呉：リュウ　慣：リツ　全本　リュウ

リョウ

令　漢：レイ　呉：リョウ　全本　リョウ

伶　漢：レイ　呉：リョウ　全本　リョウ　「伶俜」は一人ぼっちの様

猟　フ入声（レフ）　漢・呉：リョウ　全本　リョウ

繚　漢・呉：リョウ　全本　リョウ　「もとる・もとらす」

聾　漢：ロウ　呉：ル　全本　リョウ

リン

悋　漢・呉：リン　全本　リン　「吝（おしむ・むさぼる）」に同じ

ル

陋　漢：ロウ・ロ　呉：ル　全本　ル　「いやしい」

留　漢：リュウ　呉：ル　全本　ル

流　漢：リュウ　呉：ル　全本　ル

レツ

劣　漢：レツ　呉：レチ　日相・嵯峨　レツ　山家　レチ

レン

輦　漢・呉：レン　全本　レン　「てぐるま」

ロウ

良　漢・呉：リョウ　全本　ロウ

樓　漢：ロウ　呉：ル　全本　ロウ　「たかどの・やぐら」。「彌樓山」は日相ル　慈海ロウ　山家・嵯峨ロ

ロク

六　漢：リク・リュウ　呉：ロク・リュウ　全本　ロク

陸　漢：リク　呉：ロク　全本　ロク

ワ

汙　漢：オ・ワ　呉：ウ・ワ　全本　ワ「けがれ」

窊　漢：ワ　呉：エ　全本　ワ「くぼむ・ひくい」

ワツ

曰　漢：エツ　呉：ヲチ　日相・慈海　ワツ　嵯峨　ワチ・ワツ両例有り「いわく」

第三部　解説

一、四本解題

第一部で読誦音を比較対照した四本については、兜木正亨先生の著作集である『法華版経の研究』の随所に詳しく記述されているので、各本の成立順にそれらを引用・要約する形で紹介する。

『嵯峨本』

一般に『嵯峨本法華経』と称される法華版経についての研究文献は極めて少ないが、その中でまず挙げねばならないのが、昭和五十七年発行、兜木正亨著作集第一巻『法華版経の研究』であろう。この書は兜木先生の数多の著述や論文類を集成したものであるから、ここかしこに『嵯峨本』についての解説が散見される。そこで、その本文を拾い集め要約して解題の代わりとしたい。左のA～Hが、その引用・要約である。以降、同著については、兜木本と呼ぶ。

A　希杲《きこう》版法華経

南北朝時代の応安五年（一三七二）に希杲上人が、日本における法華版経で初めて、和点（振り仮名）と四声点をつけた折本仕立ての八巻本を出版した。この時代は五山関係を背景として唐様の新版がいくつか開版されていて、この『希杲版法華経』もその一つであり、我が国版経史上、新規軸をというべきものである。希杲は大覚門派の首座、臨川の人。京都嵯峨臨川寺は暦応年間から約百年に亘って開版が行われ、臨川寺版の名をもって聞えている。

本文の右側に片仮名の音読点と四声点・清濁点・句点を附刻する。

本経はしばしば重版した。和点本であるため幼童や初学者の良導となって、後世までも依用されたようである。

この経本は所在不明で対校できないのが残念である。

B　嵯峨本

法華版経の点本としては希杲版をはじめにおくべきである。ところが今本書の披見が許されないので、嵯峨本をもってこれに代用した。

希杲版の系統をひくのが後の嵯峨本法華経である。希杲版開版の地名嵯峨に因んで嵯峨本とも呼ばれる。内容は希杲版に少しく改訂を加えているところがあって全同ではないが、ほぼ大同の同系の後版である。

C　安田本

本経には三種の別版があり、原刻本らしきもの、他に安田本、井上本の三本がそれである。

希杲版（嵯峨本）法華経八巻　東京　安田文庫蔵　料紙　鳥子　紙高八寸九分　字高七寸九分　一紙一尺三寸　十七行　行間七分五厘

字側に片仮名真読音と四声・清濁点・句点を附刻する。巻八末尾題のすぐ下に、本文の半畫位の小字で「應安五年三月十四日希杲拝書」と刻記する。

D　原刻本と見られるもの

安田本は覆刻本と見られ、その原刻本と見られるものは、字高行間は同じであるが、巻八末の刊記の位置が異なって、尾題の次に一行の空行を置き、その次に本文よりもやや大字で、同文一行の刊記を刻する。安田本はその覆刻重版を思わせる。

E　井上本

第三の井上本は、版式音点は前本と同じであるが、紙高七寸八分　字高五寸七分　一紙十五行　五行折本折幅三寸三分　料紙は白楮雲母引で、前版をそのまま縮小して開版した版式のように見られる。

井上本は料紙から見て江戸初期の刊行であろう。巻八巻尾が破棄されているため、刊記の有無を知ることができないが、外題刷題簽に嵯峨本の三字を白字横書する。

宗淵の『法華経考異』に嵯峨本を校本としてあげているが、その記に「摺写帖本、彫歳を記さず、外標亦印写、標題下に嵯峨本の三字あり」とあるから、あるいは井上本と同本であるかも知れない。すると井上本は無刊記本であったと見てよいであろう。

F　嵯峨本の倭点と声点

「蓮華」にレムグエ、「眷」にクエン、「鬼」にクヰ、「獲」にグヰヤクと仮名付けするなど、クエ・クヰ・クエン・クエチ・クヰヤウといった拗音を多く用い、また音尾の撥音には原則としてムの仮名を付ける。呉音と漢音の声点を比較すると、入声を除いた三声に相違がある（三声飜倒）。室町期まで、すくなくとも心空のころまでは呉音に基づく声点を伝承している。嵯峨本も古伝の呉音の声点を用いており、江戸期の慈海本や日相本などが用いる、中国の韻書に基づく漢音の声点とは区別される。

G　図版

兜木本には嵯峨本の写真が二点、掲載されている。一つは、図版の部第十六に安田文庫蔵本と明記されている、序品の冒頭七行と、巻八末の刊記を含めて九行の写真であるが、やや不鮮明で細部は判別しがたい。もうひとつは序品冒頭四行の写真で、「希杲版」として紹介している（兜木本一七八頁）。

H　四本対校

兜木本には、嵯峨本・山家本・日相本・慈海本の四本の倭点と声点、清濁を対校し、その主な異同をまとめた一覧表が一八一頁以降に、また四九四頁以降には慈海本の代わりに日亨本（遠沾院日亨上人『改正妙法華三経文字』）を用いた対照表が掲載されている。初めの対校に使われた嵯峨本について「内容は希杲版に少しく改訂を加えているところがあって全同ではないが、ほぼ大同の同系の後版である。本経は題箋の上に小字で嵯峨本を白字書する。刊記はないが、江戸の初出の書籍目録である寛文年間の目録に嵯峨本法華経とあり、付刻の仮名文字には江戸時代には使われない字體があるなどから見て、製作年代は室町時代であろう。本経にはいくつかの重版がある。」と解説している。もう一方の対校で使われた嵯峨本は「題簽に嵯峨本と横書きした無紀年本によった。」とある。

以上が、兜木本に記述されている嵯峨本に関する情報であるが、これを精査すると、いくつかの疑問点が出てくる。

嵯峨本の原典ともいうべき『希杲版法華経』について、AとBそれぞれに、「所在不明で対校できない」、「今本書の披見が許されない」との記述がありニュアンスが異なる。実情はどうだったのであろうか。希杲版の代用としての三本の嵯峨本を挙げ、その内容について、Bに「希杲版に少しく改訂を加えているところがあって全同ではない」と記述してあるが、では、その比較はどうやって可能だったのか、詳しい説明はない。

Cの安田文庫とは、蔵書家としても知られた安田財閥の二代目当主、安田善次郎の収蔵コレクションと思われる。古写経・古版本類が多く蒐集されていたが、昭和二十年の東京大空襲でそのほとんどが失われたという（国立国会図書館ウエブサイト「蔵書印の世界」から引用）。寸法まで記載してあるから、これはどこかで実物を確認されたのであろうが、現在の所在は全く不明である。

Eの井上本について、井上とは誰を指すのか示されてはいないが、兜木本の中で挙げられている数々の版経のうち、いくつかが京都の平楽寺書店主であった井上治作氏の所蔵で、それらを井上本と略称する場合もあるところからすると、恐らくこれも井上治作氏所蔵本と考えてよいであろう。そこで、平楽寺書店に保存の現況を問い合わせてみたところ、店舗の移転や改築に伴い、治作氏の所蔵本は収蔵庫に未整理の状態で保管されているとのことで、現物を確認することはできなかった。後日を期したい。

そこで、嵯峨本実物の一端を見ることのできる唯一の資料は、Gの二点の写真ということになる。この二点の写真に共通する序品の冒頭四行を詳しく対照してみると、いくつかの違いが見つかる。まず、句読点の位置が異なり、前者は「如是。我聞。一時佛。住王舎城」と区切るのに対し、後者は「如是我聞。一時佛住。王舎城」と区切っている。倭点については特に違いは見当たらないが、清濁点では、前者は逮の字に本濁点を付け、後者は清点であるように見える。

一方、声点には決定的な違いがある。例えば、法の字と如の字についてみると、前者が法に入声点、如に去声点をつけるのに対し、後者は法にはフ入声点、如にはビフラ声点をつけている。要するに、前者は四声点法（上・去・入・平）を用い、後者は六声点法（上・去・ビフラ・入・フ入・平）を用いていることになる。これはもはや、単なる表記の相違というレベルを超えた、音義の基本的な立場を異にするものと言わざるを得ない。

わずか数行から得られる右の事実から判断すると、この二つの図版は別々の本の写真であることは疑いようがない。前者には安田文庫蔵と明記されているので、安田本であることは間違いないとすれば、後者は必然的に井上本ということになろうが、ただ、写真に「希杲版」と記されていることが気になる。嵯峨本も含めた、広い意味での「希杲版」という意味であろうか。

次に、Hの四本対校で使われている嵯峨本は、二例とも「題簽の上に小字で嵯峨本を白字書」または「題簽に嵯峨本と横書き」し、さらに無刊記と記されているところからすると、C・Dの安田本や原刻本には刊記があるから、これらとは別の本であろう。そうすると残りはEの井上本ということになる。しかし、最初の対校本を「製作年代は室町時代であろう」と推定されていて、江戸初期の刊行とする井上本とは年代のズレが生じてしまう。仮に、重版である井上本の、その原本の製作年代が室町時代というのであれば、一応の辻褄は合うが。

また、それぞれの一覧表における序品の「逮得」の逮の字に注目すると、ともに仮名点をダイ、声点を去声・濁音としており、先に井上本と推定した一七八頁の写真の版面とは清濁が相違する。

これらの事実から想像を巡らすと、兜木先生が用いられた嵯峨本は、どうも三本だけではないような気がする。「本経にはいくつかの重版がある」と指摘されるとおり、題簽の白字書・無刊記は共通するものの、井上本とは版面の異なる、恐らくより古い年代の別の嵯峨本が、先生の手元に存在したのではなかったか。

以上、兜木本における嵯峨本の情報を踏まえたうえで、次に、本書第一部で対照に用いた『嵯峨本』模刻本と称した編著者私蔵本について紹介しつつ、この本が兜木本に挙げる嵯峨本のどれに相当するのかを検証してみたい。

私蔵本は法華経八巻本で、刊記はない。題簽には「妙法蓮華経」とあるだけだが、同本を納める経箱の裏には「維時文久二年歳次壬戌　玄英再補理之　橋本芳明（花押）」の書付があり、この再補の折に表紙と裏紙を新調したように思える。

各寸法は、紙高約二三・一cm、字高約一七・四cm、行間約五cm、一紙約三〇cm　十五行の五行折本、折幅約一〇cmで、寸法的にはEの井上本に非常に近い。料紙については、古文化財保存修理を手掛ける京都市の有限会社矢口浩悦庵に鑑定を依頼したところ、楮紙の雲母引で間違いなく、再補の時期と現状から見て、製作年代は江戸初期を下らないであろうとの回答を得た。また、版字が明瞭で滲みが見られないことから、版木がまだ新しい段階での摺写のように見えるとの見解であった。これらについても、井上本の形体と矛盾しない。版面は、経文のほぼ全文に亘って句読点、声点、清濁点、倭点が付けられていて、これはAと同様である。声点は六声点、すなわち四声のほかにフ入声点・ビフラ声点も確認でき、しかもFでいうところの呉音に基づく古伝の声点を付している。また、倭点もFの記述と一致した特徴を有している。

そこで、Gの二点の写真と比較してみると、兜木本一七八頁掲載の希杲版とする版面とほぼ合致する。例えば、兜木本の写真では「一時佛住」と「王舎城」の間の句読点が少々右にずれて、仮名のウとワの間に付けられているが、そうした細部におけるところまでも同じである。仮に両者を重ね合わせてみても完全に一致するとまでは言えないにしても、かなり似ていることは間違いない。

経文全文に亘って古伝の声点と倭点を付した江戸時代以前の版経の存在は、嵯峨本以外には報告されていない。山家本も古伝の声点を付けるが、倭点は部分的である。そうすると私蔵本が嵯峨本の一種である可能性が非常に高く、しかも寸法・料紙などの特徴から判断して、井上本と同系統とみても良さそうに思える。実際の井上本を検分した訳ではないので、断定できないことは勿論だが、Hの記載にある、「いくつかの重版」の一つと考えても不都合はないのではないか。

さらに、Hの四本対校表に記載されている嵯峨本の倭点および声点と、私蔵本のそれとを比較対照してみた。比較対照の結果、双方で倭点と声点、清濁のいずれかが異なるものだけを抽出して一覧にしたのが次表である。

品名	行	本文	兜木本仮名点	同四声点	私蔵本仮名点	同六声点
序	4	逮得	ダイトク	去濁	タイトク	平清
	37	婆稚	バチ	去・去	バチ	上清平濁・去
	82	出柔軟	スイニウナム	入・去・平	シユツニウナム	入・去・平
	92	寶飾	ホウシキ	平・入清	ホウジキ	平・入濁
	119	法性	ホフシヤウ	入・平	ホツシヤウ	入・平
	134	衆寶	シユボウ－ホウ	平濁－上清	シユホウ	ビ・平清
	138	法鼓	ホチク	入・平	ホツク	入・平
	155	善意	ゼムイ	平・平	ゼムイ	平・入
	164	天雨	テムウ	上・上	テムウ	去・上
	179	衆中	シユヂウ	上濁	シユチウ	点無し
	203	分別	フムベヂ	去・入濁	フムベツ	去・入濁
	211	深法	ジンホフ	去濁・入清	ジムホフ	去濁・フ入清
方便	13	巧説	ゲウセチ	平・入	ハウセチ	平・入
	32	發意	ボツイ	入・平	ホツイ	入・平
	62	願出	グワムスイ	平・入	グワムシュツ	平・入
	75	難思	ナムシ	上清	ナムジ	上濁
	160	偏（遍）身	ヘムシム	去清	ヘムジム	去濁

	168	法中	ホフチウ	入・去	ホフチウ	フ入・上
	169	嚴身	ゴムジム	去・上濁	ゴムシム	去・上清
	187	聖主	シヤウシユ	平・平	シヤウジユ	平・平濁
	200	及筆	ギフヒヂ	入・入	ギフヒチ	入・点無し
	204	箜篌	グコ	上濁・上清	クコ	上清・上清
譬喩	100	數聞	サクモン	入・去	ソクモン	入・去
	134	視父	シブ	上清	シブ	平清
	134	而已	ニイ	去・平	ニイ	上・平
	150	安置	アムヂ	平濁	アムヂ	上濁
	155	偏党	ヘムタウ	去・上	ヘムダウ	去・上濁
	161	不也	ホフチヤ	上・上	ホツヤ	上・上
	231	基陛	キベイ	平濁	キヘイ	平清
	237	咀嚼	シヨシヤク	去清	ソシヤク	上清
	239	嘷吠	ガウバイ	平濁・平濁	カウバイ	去清・平濁
	245	撲令	ボクリヤウ	入・去	バクリヤウ	入・去
	250	鳥獸	テウシユ	平清	テウシユ	上清
	259	蓬㶡	ブボツ	入濁	ブホツ	入清
	269	難處	ナムシヨ	平清	ナムジヨ	平濁

	270	不已	フシ	上・平	フイ	上・平
	291	以覆	イブ	平濁	イフ	平清
	332	阿鞞	アビ	平・平	アヘイ	上・上
	337	経中	キヤウヂウ	去・上	キヤウヂウ	平・上
	351	負重	フチウ	平・平清	フヂウ	平・平濁
	355	蟒身	マウシム	平・去清	マウジム	平・去濁
	380	山澤	セムダク	去・入濁	セムタク	去・点欠
信解	19	逃逝	デフセイ	平・平清	テウセイ	平・平
	32	傭賃	ユウニム	平・平	ヨウニム	平・平
	33	子牀	シジヤウ	平濁	シシヤウ	去清
	48	被囚	ヒジユ	平・平濁	シシユ	平・平清
	70	欺怠	ゴタイ	去濁・平清	ゴタイ	上濁・平清
	78	當體	タウタイ	上・平清	タウタイ	去・平清
	79	用心	ユウジム	平・去濁	ヨウジム	平・去濁
	137	狭劣	ケフレツ	入清	ケフレツ	フ入清
	171	修習	シユジフ	上・入濁	シユシフ	上・フ入清
薬草喩	12	偏覆	ヘムブ	平濁	ヘムフ	平清
	54	含潤	ガムニン	去濁	ガムニム	去濁

	57	幽邃	ユウスイ	去・平	エウスイ	去・平
	58	蒲萄	フダウ	去清・去濁	フダウ	上清・上濁
授記	105	金剎	コムゼツ	去・入	コムセフ	去・入
化城喩	39	涕泣	タイキフ	去・入	テイキフ	去・フ入
	79	千市	ーザウ	去・入濁	ーサフ	去・フ入濁
	119	法相	ホフサウ	入・平	ホフサウ	フ入・平
	173	見法	ケムボフ	平・入濁	ケムボフ	平・フ入濁
	183	習法	シフホフ	入清	シフホフ	フ入清
	212	諷誦	フウジユウ	平・平	フジユ	平・平
	265	通塞	ツウソク	去・入清	ツウブク	去・入濁
	266	懈退	ゲタイ	平・入濁	ゲタイ	平・平
	332	懈廢	ゲハイ	平・平濁	ゲハイ	平濁・平
五百弟子	63	法寶	ホフホウ	入・平清	ホフホウ	フ入・平
法師	61	分布	ブムフ	平濁・平清	フムフ	平清・平清
	81	不已	フシ	上・平	フイ	上・平
	87	深固	ジムゴ	上・平濁	ジムコ	上・平清
寶塔	25	経處	キヤウジヨ	平濁	キヤウシヨ	平清
	94	空中	クウチウ	上清	クウヂウ	上濁

	122	闇中	アムヂウ	平・上濁	アムチウ	平・上清
	128	護法	ゴホフ	平・入	ゴホフ	平・フ入
提婆	12	供給	クキウ	平・入清	クキフ	平・フ入清
	12	汲水	ギフスイ	入・去濁	ギフスイ	入・去清
	17	椎鐘	ツイシユウ	平清	ツイシヨウ	平清
安楽	20	房中	バウ―	去濁・？	バウヂウ	去濁・上濁
	75	著（箸）新	ヂヤクシム	入濁	ヂヤクシム	入濁
	80	嬾惰	ランタ	上清	ランダ	上濁
	94	聞者	モンジヤ	平濁	モムシヤ	平清
	175	顔色	ゲンジキ	去・入	ゲンシキ	去・去
涌出	27	三帀	―ザフ	入濁	―サフ	入清
	92	顯發	ケンボツ	入濁	ケンホツ	入清
	150	世間法	セケムボフ	平・去・入	セケムボフ	平・去・フ入
壽量	8	三請	―ジヤウ	平濁	―シヤウ	平清
	11	氏宮	シグウ	平・去濁	シクウ	平・去清
	24	若着（箸）	ニヤクヂヤク	入濁	ニヤクヂヤク	入濁
	91	劫數	コフシユ	入・平	コツシユ	入・平
分別功徳	94	觀者	クワム？	者 点欠	クワムシヤ	平清

	109	禪窟	ゼンクツ	去・入	ゼンコツ	去・入
	133	出妙音	スイメウオム	入・平・去	シユツメウヲン	入・平・去
	140	曼瞻蔔	マムセンボク	上・平・入	マムセンフク	上・平・欠
随喜功徳	29	但施	タンゼ	去・平濁	タンセ	去・平清
	46	共生	ク?ジヤウ	欠・去濁	グシヤウ	平濁・去清
	50	不喎	フケ	上・平	フクフ	上・平
	52	狭長	ケフチヤウ	入・平	ケウチヤウ	平・平
	53	而長	ニチヤウ	上・平	ニチヤウ	上・入
	75	聴経	チヤウギヤウ	平・平濁	チヤウギヤウ	平・上濁
法師功徳	33	琴瑟	キンシツ	入濁	キンシツ	入清
	62	拘鞞	クヘイ	上清	クヒ	上清
	68	天等	テンドウ	平濁	テントウ	平清
	86	妊者	ニンジヤ	平濁	ニンシヤ	平清
	87	産福	サンブク	入濁	センブク	入濁
	107	甘露	ガンロ	上濁	カンセ	上清
	126	千子	―ジ	平濁	―シ	平清
	170	愛敬	アイキヤウ	平清	アイキヤウ	点欠
常不軽	12	因縁法	イムエムボフ	去・上・入	イムエムボフ	去・上・フ入

神力	11	出廣	スイクワウ	入・平	シユツクワウ	入・平
	44	園中	ヲムチウ	去・上清	ヲムチウ	平・上清
	44	林中	リムチウ	去・上清	リムヂウ	去・上濁
薬王	36	眞法	シムボフ	去・入濁	シムボフ	去・フ入濁
	55	容顔	ヨウガム	平・平	ユウカム	去・上
	64	廣説	クワウセツ	平・入清	クワウセツ	平・上入清
	99	十寶山	ジッポウセン	上清	ーホウセ	上清
	104	王中	ワウヂウ	上濁	ワウチウ	上清
	109	心者	シムジヤ	平濁	シムシヤ	平清
	137	法忍	ホウニン	入清	ホフニン	フ入清
	150	常出	ジヤウシユツ	出　点欠	ジヤウシユツ	入清
妙音	15	明三	ミヤウザン	上濁	ミヤウー	上清
	53	眞金	シムコン	上・去	シムコム	上・去
	56	来詣	ライケイ	上・去上清	ライケイ	上・上清
観音	98	龍魚	リウゴ	去・上	リウギヨ	去・上
	99	推堕	スイタ	去・平清	スイダ	去・平濁
	103	或囚	ワクジユ	平濁	ワクシユ	去平清
陀羅尼	13	賖咩	シヤミヤ	上・平	シヤメイ	上・平

	21	袠帝	ヂツテイ	入・上	チテイ	上・上
	24	惡叉	アシヤ	？	アシヤ	入・上
	37	痤隷	ザレイ	去・平	サレイ	上清・平
	37	郁枳	ウツキ	平・平	ウキ	平・平
	66	提洩（泯）	デイヒン	平・上清	デイミム	平・上清
妙荘厳王	19	門法	モムホフ	平・入清	モムボフ	平・フ入濁
	41	難値	ナムヂ	去・上濁	ナムチ	去・上清
	68	付弟	フダイ	去濁	フテイ	去清
	86	顯照	ケムゼウ	平濁	ケムゼウ	去濁
勧發	23	人者	ニンジヤ	平濁	ニムジヤ	平濁
	42	婆帝	ハテイ	上・上清	バテイ	上・上清
	46	履叉	ヒシヤ	上・上	ビシヤ	上・上
	49	薩埵	サルタ	上・平	サツタ	上・平
	80	獵師	レウシ	入・平	レツシ	入・上
	93	出其	スイゴ	入・上	シユツゴ	入・上
	96	膿血	ノウゲツ	去・入	ノウケツ	欠・入

この表を見れば判るように、かなりの箇所で一致していない。倭点・声点・清濁という音義の最も基本にして、かつ重要な要素において、これだけの不一致があるということは、すなわち、兜木本で対校に用いられている嵯峨本と私蔵本とは、音義の根拠を異にする別系統の本であることを指し示す。

私蔵本が形体では井上本と、版面では希杲版とする写真と近似する事実からすれば、この三者は同一系統の版本と見ても差し支えないのではないか。そうすると、兜木本で対校に用いられているものは、井上本とは別系統の、名前の挙げられていない無刊記の嵯峨本と考えざるを得なくなる。繰り返しになるが、実際の原本を閲覧しない限り、何ら断定的なことは言えない。しかしながら、原本の希杲版を引き継ぐ形で出版された嵯峨本が、版を重ねるうちに幾つかの系統に枝分かれしたと考えられ、倭点や声点に関してはそれぞれ異なる基準や方法論を有する別版が複数存在し、名称は同じ嵯峨本であっても、それらを同一視すべきではないと編著者は結論付ける。

あと余論になるが、私蔵本には乱丁があり、巻八の陀羅尼品の薬王呪の途中から、ふたたび普門品偈「種種諸悪趣」以降が続き、そのまま巻末まで至っている。この点に関して、兜木本には指摘がない。また倭点の「ホ」が、「ロー」というカタカナか記号かよく分からない字になっている箇所が少なからずある。変体仮名についての知識を欠くが。もしかして、Hに言うところの「付刻の仮名文字には江戸時代には使われない字體がある」というのは、これのことを指しているのかとも感じる。そのほかにも、全体的に誤記や誤刻が多く、全巻を通して見ると、字体や倭点に統一性を欠く印象が否めない。部分的に版面が非常に粗いところもあって、書き手、彫り手の巧拙が窺える。

以上の検証に基づき、第一部の四本対照の資料として、私蔵本を『嵯峨本』模刻本という取り扱いで採用した所以である。参照に当っては、この点、くれぐれも了解しておいていただきたい。

『慈海《じかい》本』

天台宗の僧、慈海宋順上人（一六二四―一六九三）開版の折本八巻本である。

『慈海本』については、『基本読誦用総仮名付　妙法蓮華経』冒頭の辞で山田恵諦天台座主（当時）が触れておられるので、その解説を引用する。（「」内が引用部分）

もともと天台宗では山家《さんげ》読みという伝教大師直伝の読み方があり、代々口伝相承されてきたが、時代とともに各山に異なりが出て来た。「お経に四声点は付けられていたが、かな付けすることが禁じられていたことも異りを生む一つの原因でもあった。この異りを統一すると共に、日本人に適する発声音を以て読誦する方法を立てられたのが慈海宋順師である。慈海師は（中略）東叡山の学頭淩雲院の住職になり、（中略）元禄六年（一六九三）に示寂、大僧正の極位を贈られた学僧で、護国三部経を始め多くの経典を日本人に適する発声音に整理して上梓したので、後世これを慈海版といって大方の人が用うるようになった。」

「慈海版ではむつかしい字句には「かな」を付け、読み癖に従うて「かな」づけがせられており、経典の扱いに新規な面を披いたので、山家版は影を隠し、山家読みはいつしか忘れられた型になってしまった」とある。

実際の『慈海本』は元禄五年に刊行された。明版とみられる法華経を底本にして、各漢字の初出ごとに四声点と仮名を入れている。兜木本では「元禄年間は開版の技術が勝れていた時代であり、また音義・音韻についての関心が高まっていた時代でもある。この仮名付き本も初学者の導きであるとともに、正しい読み音を普及しようという意図があったのであろう。逆の見方をすれば、当時、法華経の読み様が乱れていたのを憂えてのことともいえる」と指摘する。

第一部で対照に使用した『慈海本』は編著者の私蔵本で、刊記によると、元治元年（一八六四）に改再刻されたものを、明治十一年、京都において檜以和という人物が翻刻出版したと記されている。

『日相本《にっそう》』

江戸時代元禄年間に日蓮宗の僧、久成院日相上人（一六三五―一七一八）により開版された版経で、『嵯峨本』同様、倭点と四声点がほぼすべての文字に付けられている。

日相上人は尾張の法蓮寺（現在の一宮市日蓮宗法蓮寺）にて得度、時の化主、寂遠院日通上人を学師として山科檀林に学ぶ。兄弟子に身延歴代の遠沾院日亨上人がいる。のちに岐阜長照寺に住職すること四年、その後、二十五歳で法蓮寺に住し久成院日相と改名した。在住約二十年、元禄二年に退寺して、本書および音韻書その他を述作した。

初版の『日相本』には跋文はあるが、刊行年を欠いている。法蓮寺蔵『日相一代書記述作幷行法之日記』には「六　元禄七八両年述仮名付法華経一部刻梓名新嵯峨本現行」とあり、この「新嵯峨本」が『日相本』初版と推定すると、述作年次は元禄七年から八年ということになる（兜木本　四四〇頁）。

跋文によると、心空の『法華音義』や『嵯峨本』の足らないところ、時代にそぐわないところに手を加え、日遠上人の『法華随音句』や他の音韻書を参照して、新学・童蒙のために新しく仮名付き本として上梓したという。倭点からいえば、『嵯峨本』の誤刻を訂正し、その拗音を直音に改め、読み音と清濁音も随所で改変してはいるが、日相上人自ら「新嵯峨本」と呼ぶように、その版式は『嵯峨本』を模したものと言って差し支えない。

初版本には開結二経併せて一具にした経本があり、昭和四十五年七月に日蓮宗僧、梅本正雄師が複写し、洋綴本『日相本妙法蓮華経並開結』として刊行されている。さらに、昭和五十四年には同じく日蓮宗の梅本鳳泰、落井良英両師により再刊行されるなど、日蓮宗門では今日に至るまで法華経読誦の入門書として依用されている。

第一部で対照に用いた『日相本』は編著者私蔵の初版八巻本で、巻八の末に跋文と願文があり、「尾陽閑居比丘日相　敬白」と結んでいる。開結二経はない。

『山家本《さんげ》』

天台真盛宗の僧、真阿宗淵上人（一七八六―一八五九）が天保六年（一八三五）に開版した『法華経山家本』が正式名称である。

宗淵上人は北野天神社僧の家に生まれ神職となるも、二十五歳で発心、出家し神職を辞し、二十七歳の時に大原実光院良宗の弟子となって普賢院に住した。この間に声明音律の研究に専念し、後に魚山叢書を大成する。その後、大原を去り四十二歳の時、請われて伊勢の本山西来寺の法燈を継いだ。

長谷川明紀師著『法華経山家本』読誦法の研究』から引用すると、「上人はこの伊勢の地で、古き正しい法華経の読みが失われつつある現状を見つめられ、伝教大師真蹟の法華経を模刻し、これに大原如来蔵にあった慈覚大師の点本と、葛川妙王堂の乾元法華経の読音を依用して、真阿宗淵版『法華経山家本』を完成された。」「法華経読誦の点においても、墨音、注音、声点、音義の付された古き法華経を多数校合され、当時のその混乱を正して、伝教大師がなされたであろう古き正しき読誦を再現され」たという。

兜木先生は伝教大師真蹟本については、「版式からいえば春日版である。」「室町時代の開版経と思われる。」（兜木本　三四〇頁）と結論した上で、「宗淵はこの経を作るにあたって古経を訪ね、古體・古訓を参考し調査した結果を、『裏書』『法華経考異』などに記録するところである。したがって制作年代は下っても、よみ音・聲点は近世の説を排除する意図が顕著にみとられるから、その資料からみて中世の音と聲点を復元した経とすべきである」（兜木本　二〇〇頁）と評価される。

第一部で対照に用いた『山家本』は、早稲田大学図書館の古典籍総合データベースにて公開されている八巻本のＰＤＦ画像を閲覧したものである。跋に天保六年十一月二十四日の日付が記されてある。

二、その他の資料の解説

『日相本再版本』

嘉永七年（一八五四）に刊行された『日相本』の復刻版である。開結二経はない。巻末の跋文をそのまま引用すると、「尾張の国　黒田の邑　法蓮寺日相師の仮名品、世に流布すと雖も板木、火災の烏有する所となる。星霜を経て再刻成らず。本国人布目正兵衛・祖父江勘蔵・酒井佐兵衛等、年来これを歎じ再刻の志を発す。因って府下法華寺　合掌院日敬師に校正を乞う。師、乃ち予をして其の功に代らしめ、幸いに大光寺に古来、信読を積む相師品有り。写刻の誤謬は相師正品に拠ってこれを校正し、翻刻して梓に上す。此れを法蓮寺の蔵板とする。三子等の功、これ全く三宝報恩の為なり。因って今茲に謹んで一言これを記す。嘉永七甲寅龍集（本文は車偏に韋）十月吉辰　中川三九郎源好行」とある。

この再版本の板木はその後、法蓮寺から相当数が散失したようであるが、現住職宮﨑貞悟師によりすべて回収され、現在は厳重に保管されている。今回、宮﨑師のご厚意により法蓮寺所蔵の八巻本を拝借し、初版本と比較検証することができた。それによると、再版本の本文は、一見しただけでは区別がつかないほど極めて精巧に初版本を再現していて、文字については全同である。ただ、清濁点並びに倭点については、初版本を改訂している箇所が少なからず見受けられる。その多くは、もともと初版本の清濁点と倭点とが齟齬している箇所を整えたものであり、第一部において注記しておいた。

『倭點《わてん》法華経』

南北朝時代に書写山円教寺の住僧を経て、後に善法寺（石清水八幡宮社務であった善法寺宮清の私宅跡）の住持となった心空上人（一三一九―一四〇一　後に真空と改名）が嘉慶元年（一三八七）に作成した、返り点・送り仮名の訓点が付刻された八巻本版経である。写経本では、平安期の古訓点本として高野山竜光院蔵本の国宝『妙法蓮華経白点』や、京都立本寺所蔵の寛治元年（一〇七八）本などの存在が知られているが、版経として広く流布した訓点本としては、これが初出とされる。通称、『倭點法華経』と呼ばれるが、この「倭点」は振り仮名のことではなく、訓読する際の便りとする返り点や送り仮名、その総称としての訓点を意味する。

刊記によると、約齋居士道倹という人物が、一般民衆にも理解できるよう、訓点付きの法華経を広めたいと発願し、私財を投げ打って開版したもので、その本文を心空上人が校訂し、建仁寺僧の祥英が浄書したとある。兜木先生も「和点は師家に入門して始めて授けられるものとした当時にあって、点を付け、難解な字句には仮名をつけて、漢字に疎い僧俗男女にも此の経を読ましめんとしたもので、法華の民衆普及化に貢献した功績は大である。本書は訓点付刻の初出本として広く歓迎され普及したものと見える」と評していて、事実、後世に続々と「改正訓点」を標榜する訓点付法華経本が出版されるが、その改正する元となっているのは、結局のところ、この『倭點法華経』の訓点であるといっても過言ではない。

心空上人はこれ以外にも、『法華経音義』、並びに『法華経音訓』を上梓していて、慈海・日相・宗淵各聖も大いに参考としたことは疑いないところである。こうした事情から、第一部で訓読を例示する際の底本に選んだ。参照に用いたのは、中田祝夫編『心空版　嘉慶元年刊　倭點法華経』である。

『頂妙寺蔵版法華経』

京都洛東にある日蓮宗本山頂妙寺の蔵経である。跋文によると、天保五年（一八三四）、洛東の住人津田源兵衛が法華経三部経と要品の出版を発願し、要請を受けた上妙院日瞻上人（一八〇〇―六七）が諸本を校合して訓点を施し、『頂妙寺蔵版法華経』として開版されたものが初版で、その後、数度にわたる復刻再版を経て、現在は平楽寺書店が版を継承している。

その特徴は、やや煩雑に思えるほどのきめ細やかさで訓点や送り仮名、竪点が付加されていることで、真読の際には多少、目障りに映っても、訓読の際には大いに助けとなることは疑いなく、他本に比して、より訓読に力点を置いた経本として重用されている。ちなみに日相上人の訓じ方をみると、『倭点法華経』よりもこちらの方と一致する場合が多い。こうした理由から、第一部で読み下しを示す場合に、『倭点法華経』の補助資料として採用した。参照に用いたのは明治十九年の改訂本で、頂妙寺住職の水野日顕師が訓点句読清濁を改正している。

『法華経随音句』

心性院日遠上人（一五七二—一六四二）著述の法華経音義書である。

日遠上人は六歳で京都の日蓮宗大本山本圀寺の日重上人のもとで出家得度し、幼少にして法華経八巻を読誦したといわれる。二十八歳で下総の飯高檀林で講義し、三十三歳の時、兄弟子日乾上人の後を継いで身延山二十二世となるが、四年で退き大野の地に本遠寺を建てて隠棲した。その後、再度身延に晋山するも一年で大野に戻り、さらに不受不施派問題を受けて池上本門寺に住するなど、波乱万丈の生涯であったが、一方で多くの著作も残している。

法華経音義関係では、まず『法華経文段経《もんだんきょう》』を著し、春日本法華経に科文及び諸経論の要文を記し、訓点を加え、紙背には字註・音韻についての見解を記している。この書を基本として、元和六年に日蓮宗では最初の本格的な音義書となる『法華経随音句』二巻の草稿を書き上げる。本書は従来の音義の伝統を忠実に継承するという立場ではなく、時代に即した読み音の確立を目指していて、兜木本ではこの点について、「本書は日遠が従来の読み音を、自説にしたがって意識的に取捨すべく本書を作ったのではなかろうかと推測される。そういう意識があってか、日遠の時代よりも前によまれていたよみ音に、必ずしも従っていないところがある」（五六二頁）と評していて、後に『山家本』の宗淵上人から非難される所以にもなったという。実際にこの書が刊行されたのは、上人示寂後の寛永二十年（一六四三）であった。

その他、『法華《ほっけ》譯和《やくわ》尋跡抄《じんしゃくしょう》』を著述し、上人の教義的解釈に基づいて従来の訓読法の改訂を試みている。日遠上人のこの一連の法華経音義研究は、日蓮宗におけるその濫觴と呼ぶにふさわしい業績である。

『法華音義《おんぎ》補闕《ほけつ》』

『日相本』を開版した久成院日相上人による、五巻からなる法華経音義書である。刊記に、元禄七年（一六九四）の秋に起筆し翌年の冬に成就したとあり、元禄十一年に銅駝坊書林から刊行された。

六十三歳の年齢差があり、直接、指導を受けることはなかったであろうが、日相上人は日遠上人を非常に崇敬しており、『日相本』の跋文で「遠師の随音句、甚だ奇にして亦、妙なり。前代竟に其の所を未だ聞かず、後世豈に斯くの如き文あらんや」と絶賛するほど、前述の『随音句』に傾倒していたことが伺える。本書題名の「補闕」とは、要するに『随音句』に欠けるところを補い、補強するという意味である。『随音句』と同様、行頭に読み音に注意すべき法華経の本文を掲げ、その下に反切を例示し諸本の解説を引用し、結論として自身の判断を示す。そのなかで、『随音句』を指南としながらも、随所に自らの音義・音韻研究の成果や当時の時代的傾向も反映させ、独自の理論を展開させている。

本書と『日相本』の前後関係は定かではない。不可解なのは、同一人の書でありながら、両者の内容に少なからず齟齬が見受けられることである。例えば字体であるとか、読み音であるとか、『補闕』において主張されている指示が、『日相本』にそのまま反映されていないところがある。主な箇所は第一部で指摘してあるが、どちらの説を取るべきなのか判断に苦しむ所もある。常識的に考えるならば、先ず『日相本』で全読誦音を表明して、後から訂正も兼ねて、理論的な裏付けとなる『補闕』を著したとするのが妥当であるように思われ、第一部でも『補闕』の記述の方を優先させる結果となった。

ここまで述べてきた日遠・日相両師の著作について兜木先生は、「現在日蓮系統でよむ法華経よみ音は日遠の文段経本文につけられた朱点、『随音句』、さらにこれを受けついだ日相の点本によるところが大きいのではなかろうかと思われるが、その可否は別として資料的な手がかりからいえば、日遠は日蓮系の法華よみ音の問題意識を提示した元祖的立場にすえなければならぬひとである」と評価する（兜木本　五六二頁）。

この他、法華経の音義を語る上で欠かすことのできない文献として、『山家本』の宗淵上人の著作である『裏書』と『法華経考異』とが挙げられるが、編著者の力が及ばず今回は参照できなかった。今後の課題としたい。

三、法華経読誦のための基礎知識

ここでは初心者の読誦の便に当てるため、基本的な事柄についての解説を試みる。

イ、版経と春日本

版経とは、それまでの写経に代わり、いわゆる版画の手法で作成された経本で、日本では十一世紀初頭には存在していたことが知られている。まず、手本となる経本をもとに紙に写経し、それを裏返して板に張り、墨の部分を残して彫り、彫り上がった板に墨を塗り料紙を置いて刷り、それを巻子本や折本に装丁するという一連の作業である。後に活字印刷が導入されるまでは、各種の経本は専らこの手法によって作成されてきた。

兜木本によれば、鎌倉時代に版経制作は全盛期を迎え、「各地の大寺院を中心に版経が開版されまた末期には地方の神社での開版、または有力者が開版するようにもなって、その範囲は全国地方におよんでいる」（三一三頁）という。その代表格というべき所が南都興福寺を中心とする奈良の春日地域であった。藤原一族の氏寺である興福寺は規模・財力ともに優れ、版経作成に必要な優秀な職人を多く集めて工房を組織し、高度な技術力により良質の経本を多種にわたって制作した。その結果として普及力を持ち、「春日版」というブランド名で全国に供給されることとなった。

数多い春日版経本の中で、質・量の両面において特筆すべきものが、南都僧、心性による法華経の開版事業である。心性は法華経本を全国に普及させることを発願し、兜木先生の計算によれば平均して九年半に一度の割合で、自らがスポンサーとなり、またプロデューサーとなって法華経の開版を行い、生涯にわたり、さらに没後には弟子がその遺志を継いで、結局、十五度に至るまで法華経の開版事業を成し遂げている。現存する最も古いものは、弘長三年（一二六三）の第四度版である。この春日版心性本と称すべき法華経本は全国に広まり、僧侶はもとより、一般人にとっても格段に入手し易い経本であったことは疑いなく、念願通り、その後の法華経信仰の拡大に多大な貢献を成すこととなった。日蓮聖人真蹟の『注法華経』も、底本はこの春日版心性本であると鑑定されている。この普及力により、ついには「春日本」といえば心性本法華経を指すといわれるまでになった。

また質の面においても、文字が雄大で力強い、墨の色が漆黒、摺写が鮮明、本文が正確、紙質が良好といった特長を持つが故に、後の法華経版経製作にも大きな影響を与え、「七百年来依用され、精神文化の基盤となった現行法華は春日版に根拠をもつもので、それは一往今日の法華定本としてよい」（兜木本　二五四頁）と評価されている。

ロ、点について

春日版法華経の本文を見ると全巻、白文で、要するに漢字だけが並んでいて、例えば息継ぎには欠かせない句読点など、本文以外の要素の記載はなにもない。しかしこれでは、真読するにしても訓読するにしても極めて不都合であるので、その便利のために様々な添え書きや補助の記号が加えられるようになる。元々は師について読誦指南を受けつつ、自ら朱墨で記入していたものだが、やがて、版経作成時に本文とともに最初から彫り込まれるようになった。こうした真読・訓読の補助的役割をする添え書きや記号の類は、総じて「点」と呼ばれる。主なものとしては、句読（逗）点・清濁点・四声点・訓点・返り点・倭（和）点・竪点などが挙げられよう。これらの用語は必ずしも厳格には定義づけされておらず、多少のバラつきが見られることを断っておいて、ひとつずつ解説していく。

句読点

句点と読点であり、用法は現代文に用いられているものと同じと考えてよい。漢文体では両者ともに「。」で表すが、付ける位置が各本によって異なっている。『嵯峨本』『山家本』、あるいは『倭點法華経』などは、句点・読点ともに文字の右下に付けるが、『慈海本』はともに文字の中央下に付けている。一方で『日相本』

などは、付ける位置を変えることによって句点・読点を区別させている。句点は文字の右下に打ち、読点は文字の中央下に打つ、という具合である。参考として『音義補闕』の解説を示せば、「句讀の墨の指し様、これを知るべし。先ず句讀の二字の意を言わば、『韻會』（※『古今韻會擧要』元時代、熊忠の撰述による韻書。編著者注）讀の字の註に、「およそ、句絶する時は則ち字の傍らに點ず。讀みを分かつ時は則ち字の中間に點ず」と。句讀二字の意は、文語の終わりたる處に點をさすを句と名づく。文語長くして、讀みにくき所をば、中間にてまた句を切る、これを讀という なり。讀また逗に作る。墨の指し様は、文語の終わりたる句の點は、文字の脇にさす。讀の墨は、文字の下の真中にさすなり。句逗の點は和漢一同の義なれば、人々に心得おくべき事なり。」とある。

しかし、『嵯峨本』や『倭點法華経』など、南北朝期の版経にはこの区別がなされていないことからすると、それ以降に一部で採用されだした表記法とも考えられる。日蓮宗系の版経、『頂妙寺版』『瑞光寺版』『大教院版』などはこの方式を採用している。

また、本文のどの箇所で句読点を入れるかも経本によって異なり、どれ一つとして同じものはないと言ってよい。ただ注意すべきは、句読点の入れ方によっては文意が変わってしまうことがある。例えば、常不軽菩薩品長行の「師子月等五百比丘尼思仏等五百優婆塞」の部分、現行経本のほとんどが「五百比丘。尼思仏等」と句読しているが、サンスクリット本と対照させると、「五百比丘尼。思仏等」とすべきであることは、かねてから指摘されているところである。（第一部　二〇一頁参照）あるいは如来の十号で、「佛世尊」とする経本と「佛。世尊」とする経本が同程度に存在する。どれも大いに経意が変わってしまうほどのことではないものの、読誦する場合に留意する必要がある。

息継ぎは句読点のところで行うのが、読誦の基本中の基本である。句読点以外のところで息継ぎをすることは避ける。また、息継ぎする、しないに関わらず、句読点の場所、すなわち文意の切れ目については常に意識して読誦するよう心掛けたい。

清濁点

漢字を清んで読むか、濁って読むかを指示するために付けられる点である。

『嵯峨本』は全巻にわたって振り仮名が付けられているが、濁音符号「゛」は用いられていない。現在のような濁音符号が広く使われるようになるのは江戸時代になってからであるから、それは至極当然のことなのだが、その代わり、版経において濁音を示す方法として取り入れられたのが清濁点である。

後述するが、『嵯峨本』や『日相本』『山家本』は全文字に四声点が付けられている。通常、四声点は漢字の四隅に付けられる一個の黒点「・」で表すが（『慈海本』は「◦」）、濁音の場合はこれを二個「・・」にして表すようにした。要するに、四声点の点の数で清濁を判別させる方法で、第一部の四本は全てこの方式を取っている。また、『頂妙寺本』など四声点を付けない経本では、濁音の文字の左側に一黒点を付けるものが多い。

さらに、漢字の濁音は本濁と新濁とに分かれる。本濁は、その漢字の音が本来、濁音であるもの、例えば「佛」「学」「第」などであり、新濁は本来、清音であるが、連声（連音・sandhi）によって濁音に音韻変化するもので、「蓮華」の華、「正法」の法、「演説」の説などがそれに当たる。この二種の濁音を区別させるために、本濁は二個の黒点を横に並べ、新濁は縦に並べるのが古来、決まりとなっている。一個の黒点の場合なら、本濁は文字の左上に、新濁は左下に付けるのが習わしである。

ここまで細かく区別されるのは、それほど読み音の清濁が重要視されていたことの証である。『随音句』や『補闕』などの音義書においても、極めて綿密に分析し、またやかましく指示している。清濁によって漢字の意味が変わる（「長」「著」「比」など）とあれば、なおさらのことである。

四声点

四声（シセイ・シショウ）とは漢字の四種の声調、いわば節回しともいうべきもので、中国の晋の時代には、すでに平声（ヒョウセイ・ヒョウショウ）・上声（ジョウセイ・ジョウショウ）・去声（キョセイ・キョショウ）・入声（ニッショウ）の名が登場する。すべての漢字は必ず四声のどれかに属し、それを示すために漢字の四隅に点を打つようになった。平声は字の左下隅、上声は左上、去声は右上、入声は右下といった具合である。これが四声点で、圏点ともいう。現代の漢和辞典でも、字音の下に四角形を描き、その四隅に印をつけているのがそれである。

『嵯峨本』や『山家本』ではこの他に、文字の上部中央に点を付すビフラ（毘富羅）声点と、下部中央に点を付すフ入声点がある。ビフラ声とは、「上声、時には平声の文字を強調する必要がある時、例えば句の初頭にある時、ビフラ声となる」と説明されている（長谷川明紀著『法華経山家本』にその読誦法を探る』）。フ入声とは、入声に属する漢字のうち字音がフで終わるもの、法（ホフ）・十（ジフ）・合（ガフ）などであるが、『日相本』『慈海本』では特に区別をせずに、他の入声と同じに扱っている。

日本に漢字音が伝わった時、この四声もともに伝わっており、漢文や経典を音読する場合も、四声の声調に従って正しく発音されていたという。日相上人が、日遠上人は四声を正して読誦していたと感嘆しているところからすると、日相上人の時代には最早、四声に則って読誦することは困難であったのであろう。

「重師・遠師は四聲をただして遊ばしたる由、御筆記にも見えたり。我らの如きの者は四聲を糺してよまんこと及びなき事なり」（『音義補闕』）

春日版心性本など鎌倉後期までの版経には四声点がないから、当時は四声の区別も暗記していたのであろうが、やがて中国の方式によって四声点を付けた版経が出版されるようになり、現存するものの中では『希杲本』がその最も古い例である。それに続く『嵯峨本』『日相本』『山家本』はすべての漢字に、『慈海本』は部分的に付けているが、これらを比較すると大きな違いがみられる。

序品の冒頭、「如是我聞一時佛住王舎城」の部分の四声点を例に見てみると、『嵯峨本』と『山家本』は上から順に去（ビフラ）・平・平・去・入・上・入・平・去・平・去となっているが、『日相本』と『慈海本』は、平・上・上・平・入・平・入・去・平・去・平である。入声についてはすべて一致するが、嵯峨・山家の平声は、日相・慈海では上声か去声に、逆に日相・慈海の平声は、嵯峨・山家では上声か去声になっている。この現象は古来、「三聲翻倒」と呼ばれ、漢音と呉音における四声の異なりに由来するものと考えられている。兜木本によると、「室町期までは、すくなくとも心空のころまでは（『嵯峨本』『山家本』も含めて：編著者注）、法華経の声点は呉音の点を伝承していたのが、江戸期に入って音韻学に通じた学僧が、従来の声点は正しい音韻学説にもとるとしてこれを改め、韻書すなわち漢音に基いた声点による改革を実現したのがこの系統に属する一類の近世点本法華経（『日相本』『慈海本』も含めて：編著者注）の開版である」とし（五一四頁）、さらに「誤音読みを建前とするかぎり漢音による韻書の聲点をとるべきではなく、希杲本・嵯峨本・山家本の点

によることが本来の姿であろうと思われる」と批評している。（二一〇頁）

隠れ四声点

これは編著者が勝手につけた名称である。四声点を付けない版経でも、読誦音に特に注意を要する漢字にだけは四声点を付している場合があり、『頂妙寺版』『瑞光寺版』『大教院版』など主に日蓮宗系の経本によく見られる。通常の四声点とは異なり、白抜きの丸印が文字に接するように、あるいは文字に半分かぶさるようにして付けられているので極めて目立ちにくく、一見するとゴミと見間違えてしまう。それで「隠れ四声点」とした訳だが、これは恐らく、句読点と混同しないように配慮してこういう形にしたのであろう。

付けられている字は「出」「楽」「数」「不」「分」などである。後述するが、これらの字は四声のうちの二声以上に属し、そのため複数の音と意味を持っているので、この箇所ではどの音と意味であるかを教えるために便宜上、付けられたものである。例えば、「出」の右上に丸印があれば去声で、音はスイ、いだすの意、右下に印があれば入声で、音はシュツ、でるの意であることを示す。「不」の右下に付けられている場合は入声で、音はホツ、そうではないの意味であることを示しており、他の文字もこれに準ずる。

この他、「為」の字には非常に多くの意味があり、訓読するときに戸惑う恐れがある。それを補助する目的で、「〜のため」と訓ずる去声の場合に限って、右上に丸印を付ける本もある。右上に印があれば、迷うことなく「〜のため」と訓ずればよいわけである。『日相本』では為の字の左側に、得（える）・是（これ）・定（さだめて）・當（べし）・與（ために）・名（なづく）・作（せる・なる）・被（らる）・以（もって）・向（むかって）・成（なす）の文字をわざわざ添え書きし、意味の理解を図っている。

訓点・返り点

訓読の補助のための点で、現在の活字版の経本にも多く見られるものである。言うまでもなく日本で考案されたものであるが、法華経版で最初に訓点・返り点を具したものは、先にも述べたとおり、嘉慶元年の心空上人による『倭點法華経』である。そのため、この本が訓読法の基準となり、後発の経本はこの訓読法を基にして、それぞれの編者の考えに応じて改変を加えていった。「改正訓点」と題簽に記される経本も多いが、詰まるところは『倭點法華経』の訓点を改正したもの、と言えよう。

経文の左側に記されるのが返り点で、レ点ともいう。「レ」や「一・二・三……」の記号を使って、下の文字や句から上の文字や句へと返って読むことを指示するが、複雑な文章になると、さらに「上・中・下」、「甲・乙・丙・丁……」、「天・地・人」と展開していく。『頂妙寺版』では、化城喩品の長行で「天・地・人」が用いられているが、実際には「甲・乙・丙」で事足りる所である。

経文の右側に記されるのが訓点で、添え仮名・送り仮名ともいう。基本的にはカタカナで書かれるが、経本によって独特な略号も使われる。「上ル」はタテマツルの略号、「下フ」「玉フ」はタマウの略号で、これらは『倭點法華経』から用いられている。その後の版経では、「メ」（〜シテ）、「ヿ」（コト）、「ん」（ナリ）なども加わる。

戸田浩暁著『法華経文法論』によると、「返点にはいくつかの流儀があって、その記号や使用法が一定していなかった。明治時代になると、学校教育の面から返点送仮名の使用法を統一する必要が起った。そこで文部省は当時の学者に委嘱して、従来の句読点・返点・送仮名を整理統一し、その結果を明治四十五年（一九一二）三月二九日付官報に発表した。これ以後、学校の漢文教科書はもちろん。凡そ漢文の訓読の記号はすべてこの統一方式に従うようになった」という。同書にはその全文が掲載されている。

倭点（和点）

一般的には振り仮名のことを指す。『嵯峨本』『日相本』はほぼ全文に、『慈海本』『山家本』は部分的に振り仮名が振られている。『嵯峨本』は経文の右側にだけ振るが、『日相本』『慈海本』『山家本』では左側にも振ることがある。この点について、『日相本』の冒頭凡例では、「假名は右の方を正意となす。少々左の方に付けたる假名、暫く呉漢の差異を弁えしむる為なり。読誦の為にあらず」と断っている。また『山家本』についても、「主たる読み仮名は右側に付けられた。このことは極めて通常のことであり、日本の古来からのしきたりの通りである」（長谷川明紀著『法華経山家本』読誦法の研究』）との分析がなされている。

当然のことながら、これらの仮名はすべて旧仮名遣いである。我々現代人にとってすれば、江戸時代の仮名表記は旧仮名遣いで少々厄介なものであるが、江戸期の人にしてみれば、南北朝時代の表記、すなわち『嵯峨本』における倭点などはまさしく旧仮名遣いで、同様に厄介なものであっただろう。

音末（韻尾）の撥音「ン」に注目してみると、これは中国の中古漢字音で鼻音韻尾とも呼ばれる複数の発音、大別すればm音とn音という二音に由来するもので、日本でも鎌倉初期ぐらいまでは発音や表記において両音の区別がなされていたという。表記上はム・ンの区別である。中田祝夫・林史典著『日本の漢字』に掲載されている例の一部を転記すると、品（ヒム）・錦（キム）・甘（カム）・敢（カム）・瞻（セム）・金（キム）・南（ナム）・談（タム）などのm音群と、煩（ハン）・辯（ヘン）・岸（カン）・面（メン）・山（サン）・門（モン）・

演（エン）・連（レン）などのn音群とが、明確に区別されて存在していた。しかし、この区別も江戸時代には失われて、撥音ンに一本化されてしまい、現在に至っている訳である。したがって、江戸期の開版である『慈海本』や『日相本』では音末にムの仮名は用いられず、すべてンである。片や同じく江戸期の開版でありながらも、古音の再生を意図する『山家本』はこの点についても厳格に区別を保持していて、「舌内韻尾（-n）および唇内韻尾（-m）では、明らかに院政末期～鎌倉初期の表記と一致する」（長谷川明紀『『法華経山家本』にその読誦法を探る』）という。実際、『山家本』の序品冒頭の数行の中だけでも、梵（ボム）・三（サム）・音（オム）などの例を見出すことができる。

ならば、南北朝時代成立の希杲版をルーツとする『嵯峨本』には、より色濃くこの区別が保持されているはずなのだが、実際には、極めて不規則で一貫性のない扱いがなされている。具体的に言うと、序品から授記品まではすべてムで表記してあり、ンの仮名は皆無であるが、化城喩品あたりから願・因・現・歓・巻・分などでンの韻尾が散見されるようになり、安楽行品の第二偈からは一気にンの韻尾が増え、八巻末に至るまで、ムとンの混用が続く。では、その使い分けに何か規則性があるのかというと、それらしきものは見当らない。例えば、「因縁」の仮名付けを調べてみると、イムネム・インネム・イムネン・インネンという、見事に全組み合わせを見出すことができる。

実は、これと似たような現象が、第三部の冒頭、『嵯峨本』の解説で触れた、「ホ」の仮名の代用として使われる「ロー」という変体仮名の使用法にも見られる。この仮名が使われるのは、譬喩・信解・薬草・提婆・安楽の各品に限られ、それ以外の品には出現しない。出てくるときは、連続して固まって出てくるという感じで、また、それが用いられる対象の漢字も一定ではない。無分別に使われているという印象である。

版経はまず、経師と呼ばれる技術者が手本とする経本を書写し、それを版下とするところから始まる。『嵯峨本』の倭点にみられる、こうした特殊な事情から推測すると、一人の経師がすべてを書写したとは考えにくい。複数の経師が分担して、それぞれの手本を用いて書写し、それらを合わせて一部としたのではなかろうか。そこに、各経師のクセ、あるいは独自の様式が入り込んでしまったのかもしれない。

旧仮名遣いのテーマに戻ると、古代にさかのぼるほど仮名遣いは複雑になり、それはとりもなおさず、語音自体も現代よりはるかに複雑であったことを物語る。日遠・日相両師はこの古来の音を出来得る限り堅持すべしと諭している。

「日遠は字音についてやかましいひとであった。そのことは『随音句』の首尾に記した経中の字音の仮名をあげてジとヂ、ズとヅ、ジョウとゼウ、カウとコウ、キャウとコウ、サウとソウ、シャウとショウ、タウとトウ、チャウとテウ、ニャウとネウ、ニウとニフ、ハウとホウ、その他の別をあげて、これをみだすことなく正しく発音せよと誡めているところなど、現代人はどこまでこれを守れるであろうか。」（兜木本　五六三頁）

信解品に出る「逃」の字に、『慈海本』はダウの仮名をつけ、『日相本』はデウの仮名をつける。ダウは現代音でドウと読むとすると、デウはヂョウと読みたいところであるが、『補闕』は「逃、舌音なり。ヂヤウと紛るべからず」という。では、どう読むべきか。また、「頃」の字の呉音は、現代表記ではキョウであり、『日相本』ではキャウと仮名付けられているが、『嵯峨本』ではクヰヤウとなる。いったいどのように発音していたのであろうか。

豎点（タテテン・ジュテン）

訓読の補助のための点で、『倭点法華経』からすでに用いられており、以降の多くの版経もそれに倣って採用している。真読の場合は無用の長物であっても、訓読には非常に役に立ち、特に『頂妙寺版』には細かく付けられていて、訓読しやすい経本といわれる所以となっている。

豎点は縦線で表され、三種類ある。用いられ方は一定ではないが、一つは、文字と文字の間の中央に引かれる線で、文字をつなぐ役割をする。この線で結ばれる語句はひとまとまりの熟語として扱われる。例えば「聲聞衆無數」という語句の場合、「聲─聞─衆　無─數」と線が引かれていれば、「聲聞衆」が一熟語となり、「聲聞衆、無數なり」と訓読することになるが、「聲─聞　衆　無─數」となっていれば、今度は「聲聞」のみが熟語となるので、「聲聞の衆、無數なり」と訓読しなければならないことになる。

また、線の引き様によって意味が変わってしまうこともある。「人非人」はよく出てくる語句だが、「人─非─人」とあれば、これで一語となる訳だから、「にんぴにん」＝人であって人でないものの意、つまり天龍八部衆の類を指すことになる。「人　非─人」となっていれば、人と非人という意味となり、要するに衆生全体を指すものと考えられる。線を見れば、その経本が文意をどのように理解しているかを窺い知ることもできる。

あとは、文字の右側に引かれる線と左側に引かれる線の二種類である。右側に線がひかれていれば、その字や語句は読み下さず音読みすることを示し、左側にあれば読み下すことを示す。如来壽量品「如斯之事。如来明見」の文で、ほぼすべての経本が「事」の右側に豎点を付けており、「かくのごときのじ」と訓読するのが常である。仮に左側に付けられているとするならば、「かくのごときのこと」と読まねばならないところである。「今者」のように、左側に二文字にわたって線が引かれていれば、二文字で「いま」と読み下す。「佛」を「ぶつ」と読むか、「ほとけ」と読むか、「若干」を「じゃっかん」と読むか、「そこばく」と読むか、竪点の位置を見れば即座に判断することができる。

ハ、漢音と呉音

漢字の音には、大きく分けて漢音と呉音の二つがあり、仏教経典は呉音で読誦するのが習わしであることは周知のことであろう。しかし、この当たり前と思われている事柄こそが、実は、日本の音義研究にとって最も重要な問題であった。法華経読み音の歴史は、漢音・呉音探求の歴史といっても過言ではなく、きわめて複雑で難解である。

通説を述べれば、儒学の文献や仏教の経典は最初、朝鮮半島を経由してもたらされたが、その字音は主に中国南北朝時代の南方地域の音で、中国では呉音と呼ばれる音体系だった。一方で七世紀以降、遣隋使・遣唐使を通じて洛陽・長安で用いられていた字音が伝えられ、日本ではこれを正音、あるいは漢音と呼び、新時代の標準音として採用することとなった。そこで、これまで用いていた音を和音と呼び、排除することを企図した。経典の読誦も当初、和音で行われていたものを、桓武天皇延暦十二年(七九三)の勅では、漢音を習わない者には得度を許さないと命じるなど、国是として漢音読みへの転換が図られた。

実は、この和音には、漢音も先行する形ですでに含まれていたし、また呉音よりもっと古い音も交じっていた(高松正雄『日本漢字音の研究』)。しかし、それを一括して呉音と定義してしまったため、中国でいう呉音と齟齬が生じることになり、後の音義研究において呉音が混乱する原因となってしまった。ともかく、既に和音＝呉音読みでの暗唱が常識であった当時の僧侶達には、たとえそれが勅令であっても容易に受け入れることができず、結局、漢音・呉音が混在する今日まで続くところの読誦音となった訳である。それを何とかして純粋な呉音読みに戻したいというのが、法華経音義に携わってきた先師達の悲願でもあった。

漢音にせよ呉音にせよ、「具体的なる各字音の音形は、各時代を通じて、必ずしも同一ではない。極めて端的に云ってしまえば、その呉音の方が、時代とともに整備、統制されて行って、遂に今日の如き、漢音と殆どの面で相対峙するものに、寧ろ人為的に形成されるに至るのである」（高松　前掲書）という。

一・吉・結・決・血・悉・嫉・失・質・實・説・刹・八・鉢・必・滅――これらの字は共通して、漢音は語尾がツで終わり、呉音はチで終わるという特徴を持つ。『嵯峨本』や『山家本』はほぼ呉音で読むが、『日相本』『慈海本』は漢音読みすることが多い。日相上人は漢音・呉音に関してはかなり厳格な考えを持ち、『音義補闕』の中でも繰り返し漢音読みを批判するが、では何故これらの字を、特に釈明することもなく漢音で読むのか、いささか疑問が生じる。あるいは、これも日本における呉音の混乱に起因することなのかもしれない。

例えば「佛」の字は、日本仏教界では一貫してブツと発音するが、『大漢和辞典』では、漢音フツ・呉音ブチで、ブツは慣用音として挙げられるのみである。仏教伝来時の日本における呉音が、『大漢和』が典拠とする中国の韻書の呉音とは必ずしも一致しないことの証左ともいえよう。仮に法華経のすべての文字を『大漢和』の示す呉音通りに読んだとしたら、恐らく別のお経に聞こえることだろう。

二、漢字の意味と音

漢字には同音異字がたくさん存在する。例えば「コウ」という音を聞いて連想する漢字は、高・校・孝・行・後・攻・港・口など人によってさまざまであろう。しかし、これでは話し手の意図するものが正確に相手に伝わらないことになる。そこで、中国では字音のほかに、アクセントやイントネーションのようなものも加えて漢字を特定しやすくした。まず、先に述べた四声は声調＝声の節回しで、これで四つに分類される。さらに、四声それぞれが韻＝音の響きによって細分化される。中国、隋の時代の韻書で、日本でも重用された『切韻』には、平声に五十七韻、上声に五十五韻、去声に六十韻、入声に三十四韻の合計二〇六韻が挙げられている。こうして、音・声・韻を掛け合わせることで、ひとつの漢字に行き当らせようとするのである。

現代日本人にとっては、四声とか韻はもはや無縁のものであり、無視してもよさそうなものだが、ひとつ気を付けなければならないのは、多くの漢字は複数の意味を持ち、それぞれの意味によって音や声が異なるということで、この点については、音義に通じた先師達が口を揃えて注意喚起するところである。

『音義補闕』の巻第一では、同形異訓・異形同訓の漢字、百二十五文字を挙げて解説しているが、その中からいくつか取り上げ、四声と字意の関係を示してみる。

【悪】	アク	入声	わるい	堕於悪道中
	オ	去声	にくむ	若人悪罵
	オ	平声	いずくんぞ	
【出】	シュツ	入声	でる（自動詞）	倶出霊鷲山
	スイ	去声	だす（他動詞）	出大音声

【楽】	ラク	入声	たのしむ	衆生所遊楽
	ガク	入声	音楽	常作衆伎楽
	ギョウ	去声	このむ・ねがう	恭敬信楽者
【度】	ド	去声	わたる・すくう	度脱無量衆
	タク	入声	はかる	尽思共度量
【易】	イ	去声	やすし	衣食易得
	ヤク	入声	かえる	貿易所須
【数】	シュ	去声	かぞえる・かず	若人行籌数
	サク	入声	しばしば	数数見擯出
【差】	シャ	平声	たがう・たがい	上中下差別
	サイ	去声	いえる	勿憂不差
	シ	去声	ひとしくない	不差不曲
【殺】	セツ	入声	ころす	必当見殺
	シ	去声	目上の人を殺す（弑）	如殺父母罪
【切】	セツ	入声	きる・せめる	苦痛切己
	サイ	去声	すべて	一切衆生類
【復】	ブ	去声	また・ふたたび	不須復説
	ブク	入声	かえる・もどる	還復如故

【覆】	フ	去声	おおう	覆苦乱墜
	フ	去声	ひそかに	覆自念言（日相本）
	フク	入声	くりかえし	覆自念言（山家本）
【著】	チャク	入声	つける・着る・置く	著新浄衣・若著微塵
	ヂャク	入声	つく・とらわれる	貪著利養
【分】	フン	平声	わける・わかつ	分布諸舎利・分作二分
	ブン	去声	わかれた	四分之一・分作二分
【長】	チョウ	上声	おさ・ふとる	長者・長子
	ヂョウ	平声	ながい	長夜・長遠・長短
【比】	ヒ	上声	くらべる	比前功徳
	ビ	去声	ならぶ	廣大無比
【中】	チュウ	平声	なか・うち	若於園中
	ヂュウ	平声	みつる・とおして	満虚空中（厳王品）

ホ、入声

漢字がどの四声に属するかのかを知るためには、漢和辞典を参照しなければならない。しかし、入声の漢字については、字音末がフ・ク・ツ・チ・キであれば、それと判断できる。徳（トク）・佛（ブツ）・一（イチ）・力（リキ）など、これらは確かに入声に属する漢字で、このように音末を見れば容易にみつけることができる。ただ、フで終わる漢字は現代仮名遣いでは見つからず、旧仮名遣いに戻して探す必要がある。法華経に出てくる字で幾つか挙げてみると、及（ギフ）・急（キフ）・劫（コフ）・業（ゴフ）・合（ガフ）・習（シフ）・執（シフ）・集（シフ）・十（ジフ）・入（ニフ）・摂（セフ）・雑（ザフ）・答（タフ）・塔（タフ）・入（ニフ）・納（ナフ）・法（ホフ）・乏（ボフ）・葉（エフ・セフ）・立（リフ）・猟（レフ）など、結構ある。

このフで終わる入声の漢字は、特に「フ入声」と呼ばれ、四声点も通常の入声を示す文字の右下ではなく、『嵯峨本』や『山家本』のように、文字の中央下に付けられることがある。「宝」も「法」も現代音ではどちらもホウであり、区別できないが、前者は上声、後者は入声という明確な違いがある。そういう意味で、殊更に注意しなければならない。

入声の音末のフ・ク・ツ・チ・キは古来、涅槃点と呼ばれている。日本語の促音「ッ」は、すべてこの涅槃点が音便変化することによって現れてくる。いわゆる促音化で、具体的には、涅槃点に無声音（ア・カ・サ・タ・ハの各行の音）が続くと、涅槃点が促音に変化する現象である。この例は日常の言葉にふんだんに存在していて枚挙に暇がないが、ごく一例をあげると、佛慧（ブツ＋エ＝ブッテ）、学校（ガク＋コウ＝ガッコウ）、殺生（セツ＋ショウ＝セッショウ）、一旦（イチ＋タン＝イッタン）、積極（セキ＋キョク＝セッキョク）、立法（リフ＋ホフ＝リッポウ）といった具合である。一部、例外はあるものの（早速＝サッソク　早の字は上声）、入声以外では促音化しないのが原則である。「法華」はホッケと読むが、「宝華」をホッケと読まないのは、宝の字が入声ではなく上声であるためだ。また、「佛陀」も陀が有声音である以上、ブッダと促音化すべきでない。

この入声における促音化は、主に熟語に関しての現象であるが、経文の読誦では、熟語の枠組みを越えて適応されることがある。方便品の「佛所成就」は、大多数の人が「ブッショ」と詰めて読誦すると思うが、

「佛の成就したまえる所の」と訓じるから、「佛所」は熟語ではない。こういった箇所は法華経中に無数に存在し、そのすべてを機械的に促音化させている訳でもなく、ケースバイケースであることは言うまでもない。

　では、どのケースにこの原則を適応させるのか、これが非常に難しい問題である。『日相本』では、フ入声の字が促音化しない時は、語尾はフの仮名のままであるが、促音化する時はツの仮名に変えてあるので、区別することが可能である。そこで、経文にも非常に多く登場する、フ入声の「及」の字の下に無声音が続く箇所を調べてみると、促音化させている場合と、させない場合とが混在していることが分かる。「及諸～」や「及声聞」、「及聴」などの場合は全てギッとするが、「及此～」や「及眷属」、「及作」などはギフのままである。「及見」に至っては、多くの例でギッケンとするものの、普門品の「聞名及見身」だけは何故かギフケンと読ませている。どんな原理原則に基づいているのか、どうも判然としない。理屈だけでは解釈できない、古からの読み習わしということもあるのかもしれない。（『山家本』における及字の分析は、長谷川明紀『法華経山家本』の声点にその読誦法を探る』に詳しい）

　もう一つの入声の特性として、字音末のカナが消えることがある。声明では「切る」などと表現されるが、音末のフ・ク・ツ・チ・キを発音しないという現象である。この現象がよく見られるのが、サンスクリット語の音訳語で、「釋迦」などはその代表例である。釋の字の音末クが切り捨てられるのである。「涅槃」「般若」「波羅蜜多」「卒塔婆」「薄伽梵」「末那識」などの音訳語も同様で、日相上人は『補闕』の中で、これを南天竺の用音と解説している（13頁参照）。

　中国においては、入声の音末はｋ・ｔ・ｐのいわゆる内破音、あるいは摩擦音で、短く詰まって発音されるので聞き取りにくい面があったのであろう。このため、北方言語では元の時代までに消滅していて、もともと消えやすい運命にあったともいえる。日本の漢字音にも幾つかその例がある。国名の「日本」にニッポンとニホンの両音が存在するのも、入声の特性から見ると不思議なことではない。「法華経」は、南都や『慈海本』ではホッケキョウと呼ぶが、北嶺や『日相本』ではホケキョウと呼ぶし、「読経」も古来、ドキョウと呼び習わされている。また、『山家本』は句末に来る「菩薩」や「摩訶薩」に、ボサ・マカサと仮名を振っている。この他、現代でもよく使われる言葉の「雑魚」・「薬研」なども、入声の語尾を略して発音される例である。

へ、連声《れんじょう》

右に挙げた入声における促音化のように、二字以上の漢字が連なる時、前の音節の末尾の音と後の音節の先頭の音が影響しあって、別の音節を形成することを、音義の分野では連声と読んでいる。もともとはサンスクリット語の文法用語Sandhiの訳語といわれる。

悉曇学（梵語・梵字に関する研究。日本の密教で特に発達した学問）では、語尾のウ・ン・ムを空点と呼びならわす。この空点のうちのン・ムにア行・ヤ行・ワ行の音が続くと、それぞれナ行・マ行の音に変化するというのが、もともとの連声の基本であった。

因縁　イン＋エン＝インネン　安穏　アン＋ヲン＝アンノン　安養　アン＋ヨウ＝アンニョウ　天皇　テン＋ワウ＝テンノウ　など、これら因・安・天はいずれもn音ンを語尾に持つ字である。

一方、m音ムを語尾に持つ字の場合を見ると、

三悪　サム＋アク＝サムマク　梵王　ボム＋ワウ＝ボムマウ　陰陽　オム＋ヨウ＝オムミョウと変化する。

先にも書いたように、『嵯峨本』では語尾のンの大部分にムで表されている。これが江戸時代になるとムが用いられなくなり、やがてンに一本化され、『日相本』『慈海本』では、語尾のムは完全に消滅してしまっている。この時代には三悪も梵王も、サンナク・ボンノウと発音されるようになっていたと思われる。ただ、上古の読み音を尊重する『山家本』はン・ムを厳密に使い分けていて、サンマク・ボンマウの読み音も併記している。現代でも用いられる陰陽（オンミョウ）や三位（サンミ）の音は、上古用音の名残といえよう。

このように、連声は平安時代からすでに一部の漢字音に取り入れられていたが、江戸時代、特に悉曇学の発展とともに普及し、「この説は、五大院安然が力を入れて普及したところといわれるもので、寛文八年（一六六八）に澄禅が作り『悉曇連声集』と名付けて刊行した書に説くところ」（兜木本）となり、その結果、法華経の読み音にも積極的に採用されだしたと考えられている。

日相上人も『音義補闕』の中で、連声について詳しく解説していて、要約すると、

一、「自音成他」と「他音属自」の二種の連声が読経における規矩である。

二、この二種の連声は、空点・涅槃点が基になって起こる。空点とは語尾のウ・ン・ムで、涅槃点とはク・キ・ツ・チ・フの入声字である。

三、二つの字が連なる時、上の字を「他」と呼び、下の字を「自」と呼ぶ。この上の字、他字に空点・涅槃点があると、連声が作動する。

四、他音属自の連声とは、下の自字の音が上の他字の音を変化させる。入声の促音化などがこれに当たる。

五、自音成他の連声とは、上の他字の空点・涅槃点にさそわれて、下の自字が音を変化する。仏慧・因縁などがこれに当たる。

六、この二種の連声を、横呼通音の連声とも名づくる。例えば、因縁のエの仮名が五十音表を横に移動してネに変わる、これを横呼通音といい、これが連声の原則となる。

また、振り仮名付けの古来の約束事として、連声でインネン・アンノンと発音する場合であっても、振り仮名はインエン・アンヲンと付けるべきであると教えている。実際、『日相本』の仮名は一部の例外を除いて全てそうなっているし、『嵯峨本』も同様である。このため、ここは連声させるのかどうかは振り仮名を見ても分からず、自分で判断しながら読誦せねばならないことになる。

一方、『慈海本』や「山家本」は多くの場合、連声通りに仮名を付けているので、こちらは大いに助けとなる。いま、この両本を参考にして主な連声の法則を挙げる。

○語尾ツ＋ア行＝促音＋タ行　佛慧　ブッテ　必應　ヒットウ
○語尾ツ＋ヤ行＝促音＋タ行拗音　悉與　シッチョ　佛欲　ブッチョク
○語尾ン＋ア行・ワ行＝ナ行に横呼　身意　シンニ　善悪　ゼンナク　問曰　モンナツ
○語尾ン＋ハ行＝半濁音化　方便品　ホウベンポン　倫匹　リンピツ
○語尾ン＋ヤ行＝ナ行拗音に横呼　輦輿　レンニョ　真要　シンニョウ
○入声＋ハ行＝促音＋半濁音　説法　セッポウ　百福　ヒャップク　十方　ジッポウ

なお、連声が作用するのは一つの句読の範囲内で、句読点をまたいで作用することはない。例えば、壽量品の「此子可愍為毒所中」の部分、「愍為」を右の法則に当てはめてミンニと読みたくなるが、句読は「此子可愍。為毒所中」であるので連声は作用せず、ミンイと読むべきである。こうした点にも注意せねばならない。

ト、新濁と訓読の関係

もともと清音の漢字が新濁になるのも、連声の一種と考えることができる。上に来る他字の語尾に空点ウ・ン・ムが来る場合に、続く清音の自字が濁音に変化するというのが原則で、正法（ショウボウ）・経典（キョウデン）・神変（ジンベン）・善根（ゼンゴン）など、無数に存在する。ただこれも、機械的にすべてをあてはめる訳ではなく、経本によっても対応は分かれている。

例えば品題の「方便品」は、第一部で参照した四本ともに清音で読み、「ボン」と濁らない。ところが「普門品」は『日相本』『慈海本』は新濁させて「ボン」、『嵯峨本』は清音ホン、『山家本』は半濁音ポンと、それぞれ対応が分かれる。ほかにも、「寶珠」は四本みなホウシュと読み、新濁に扱わないが、「天華」は『慈海本』以外はテンゲと新濁に読み、「羊車」は『日相本』以外はヨウジャと読む。妙音菩薩品に出てくる十六種の三昧のうち、どの三の字を新濁に読むかも諸本さまざまである。

また、入声の促音化と同様に、新濁の原則を熟語以外にも当てはめるのかどうかについても相違があるが、この点について日遠・日相両師は訓読との相関を重視し、延いては、それが『日相本』の大きな特徴ともなっている。信解品の「窮子」は、各本ともにグウジと新濁に読むのが常であるが、「時貧窮子」については、両師ともに新濁させずにグウシと読め、と指示する（第一部　九七頁参照）。それは、「時に貧窮の子」と読み下すため、窮子という熟語にはならないからと説明していて、新濁は熟語内にとどめるべきとの見解を示している。

『日相本』では同様に、「請佛転法輪」（化城喩品）は「佛に転法輪を請う」と読み下すから、熟語として新濁化し、テンボウリンと仮名を振り、「大聖転法輪」（同）は、「大聖、法輪を転じ」と読み下すので、新濁とせずテンホウリン（またはテンポウリン）と仮名付けする。『日相本』以外の諸本は、どちらも新濁のテンボウリンとしている。第一部に記載した通り、このような例は随所にみられるが、『日相本』はほぼ一貫してこの原則を当てはめている。（第一部　一三九頁参照）

こうした読み様をするためには、当然のことながら真読だけでは不十分で、真読・訓読の両読が並行してなされていたことが伺える。過去、少なくとも江戸時代までは、読誦行は真訓両読するのが常識であったと思われ、事実、多くの版経に訓点が記されていることがその何よりの証拠である。真読だけならば、多大な労力を費やしてまで訓点を付ける必要はなく、日常的に訓読も行っていたからこそ、訓点付き経本の需要が多かったのであろう。もしかすると、読誦に長けた先師は、頭の中で訓点を頼りに読み下ししながら真読していたのかもしれない。訓読しながら真読する―そこから日遠・日相両師が求める読誦法が自然と生まれてきたのではなかろうか。法華宗真門流の本隆寺蔵版などは、訓点は付けられているのに、句読点は付けられていない。句読点がなければ、真読するのにさぞ苦労するだろうと思うかもしれないが、訓点を目で追いながら真読すると、意味の切れ目で息継ぎすればよいわけだから、さほど不自由なことではないことが分かる。そう読ませるために、意図して句読点を省いたのではないかと想像したりもする。

そのほか、新濁の特殊な例として、功徳・無價・弘誓・後宮・恭敬などがある。古来、一貫して濁音で発音されているわけだが、これらがなぜ新濁になるのか、『随音句』や『音義補闕』などの音義書にも特に説明はない。ただ、いずれも他字が単母音の短声という共通点があり、そこから判断すると、発音しやすくするため、いわゆる「口内穏便」のためとも考え得る。

ついでに半濁音（パ・ピ・プ・ペ・ポ）についても触れておくと、これも極めて厄介な問題で、その理由は、『日相本』『慈海本』『嵯峨本』いずれも、半濁音を示す特別な表記法を用いていないためである。江戸時代では、現代で用いる「゜」の記号や、促音の「ッ」の表記はまだ定着していなかったから、それも当然のことといえよう。その点、『山家本』は半濁音の仮名の肩に「、」を付けてくれているので、迷うことはなかろうが、それ以外の本で読誦する場合は、正に手探り状態となる。

連声のところでも挙げたが、原理としては、空点か涅槃点にハ行で始まる字が続くと半濁音になり得るということである。この条件に該当する例は法華経中には無数に存在するが、熟語内・熟語外も含めて、どこまで半濁音に読むのか、経本からは何とも判断のしようがない。『随音句』や『補闕』を見ても、半濁音についての有用な説明は特に得られない。唯一それとおぼしきものは、化城喩品「従其聞法」の『補闕』の解説に、「法、清んで讀むべし。併しながら常の清音とは異なり。口をスベて呼ぶなり」（第一部　一二七頁）とあり、これが半濁音を意味するように取れるぐらいである。

実際の読誦例として、壽量品偈の「而實不滅度」と「佛語實不虚」を比較してみると、現在の日蓮宗では前者を「ニジツフメツド」と読み、後者を「ブツゴジップコ」と半濁音に読むのが一般的である。同じく、實の字に続く不の字でありながら、片や半濁音には読まず、片や半濁音に読む、この違いを理論的にどう説明すればよいのだろうか。思うに、五字偈読誦のリズムとして無意識に二字と三字（または三字と二字）に分けて読んでしまう読み癖に起因することなのかもしれないが、そうなると、いわば感覚の問題で、理論の及ぶところではなくなってしまう。

チ、反切《はんせつ》

漢字の読み音を人に伝えようとする時、日本では平仮名やカタカナを使って振り仮名を振れば事足りるし、ローマ字圏ならアルファベットを用いればよい。言うまでもなく、それは両者が表音文字であるからだ。では、表音文字を持たなかった時代の中国の人たちは、どうやって漢字音を伝えたのか。いかに中国の人であっても、生まれた時から漢字音をすべて把握しているわけではなかろう。このことは中国における漢字の誕生以来、重要な課題であったようだが、仏教が伝来し梵語学の研究が進むに従って、中国語の音韻研究が興り、その応用として生まれたのがこの反切という方法で（戸田浩暁著『改訂法華経文法論』）、後漢時代には実用化されだしたという。陀羅尼呪や普賢呪で、文字の下に二行に分けて小さい字で書かれている（割書き）部分、といえば察しが付くだろう。

漢字の音は声母と韻母とに分けられる。声母は語頭の子音で、韻母は語尾の母音である。台（ｔａｉ）の字を例に示すと、ｔが声母、ａｉが韻母となる。すでに音が分かっている二つの漢字を上下に並べて、上の字（父字）の声母と下の字（母字）の韻母を組み合わせると、別の新たな音になる。これを応用して、父字と母字をうまく選択することによって、目的とする漢字（帰字）の音を示すのが反切法という手段である。

「東」の音は、反切法では「徳紅反」あるいは「徳紅切」で示され、日本語では「徳紅の反（かえし）」とか「徳紅の切（きり）」などと呼ぶ。父字「徳（ｔｏｋ）」の声母ｔと、母字「紅（ｋｏｕ）」の韻母ｏｕとを組み合わせて、目的とする帰字「東（ｔｏｕ）」の字音を導くものである。このとき、四声の別は母字の四声をもってする。中国の韻書や日本の音義書などにおいては、音はすべてこの反切法に依って示されているから、解析するのは極めて面倒ではあるが、避けては通れない。

陀羅尼呪を例に少し見てみると、「履＝罔雉反」は、父字罔（ｂａｕ）の声母ｂと、母字雉（ｔｉ）の韻母ｉを組み合わせて、ｂｉの音を得る。「羶＝輸千反」は、父字輸（ｓｈｕ）の声母ｓｈと、母字千（ｓｅｎ）の韻母ｅｎを組み合わせて、ｓｈｅｎとなるところを、古来これを直音でｓｅｎの音としている。母字千の韻音ではユであるが、「耶輸陀羅（ヤシュタラ）」と読むように、漢音・呉音ともに本来シュの音である。輸の字は慣用音ではユであるが、「耶輸陀羅（ヤシュタラ）」と読むように、漢音・呉音ともに本来シュの音である。

このように、反切法では父字と母字の音を正確に把握することが前提となるわけで、そこを誤ると正しい音が伝わらなくなる。そういう危険性をこの方法は抱えている。譬喩品「或復keyword」の「蹙」の字について、『補闕』は「子六切」の反切を挙げる。父字子（ｊｉ＝呉音）の声母はｊとして、母字六の音をリク（ｒｉｋ）とするか、リュク（ｒｙｕｋ）とするかが定まらないために、韻母にｉｋとｙｕｋの二つの可能性が残ってしまい、結局、ジク（ｊｉｋ）・ジュク（ｊｙｕｋ）の両音どちらでも可、と日相上人も判断せざるを得なくなった。こうした例は法華経の中でも随所に見られ、読み音が分かれる一つの原因にもなっている。

付け加えておくと、「咩」の下に羊鳴音とあるのは反切ではない。もともとの咩の字は、迷（ｍｅｉ）爾（ｎｉ）の反でｍｉの音なのだが、サンスクリット語の原音に近づけようとしたためなのか、文字通りの「羊の鳴く音」で唱えよという指示である。

陀羅尼呪や普賢呪に記されている反切は、中国における訳経の作業の中で音を明らかにするために加筆されたものであるから、経文の本文として数えないことは言うまでもない。また、句の間ごとに記されている漢数字は、区切りを示すためのものである。漢文には本来、句読点のようなものはない。心性版法華経も全くの白文で、句読点はない。中国の人は漢文で意味が理解できるため、意味の切れ目を区切りとすればよく、特別な区切りの記号は必要ないのであるが、陀羅尼のような音訳の場合は意味で区切ることができない。そこで、漢訳本では句ごとに数字を振ることによって、区切りを示そうとしたわけである。他の例を挙げると、孝謙上皇の代に畿内の十カ寺に配置された、いわゆる百萬塔の内部に納められている『百萬塔陀羅尼経』も、陀羅尼が漢数字で区切られていることが見て取れる。

参考文献

第一部、並びに第三部で参考とした、版経以外の著作や文献は以下の通りである。

『日相本　妙法蓮華経並開結』　昭和四十五年発行　梅本正雄発行　本山本満寺
『基本読誦用総仮名付　妙法蓮華経』　昭和五十四年発行　法華経読誦普及会編　芝金聲堂
『法華経音義類聚』乾坤　昭和四十七年発行　兜木正亨編纂　本山本満寺
『法華経読誦音義宝典』　昭和五十六年発行、河村孝照編著　国書刊行会
『日遠著　法華経随音句』　昭和四十六年発行　中田祝夫編　勉誠社
『法華版経の研究』（兜木正亨著作集　第一巻）　昭和五十七年発行　兜木正亨著　大東出版社
『『法華経山家本』読誦法の研究』　平成二十年発行　長谷川明紀著　江津山西方寺
『『法華経山家本』にその読誦法を探る』　平成二十七年発行　長谷川明紀著　皇學館大学出版部
『『法華経山家本』の声点にその読誦法を探る』　平成三十年発行　長谷川明紀著　皇學館大学出版部
『心空版　嘉慶元年刊　倭點法華経』　昭和五十二年発行　中田祝夫編著　勉誠社
『改訂　法華経文法論』　昭和六十三年訂正再版発行　戸田浩暁著　山喜房佛書林
『日本漢字音の研究』　昭和五十七年発行　高松政雄著　風間書房

参考文献

『日本の漢字』　平成十二年発行　中田祝夫・林 史典著　中央公論社

『日本佛教史』　昭和四十四年発行　辻 善之助著　岩波書店

令和五年九月に、『山家本』研究の権威、長谷川明紀先生が、『法華経山家本』の読音を探る』と、『脩習用　法華経山家本』第Ⅰ～第Ⅵを合本として新たに出版され、編著者にも恵贈賜ったが、本稿の脱稿後であったため内容を反映させることはできなかった。先生の永年に亘る『山家本』研究の集大成とも言うべき、比類なき指南書であることは疑いないので、ここに紹介のみしておく。

編著者　本田 義純（ほんだ ぎじゅん）

1956年生
京都市　日蓮宗　深草山宝塔寺住職
大阪大学　文学部インド哲学科　修士課程修了
日蓮宗声明師

四《よん》本《ほん》対《たい》照《しょう》　法《ほ》華《け》経《きょう》読《どく》誦《じゅ》音《おん》の手《て》引《びき》

2024年9月20日　第１版第１刷発行

編著者　本田義純
発行者　佐藤丈夫

〒174-0056 東京都板橋区志村1-13-15
発行所　株式会社　国書刊行会
TEL.03（5970）7421（代表）　FAX.03（5970）7427
https://www.kokusho.co.jp

装丁・山田英春
ISBN978-4-336-07606-9
印刷・藤原印刷株式会社／製本・株式会社難波製本